Neue
Kleine Bibliothek 279

Norman Paech

Menschenrechte

Geschichte und Gegenwart
–
Anspruch und Realität

PapyRossa Verlag

© 2019 by PapyRossa Verlags GmbH & Co. KG, Köln
Luxemburger Str. 202, 50937 Köln
Tel.:   +49 (0) 221 – 44 85 45
Fax: +49 (0) 221 – 44 43 05
E-Mail: mail@papyrossa.de
Internet: www.papyrossa.de

Alle Rechte vorbehalten

Umschlag: Verlag, unter Verwendung
          des offiziellen UN-Symbols für Menschenrechte
Druck: CPI – Clausen & Bosse, Leck

Die Deutsche Nationalbibliothek verzeichnet diese Publikation in
der Deutschen Nationalbibliografie; detaillierte bibliografische
Daten sind im Internet über http://dnb.d-nb.de abrufbar

ISBN 978-3-89438-710-5

Inhalt

Vorwort 7

1. Einleitung:
   Menschenrechte und Völkerrecht 13

2. Das Völkerrecht und
   die Instrumentalisierung der Menschenrechte 24

3. Ursprung der Menschenrechte 37

4. Marxismus und Menschenrechte 63

5. Drei Generationen von Menschenrechten 81

6. Universalität der Menschenrechte 116

7. Menschenrechte im Dienste des Krieges 128

8. In der Wüste der Menschenrechte: Apartheid 145

9. Soziale Menschenrechte 159

10. Menschenrechte und Weltwirtschaftsordnung 186

Literatur und Quellen 212

Vorwort

»Menschenrechte« assoziiert als zentraler Begriff in der öffentlichen Debatte die Summe dessen, was derzeit im politischen Milieu als der »Wertekanon«, das »Wertefundament« der westlichen Gesellschaft gehandelt wird: Freiheit, Demokratie, Rechtsstaat etc. Er ist das allumfassende Gefäß, in dem sich das befindet, was den Spitzenrang der eigenen Gesellschaft und ihrer staatlichen Organisation in der internationalen Staatengemeinschaft symbolisieren soll. Menschenrechte sind daher nicht nur nach innen auf die eigene Gesellschaft gerichtet, sondern vor allem nach außen auf die Staaten, denen sie mangels vergleichbarer Werte vermittelt werden sollen. Die Universalisierung der Menschenrechte ist der notwendige politische Beipack der Globalisierung der Wirtschaft, mit dem die globale Herrschaft im weltweiten Kapitalismus ideologisch gesichert werden soll. Das wird besonders deutlich an einer Funktion der Menschenrechte, die über die wahren Interessen des politischen Geschäfts hinwegtäuschen oder sie zumindest veredeln soll.

Wenn der deutsche Außenminister Heiko Maas 2019 seine erste Reise nach Lateinamerika unter das Motto stellte, »Verbündete für Menschenrechte und Multilateralismus« zu treffen, so würde man nicht sofort auf Jair Messias Bolsonaro kommen, den Präsidenten Brasiliens und erklärten Anhänger der brasilianischen Militärdiktatur, und auf Iván Duque, den Präsidenten Kolumbiens, des zentralen Stützpunktes des venezolanischen Widerstandes gegen die Regierung Maduro. Maas hat sie besucht und spricht von einem »gemeinsamen Wertefundament« mit beiden, welches sich allerdings auf die Freihandels- und Investitionsinteressen beschränken dürfte. Berlin hat wiederholt bekundet, den Einfluss Chinas zurückzudrängen, und ist beiden Regierungen bei ihren Umsturzversuchen in Venezuela verbunden. Welche Rolle die Menschenrechte in diesem Umfeld harter Interessenpolitik spielen sollen, ist vom Außenminister nicht konkretisiert worden, es sei denn, er erklärt den Sturz Maduros und seine Ersetzung durch Guaidó zu einem Akt der Menschenrechtspolitik.

Menschenrechte sind mehrgesichtig als Verpflichtung und Aufgabe an die eigene Gesellschaft, als Waffe gegen den politischen Gegner und als Veredelung der eigenen Interessen. Dabei blicken wir gerade in den letzten Jahrzehnten auf eine eindrucksvolle Kodifizierung menschenrechtlicher Regeln und die Errichtung zahlreicher Institutionen zu ihrer Durchsetzung und ihrem Schutz – einer der wenigen bemerkenswerten Erfolge der völkerrechtlichen Entwicklung. Sie haben schon lange den Status der unverbindlichen Empfehlung überwunden, wie er noch der Internationalen Erklärung der Menschenrechte von 1948 anhaftete. Zumindest die politischen und bürgerlichen Menschenrechte haben durch spezielle Verträge oder ihr Erstarken in Völkergewohnheitsrecht Verbindlichkeit erlangt. Das gilt immer noch nicht für die ökonomischen, sozialen und kulturellen Rechte – trotz formeller Gleichstellung mit den politischen und bürgerlichen Rechten in den beiden Internationalen Pakten von 1966. Das liegt an der Weigerung der westlichen Staaten, ihre wirtschaftliche Ordnung den Erfordernissen der ökonomischen und sozialen Rechte anzupassen, d. h. ihnen unterzuordnen. Dieser Riss wird in der Zuspitzung der sozialen Frage im weltweiten neoliberalen System trotz aller immer wieder hervorgehobenen Fortschritte besonders deutlich: mit der Zunahme der Armut und des Hungers in der Welt, dem Fehlen angemessenen Wohnraums und medizinischer Versorgung, den weltweiten Fluchtbewegungen und der Durchsetzung ökonomischer Interessen mittels Krieg und Gewalt.

Besonders deutlich wird allerdings der Zynismus ständiger Berufung auf die Menschenrechte, wenn ihre jahrzehntelange Missachtung und Verletzung keine politische Reaktion zu ihrer Wiederherstellung und Veränderung der katastrophalen Situation bewirken kann. So hat der UN-Sonderberichterstatter S. Michael Lynk über die Lage der Menschenrechte in den seit 1967 von Israel besetzten Gebieten Palästinas im Oktober 2017 kritisiert: »Im fünfzigsten Jahr der Besatzung ist die Lage der Menschenrechte durch gravierende Verschlechterungen gekennzeichnet. Die Menschenrechtsverletzungen und Verletzungen des humanitären Völkerrechts sowie die Folgen der Besatzung wirken sich auf alle Bereiche des Lebens der Palästinenser in der Westbank, einschließlich Ost-Jerusalem, und Gaza aus.« Seitdem ist von keiner Reaktion zur Besserung zu berichten. Die Lage verschlechtert sich im Gegenteil derart drastisch, dass die UNO wiederholt gewarnt hat, der Gazastreifen werde im Jahr 2020 nicht mehr bewohnbar sein.

Einige tausend Kilometer weiter hat der Europäische Rat seine einseitigen wirtschaftlichen Strafmaßnahmen gegen Syrien, die er erstmals 2011 verhängt und ständig verschärft hat, bis zum Juni 2020 verlängert. Sie umfassen fast alle Güter, die zum Aufbau dieses grauenhaft zerstörten Landes benötigt werden, vom Erdöl über Ersatzteile und Werkzeuge für Maschinen, für Fahrzeuge, für Flugzeuge, für die Stromversorgung, für medizinische Geräte und Rohstoffe aller Art. Die Sanktionen richten sich »gegen das Regime« und stünden »im Einklang« mit der Syrien-Strategie der EU, hieß es in einer Presseerklärung des Rats vom 17. Mai 2019. Sie haben allerdings nicht das bewirkt, was sie bewirken sollten, einen Aufstand der ganzen Bevölkerung gegen die Regierung in Damaskus zu entfachen, um sie zu stürzen und durch ein den USA und der EU genehmes Regime zu ersetzen. Stattdessen bestrafen sie die Bevölkerung, die durch den Krieg bereits in entsetzliches Elend gestürzt worden ist und nun sich mühselig aus ihm befreien möchte, mit einem ökonomischen Krieg des Boykotts. Sie verschärfen die menschenrechtliche Katastrophe noch, für die die westlichen Staaten und ihre Verbündeten durch ihre militärische und völkerrechtswidrige Intervention weitgehend selbst mitverantwortlich sind. Der UN-Sonderberichterstatter über die Auswirkungen von Sanktionen, Idriss Jazairy, hatte dies bereits

2018 nach einem Besuch kritisiert und erklärt, dass die durch den Krieg entstandene Lage in Syrien »schrecklich« sei, »aber (...), dass die Strafmaßnahmen die Lage nur noch schlimmer machen.«

Nicht allein die unzähligen dokumentierten Menschenrechtsverletzungen sind ein Skandal, hinzukommen die offensichtliche Unfähigkeit und Unwilligkeit, die Täter zu verfolgen und zur Rechenschaft zu ziehen. Schon 2004 hat der Sonderberichterstatter der UN-Menschenrechtskommission über die Folter, Theo van Boven, vor der UN-Generalversammlung die Foltermethoden angeprangert, die das Militär der USA im Irak und Afghanistan gegen Kriegsgefangene oder schlicht Verdächtige eingesetzt haben. Der US-amerikanische Reporter Seymour Hersh hat darüber 2004 in seinem Buch »Chain of command: The Road from 9/11 to Abu Ghraib« ausführlich und detailliert berichtet: Schlafentzug über lange Zeitspannen hinweg, Einschließen in Käfige, in denen die Gefangenen weder stehen noch sitzen konnten, Verlegung der Gefangenen in geheime Gefängnisse oder in Länder, in denen grauenhafte Verstümmelungsmethoden praktiziert wurden, Vergewaltigungen und sexuelle Erniedrigungen, Scheinhinrichtungen und Hundebisse etc. Als die Chefanklägerin Fatou Bensouda beim Internationalen Strafgerichtshof in Den Haag Voruntersuchungen für eine mögliche Strafverfolgung einleiten wollte, kündigte US-Präsident Donald Trump im März 2019 öffentlich an, weder der Chefanklägerin noch anderen mit Untersuchungen mutmaßlicher Kriegsverbrechen von US-Soldaten beauftragten Mitarbeitern des Strafgerichtshofs die Einreise in die USA zu gestatten. Darauf hat der Gerichtshof die Ermittlungen wegen voraussichtlicher Erfolglosigkeit eingestellt. Nach deutschem Recht wäre das als Strafvereitelung nach § 258 StGB strafbar.

Doch auch in unseren Grenzen täuscht die allgemeine Zufriedenheit mit dem Stand der Menschenrechte über den realen Zustand hinweg. Seit Jahren baut die EU ihre Außengrenzen zu einer unüberwindbaren Mauer gegen die vornehmlich aus Afrika und Asien um Asyl bittenden Flüchtlinge aus, um sie am Zugang zum europäischen Territorium zu hindern. Der Europäische Gerichtshof für Menschenrechte hat zwar in seiner Entscheidung vom Februar 2012 festgestellt, dass es den Vertragsstaaten der Europäischen Menschenrechtskonvention untersagt ist, Schutzsuchenden den Zutritt zu ihrem Hoheitsgebiet zu verwehren, da ihnen die Konvention ein Recht garantiert, einen Antrag auf Schutz vor Zurückweisung und Abschiebung zu stellen. Doch nach wie vor wird den Schiffen, die zur Rettung von Flüchtlingen in Not auf dem Mittelmeer auslaufen, der Zugang zu den europäischen Häfen erschwert oder verweigert. Die Grenzschutzorganisation Frontex wird zügig verstärkt, um Europa nicht etwa zu einer Festung für, sondern gegen die Flüchtlinge auszubauen. Such- und Rettungszonen (SAR-Zonen) werden im Mittelmeer eingerichtet, die jedoch die Gefahr erhöhen, dass die Küstenwachen die Flüchtlinge aufgreifen und dorthin zurückbringen, wo sie wie z. B. in Libyen nicht an sicheren Orten, wie es das internationale Seerecht fordert, sondern in geschlossenen Lagern untergebracht werden. Das ganze System und die Organisation der Flüchtlingsabwehr ist nach den eigenen Normen der EU menschenrechtlich höchst bedenklich. Hinzu kommen immer wieder schwere Verstöße gegen die Menschenrechte bei der oft brutalen Behandlung der Flüchtlinge bei der Abwehr derselben. Tausende von Toten sind die Bilanz dieser Praxis. Anfang Juni 2019 ist nun eine Klage gegen die EU bei dem Internationalen Strafgerichtshof (IStGH) in Den Haag eingegangen, die den Verantwortlichen der Flüchtlingspolitik Verbrechen gegen die Menschlichkeit durch die Internierung von über 40.000 Geflüchteten, die Vergewaltigung, Folter und den Tod zahlloser Flüchtlinge vorwirft. Es wäre das erste Mal in der Geschichte des IStGH, dass sich europäische Staatsangehörige vor diesem Gericht verantworten müssten – aber es ist noch lange nicht ausgemacht, dass es zu einer Anklage kommen wird.

Die folgenden Seiten singen daher nicht das Hohe Lied der Menschenrechte, sondern weisen auf den erschreckenden Widerspruch zur Realität weltweit hin. Menschenrechte sind Völkerrecht, richten ihren Anspruch also auf alle Gesellschaften in der Welt. Der relative Erfolg der Menschenrechtsentwicklung im eigenen Land trübt aber zu sehr den Blick auf die eigene Verantwortung für jene Gesellschaften, in denen kein vergleichbarer Standard zu finden ist. Denn Globalisierung ist nicht nur die Erfolgsgeschichte der erweiterten Freiheit der Märkte, Investitionen und Arbeitskräfte – wahrlich ein Eldorado der Menschenrechte –, sondern ist immer mehr ein Schauplatz verstärkten Raubbaus, gnadenloser Ausbeutung und kriegerischer Interventionen geworden. Meine Aufmerksamkeit hat sich daher mehr auf die Brüche, die Widersprüche, den Missbrauch und die Schwäche der Menschenrechte und ihrer Konzeption gerichtet. Die einzelnen Kapitel widmen sich einigen Brennpunkten der Menschenrechte, die nicht das Ziel verfolgen, deren Erfolglosigkeit festzustellen, selbst wenn der kritische Befund reichliches Material dazu liefert. Verwirklichung und Stärkung der Menschenrechte, sie den feindlichen Bedingungen des kapitalistischen Systems entgegenzustellen und sie als einen möglichen Hebel zu seiner Überwindung zu stärken, sind nach wie vor dringliche und unverzichtbare Aufgaben. Das ist kein rechtliches, es ist ein politisches Problem, welches lösbar ist. Dieses Buch versucht, darüber aufzuklären.

1.
Einleitung: Menschenrechte und Völkerrecht

Menschenrechte sind in jüngster Zeit zu einem der zentralen Begriffe und Standardlegitimationen in der Außenpolitik geworden. Noch vor wenigen Jahrzehnten konnte man weder in dem voluminösen Werk von Henry Kissinger »Diplomacy« (Kissinger, 1994) noch in den tonangebenden Analysen zu Frieden, Krieg und dem System der internationalen Beziehungen, geschweige denn in den außenpolitischen Programmen der CDU/CSU, SPD und von Bündnis90/ Die Grünen ein Wort zur Bedeutung der Menschenrechte entdecken (Paech, 1998). Heute gibt es kaum eine politische Konfrontation und keine militärische Intervention, die nicht die Menschenrechte als Basis der Argumentation und Legitimation ihres Eingriffes heranziehen. Woran liegt die Renaissance eines Rechts, welches ein selbstverständliches und deshalb kaum erwähnenswertes Element eines jeden demokratischen Handelns sein sollte? Die Vermutung liegt nahe, dass es nicht gut um das Recht bestellt ist, wenn es derart immer wieder in den Vordergrund gerückt wird.

Es gibt einen oft vernachlässigten, aber nicht unwesentlichen Unterschied zwischen dem Recht der Menschen und dem Recht der Völker. Richtet sich ersteres vornehmlich gegen den eigenen Staat, soll es also im Wesentlichen die Freiheiten und Pflichten im innerstaatlichen Bereich bestimmen, so soll das Völkerrecht die internationalen Beziehungen der Staaten zueinander regeln. Der Begriff »Völkerrecht« ist also irreführend. Zutreffender ist der im Englischen und Französischen übliche Begriff »Internationales öffentliches

Recht«. Es handelt sich vornehmlich um ein Recht der Staaten. Die Völker sind erst in ihrem Kampf um Dekolonisation auf dem Weg zu einem eigenen souveränen Staat als Rechtssubjekte anerkannt worden. Doch verbinden sich Menschen- und Völkerrecht wieder in ihrem Entstehungsprozess, denn auch die Menschenrechte wurden, anders als die von ihnen abgeleiteten staatlichen Grundrechte, vor allem nach 1945 in völkerrechtlichen Verträgen formuliert. Dieses wird am sinnfälligsten in dem Recht auf Selbstbestimmung, welches in den beiden Pakten über bürgerliche und politische sowie kulturelle und soziale Menschenrechte von 1966 jeweils in Artikel 1 den Völkern als kollektives Menschenrecht zuerkannt wird. Die Aufnahme eines kollektiven Rechts in die beiden Pakte individueller Rechte ist insofern folgerichtig, als auch das Recht auf Selbstbestimmung den Völkern Freiheitsrechte gegenüber rassistischer und kolonialistischer Unterdrückung des Staates gibt.

Vom Verfassungs- zum Völkerrecht

Die historisch frühesten Dokumente menschenrechtlicher Normen waren Freiheits- und Schutzforderungen gegen die eigene Herrschaft: Sei es die Magna Charta Libertatum (1215) gegen die Krone, die Petition of Rights (1628) gegen Karl I. zum Schutz der Person und des Eigentums, die Habeas Corpus Akte (1679) zum Schutz vor willkürlichen Verhaftungen oder die Bill of Rights (1689), die die »angemaßte Macht« der »königlichen Autorität« gegenüber dem Parlament einschränkte (Sandkühler, 2013, S. 126ff). Sie alle hatten verfassungs-, nicht völkerrechtlichen Charakter. Auch die ersten echten Kodifikationen der modernen Menschenrechtsgeschichte waren verfassungsrechtliche Dokumente des Unabhängigkeits- und Freiheitswunsches gegen koloniale Fremdherrschaft (Declaration of Rights of Virginia, v. 12. Juni 1776, Declaration of Independence v. 4. Juli 1776) oder gegen feudal-absolutistischen Despotismus (Déclaration des droits de l'homme et du citoyen v. 26. August 1789 und 3. September 1791 sowie 24. Juni 1793). Es waren Dokumente der republikanischen Staatsgründung aus der Idee der Menschenrechte.

1. EINLEITUNG: MENSCHENRECHTE IM VÖLKERRECHT

Aber schon frühzeitig kommt die völkerrechtliche Dimension des menschenrechtlichen Schutzes zum Tragen, als es um die Abschaffung der Sklaverei und das Verbot des Sklavenhandels geht. In dem berühmten Fall der Meuterei auf der Amistad vor dem Supreme Court der USA in den Jahren 1840/41 ging es einerseits um das Recht auf Freiheit von Sklaverei, andererseits um die Durchsetzung dieses Rechts gegenüber den Ansprüchen eines anderen Staates, d. h. die universelle Geltung des Menschenrechts. Vor der kubanischen Küste kam es 1839 auf dem Schiff Amistad zum Aufstand von Sklaven, die kurz zuvor von Sierra Leone/Afrika nach Havanna gebracht und dort verkauft worden waren. Sie töteten den Kapitän und Schiffskoch und wollten zurück in ihre Heimat segeln. Doch der spanischen Segelmannschaft, auf die die Afrikaner angewiesen waren, gelang es, das Schiff in nordamerikanische Küstengewässer zu steuern, wo es von der US-Küstenwache aufgebracht wurde. Nun beanspruchten die Spanier als »Eigentümer« das Schiff und die Waren, worunter sie auch die Sklavenfracht der Afrikaner verstanden. Das forderte auf der anderen Seite die »Abolitionisten« heraus, die seit Jahren in den USA für die Abschaffung der Sklaverei und des Sklavenhandels fochten. Sie mobilisierten die Öffentlichkeit und konnten für den Fall erhebliche Aufmerksamkeit erringen. Der Supreme Court stand vor der Frage, ob die Afrikaner schlicht als Ware zu gelten haben und ob ihr Aufstand evtl. gerechtfertigt war. Denn wenn ihr Aufstand als Akt der Piraterie und Räuberei anzusehen war, mussten sie nach dem amerikanisch-spanischen Vertrag von 1795 an Spanien zurückgegeben werden. Der Supreme Court folgte Richter Joseph Story und entschied mit acht zu zwei Stimmen am 9. März 1841 »nach den ewigen Prinzipien der Gerechtigkeit und des internationalen Rechts«, dass die Afrikaner freie Menschen und keine Ware seien (United States, 1841; Menzel, 2005, S. 625ff). Insbesondere sei sowohl nach US-amerikanischem wie auch nach spanischem Recht und internationalen Verträgen die Begründung von Eigentum an Sklaven nicht mehr möglich. Die »negroes« seien also nicht Sklaven, sondern illegal gekidnappte und an Bord der Amistad festgehaltene Afrikaner, die ihr Recht auf Freiheit legal zu erkämpfen versuchten und daher keine Piraten seien.

Die Bedeutung dieser Entscheidung liegt nicht nur in der Anerkennung des Freiheitsrechts, sondern auch in der Durchsetzung seiner internationalen Gültigkeit über die Grenzen des eigenen Staates hinaus und der Kompetenz des Gerichts, es auch gegen einen fremden Staat durchzusetzen. Der Kampf um das Menschenrecht der Freiheit von Sklaverei war nur in seinen völkerrechtlichen Dimensionen zu gewinnen. Heute ist das Verbot der Sklaverei in allen universellen und regionalen Menschenrechtsverträgen enthalten. Es gehört zum ius cogens des Völkerrechts, welches alle Staaten zwingend verpflichtet. Dennoch beobachten wir neue moderne Formen der Sklaverei in den Arbeitsverhältnissen – ob Kinderarbeit, Schuldknechtschaft, Zwangsarbeit und Zwangsprostitution etc.; Menschenrechtsorganisationen rechnen mit bis zu 27 Millionen Menschen in moderner Sklaverei. Der Einklang von Völkerrecht und Menschenrechten scheint erschlafft.

Dies wird besonders deutlich, wenn man den Artikel »Menschenrechte« liest, den Gustav von Struve, radikaldemokratischer Revolutionär, geprägt von den Schriften Jean-Jacques Rousseaus, drei Jahre nach der Entscheidung des US Supreme Courts im »Staats-Lexikon oder Encyklopaedie der Staatswissenschaften« von Carl von Rotteck und Carl Welcker verfasste. Er beginnt bei der Sklaverei, die weder von den Griechen, Römern oder Juden in Zweifel gezogen wurde (Struve, 1994), und sah in der Lehre Christi die ersten Ansätze zur Anerkennung ewiger und unveräußerlicher Menschenrechte auf der Basis der Gleichberechtigung aller Menschen. Allerdings wurde der »Urgedanke reiner Menschlichkeit« durch den »Gedanken der Kirche«, der schon 313 u. Z. mit dem Mailänder Toleranzedikt Kaiser Konstantins das Christentum auf den Weg zur Staatskirche brachte, verdrängt. So bedurfte es erst der Freiheitskämpfe der Völker, die bereits mit der Loslösung der Schweizer Eidgenossen vom Deutschen Reich im Krieg gegen Kaiser Maximilian I. und dem Frieden zu Basel 1499 begannen, und der literarischen Kraft der bedeutendsten Denker des 16. bis 18. Jahrhunderts in England und Frankreich (Klenner 1982), um die praktischen und theoretischen Grundlagen der Menschenrechte zu legen. So etwa Thomas Hobbes mit seinem »Leviathan« (1651), John Locke mit »Two Treatises of Government« (1689), Jean-Jacques Rousseau mit »Du contrat social« (1762), Thomas Paine mit »Rights of Man« (1791/92), um nur die Bedeutendsten zu nennen.

Die beiden revolutionären Verfassungen Frankreichs von 1791 und 1793 enthalten bereits alle Freiheits- und Gleichheitsrechte, die auch heute den Kern der menschenrechtlichen Garantien in der Universellen Menschenrechtsdeklaration vom 10. Dezember 1948 und den beiden Internationalen Pakten über zivile und politische sowie über ökonomische, soziale und kulturelle Rechte vom 16. Dezember 1966 bilden. Nach Art. 2 der Verfassung von 1791 sind diese Rechte »die Freiheit, das Eigentum, die Sicherheit, der Widerstand gegen Unterdrückung«, die Art. 2 der Verfassung von 1793 ausdrücklich um das Recht der Gleichheit ergänzt. Struve, der sich im April 1848 an dem bewaffneten Aufstand in Baden beteiligte und nach dessen Scheitern in die USA emigrierte, wo er sich auf Seiten der Union am Sezessionskrieg 1861/62 beteiligte (Kunze, 1990), sah die Menschenrechte durchaus materialistisch: »Die erste Voraussetzung menschlicher Kräfte ist das physische Leben und folgeweise alles dasjenige, was zur Erhaltung desselben notwendig ist (...) [Das erfordert] gesunde Nahrung, eine schützende Wohnung und hinreichende Kleidung. Der Mensch hat also das ewige und unveräußerliche Recht, von dem Staate, dessen Mitglied er ist, zu verlangen, sich so zu organisieren, dass jeder Mensch ohne Unterschied des Standes, des Alters und des Geschlechts diese Voraussetzungen des Lebens habe. Solange die ärmeren Klassen des Volkes Not leiden an den unvermeidlichen Bedürfnissen des Lebens, haben sie daher ein vollgültiges Recht, zu verlangen, dass die reicheren Klassen ihnen von ihrem Überflusse so viel abgeben, als zu diesem Behufe erforderlich ist«, schreibt Struve ein Jahr vor der Publikation des »Kommunistischen Manifests«. Er fordert eine »gänzliche Umwandlung unseres Steuersystems« mit radikaler Entlastung des »besitzlosen Arbeitsstandes« und progressiv steigender Einkommens- und Erbschaftssteuer derjenigen, »welche mehr haben oder erwerben, als sie zu ihrem Lebensunterhalte bedürfen, und zwar in demselben Maße höher, als ihr Überfluss größer ist« (Struve, 1994, S. 205f). Er hat erkannt, dass die vollkommene Verwirklichung der Menschenrechte nur mit der radikalen Umgestaltung der materiellen Verhältnisse zu erreichen ist. Er war damit nicht weit von Karl Marx entfernt, der die strukturelle wechselseitige Abhängigkeit von kapitalistischer Produktion/Zirkulation und Recht, vor allem der Menschenrechte, aufgezeigt (Marx, 1972, MEW 23, S. 189) und nach der bürgerlichen die soziale Revolution gefordert hatte.

Menschenrechte zwischen Programmatik und Kodifizierung

Diese Forderungen haben auch 175 Jahre später nichts von ihrer Aktualität verloren. Sie sind absolut modern und finden ihre völkerrechtliche Grundlage auch in den zeitgenössischen Sozialpakten. So garantieren Art. 6ff. des Internationalen Paktes für ökonomische, soziale und kulturelle Rechte neben dem Recht auf Arbeit zu gerechten und günstigen Bedingungen (Art. 6, 7) das Recht auf einen angemessenen Lebensstandard für sich und seine Familie mit ausreichender Nahrung, Kleidung und Wohnung (Art. 11), das Recht auf den höchsten Standard an körperlicher und geistiger Gesundheit (Art. 12), das Recht eines jeden auf Erziehung, verbindlich und frei für jeden (Art. 13) etc. Rechte, die den revolutionären Grundsätzen der französischen Verfassung voll entsprechen. In den verpflichtenden Worten des Art. 1: »Der Zweck der Gesellschaft ist die allgemeine Wohlfahrt. Die Regierung ist eingesetzt, um dem Menschen den Gebrauch seiner natürlichen und unverjährbaren Rechte zu verbürgen.« Doch was sich schon in den vergangenen annähernd zwei Jahrhunderten kaum umsetzen ließ, wird auch unter der Herrschaft des Sozialpaktes und der zahlreichen Resolutionen des Wirtschafts- und Sozialrates (ECOSOC) (Opitz, 2002, S. 293ff) nicht gelingen. Denn allen Vorschriften und Forderungen wird in den Staaten mit kapitalistischer

Wirtschafts- und Gesellschaftsordnung, da mit dieser nicht vereinbar, die Rechtsverbindlichkeit versagt. Dies war die Kontroverse zwischen Churchill und Stalin 1945 über die Aufnahme der Menschenrechte in die UN-Charta. Da Churchill die Kodifizierung der ökonomischen und sozialen Menschenrechte ablehnte, verweigerte Stalin wiederum die Aufnahme der zivilen und politischen Menschenrechte (Paech/ Stuby, 2013, S. 656). So konnte man sich nur auf die allgemeine Erwähnung der Menschenrechte in der UN-Charta einigen (Präambel, Art. 1). Die Kontroverse bestimmte auch die Beratungen der Universellen Menschenrechtsdeklaration von 1948. Man kam zwar überein, das gesamte klassenübergreifende Spektrum der Menschenrechte zu erfassen, der Deklaration aber insgesamt die Rechtsverbindlichkeit vorzuenthalten. Der Widerspruch war unüberwindbar, sodass der internationale Druck, endlich ein verbindliches Dokument der Menschenrechte zu formulieren, 1966 zu der Trennung in zwei Pakte führte. Während die Rechtsverbindlichkeit des Paktes für zivile und politische Rechte unbestritten ist, wird sie für den Pakt für ökonomische, soziale und kulturelle Rechte vor allem von den dominanten kapitalistischen Staaten des nordatlantischen Bündnisses abgelehnt. Er ist von den USA noch immer nicht ratifiziert und die Europäische Menschenrechtskonvention vom 4. November 1950 blendet die ökonomischen und sozialen Rechte vollkommen aus. Die Bundesrepublik hat den Pakt zwar 1973 ratifiziert, sieht in seinen Forderungen allerdings mehr eine nicht gerichtlich durchsetzbare programmatische Zielverpflichtung, die keine Entsprechung im Katalog der Grundrechte hat, als eine bindende Rechtsverpflichtung. Auch die internationalen Weiterentwicklungen zu einem kollektiven Recht auf Entwicklung und Frieden (sogenannte 3. Generation) haben nie den Status unverbindlicher Programmatik überwinden können (Paech/ Stuby, 2013, S. 704f). Das zeigt zweierlei: Menschenrechte verlassen erst dann die Sphäre der moralisch-philosophischen und literarischen Proklamation, wenn sie gesetzlich, d.h. verfassungs- oder völkerrechtlich, verfestigt werden. Sie erhalten erst mit ihrer Kodifizierung die Qualität von Menschen-Rechten. Haben sie diese Qualität – wie die zivilen und politischen Rechte – erreicht, müssen sie sich in die Hierarchie der völkerrechtlichen Normen einreihen, ihr moralisches Gewicht verleiht ihnen kein höheres, die allgemeinen Normen überragendes Gewicht. Darüber hinaus aber ist die fortschrittliche Stoßkraft, die den Menschenrechten aus ihrer Internationalisierung und völkerrechtlichen Kodifizierung einst erwuchs, weitgehend verloren gegangen. Sie hat sich sogar umgekehrt, sodass es zu einer Konfrontation zwischen den Menschenrechten und einigen Grundprinzipien des Völkerrechts gekommen ist.

Menschenrechte als Kampfformel

Das ist vor allem in den letzten Jahren deutlich geworden, in denen die Menschenrechte von den kapitalistischen Staaten sowohl zur Legitimation ihres eigenen, weltweit nun konkurrenzlosen Gesellschafts- und Wirtschaftsmodells eingesetzt werden, als auch zur Begründung militärischer, d.h. »humanitärer«, Interventionen in Randgebieten, die sich ihrem Herrschaftsanspruch bislang widersetzt haben. Das hat natürlich eine Definition der Menschenrechte zur Voraussetzung, die nicht nur aus ihrem europäischen Ursprung der Aufklärung schöpft und zu wahrer Universalität strebt, sondern sie an die Errungenschaften der westlichen Zivilisation koppelt und sie somit auf die Lebensweise des kapitalistischen Wirtschafts- und Gesellschaftsmodells reduziert.

Vor dem Untergang der Sowjetunion hatte die Identifizierung von Menschenrechten und Demokratie eher defensive gegen die sozialistische Alternative gerichtete Bedeutung. Nach deren Untergang haben die Menschenrechte eine zunehmend offensive, ja aggressive Bestimmung gegen widerstrebende bzw. dem westlichen Herrschaftsanspruch feindlich gegenüberstehenden Staaten erhalten. Die damit aus der völkerrechtlichen Verbannung wieder zurückgeholte »humanitäre« Intervention vermag sich zwar wie im Falle Jugoslawiens, Afghanistans, Iraks, Libyens und auch Syriens durchaus auf mehr oder weniger gravierende Verstöße gegen Menschenrechte berufen, diese finden sich aber ebenfalls im eigenen Herrschaftsbereich in vergleichbarer Weise (Türkei, Israel, Saudi-Arabien) und spielen keinesfalls die Hauptrolle für die Begründung der Intervention. Es ist inzwischen nicht mehr nur ein Verdacht, sondern gesicherte Erkenntnis, dass der entscheidende Auslöser der Interventionen die geostrategische Sicherung lebenswichtiger Ressourcen ist, wie es nicht nur in der NATO-Strategie vom April 1999, sondern auch in der Nationalen Sicherheitsstrategie der Vereinigten Staaten vom September 2002 in aller Deutlichkeit ausgeführt worden ist. Denn der Zugang zu den weltweiten Ressourcen ist ein Stück Freiheit des Marktes und Freiheit des Handels, die zu den Essentialien der Demokratie und ihrer ökonomischen Grundordnung gehören. In diesem Sinn hat US-Präsident Bush seine Nationale Sicherheitsstrategie vom September 2002 u.a. mit den Sätzen eingeleitet: »Die Vereinigten Staaten werden diese Gelegenheit nutzen, den Segen der Freiheit über den Globus zu verbreiten. Wir werden aktiv daran arbeiten, die Hoffnung auf Demokratie, Entwicklung, freie Märkte und freien Handel in jede Ecke der Welt zu bringen.« Nachdem das Konzept des Freihandels im 6. Kapitel der Nationalen Sicherheitsstrategie als »moral principle« jedem Zweifel entzogen wird, heißt es im 7. Kapitel unter der Überschrift »Den Kreis der Entwicklung durch die Öffnung der Gesellschaften und den Aufbau einer Infrastruktur von Demokratie erweitern«: »Handel und Investitionen sind die wirklichen Triebkräfte des ökonomischen Wachstums. Selbst wenn die Regierungshilfe wächst, muss das meiste Geld für Entwicklung vom Handel, dem nationalen Kapital und ausländischen Investitionen kommen. Eine effektive Strategie muss versuchen, auch diese Finanzflüsse zu verstärken. Freie Märkte und freier Handel sind die zentralen Hebel unserer nationalen Sicherheitsstrategie.« Vor den nackten ökonomischen Interessen der langfristigen Ressourcensicherung weht der Schleier von Demokratie, Entwicklung, freiem Markt und freiem Handel, denen problemlos die Menschenrechte als normative Inkarnation menschlicher Freiheit hinzugefügt werden.

Die Identifikation von Menschenrechten, Demokratie und kapitalistischer Wirtschaftsordnung in einem moralischen Prinzip der

Freiheit ist total. Sie ist damit bestens geeignet, eine ebenso totalitäre Botschaft für eine Weltordnung abzugeben, die ganz auf den imperialen Anspruch der dominierenden kapitalistischen Staaten zugeschnitten ist. Werden aber Menschenrechte und Demokratie immer offener auf die Freiheiten des kapitalistischen Verkehrs reduziert, verlieren sie ganz ihren emanzipatorischen Charakter und die Widersprüchlichkeit ihres politischen und sozialen Inhalts, die sie in den historischen Auseinandersetzungen ihrer Durchsetzung ausgezeichnet haben. Sie dienen der Legitimation von Institutionen mit globalem Ordnungsanspruch wie WTO, IWF und Weltbank, die sie als die zentralen Institutionen der Welthandelsordnung zu unangreifbaren Hütern der Freiheit, Förderern der ökonomischen Entwicklung und Promotoren der Demokratie stilisieren. Die Katastrophen der Armut und Unterentwicklung, der Staatsbankrotte, Kriege und Flüchtlingsströme müssen damit als kaum vermeidbare Kollateralschäden, letztlich als Preis der Freiheit und des Fortschritts in Kauf genommen werden – per aspera ad astra.

Schließlich – und dieses ist eine der gefährlichsten Entwicklungen der jüngsten Zeit – wird das Konglomerat von Rechten und Werten zwischen Markt und Demokratie zu einer Kampfformel verdichtet, welche wahlweise unter dem Begriff der »westlichen Wertegemeinschaft« oder der »nationalen Sicherheit« die Völkerrechtsordnung und die Verfassungen der Staaten unterlaufen soll. Im Namen der Menschenrechte und Demokratie werden Notstandssituationen ausgerufen, von denen behauptet wird, dass sie nur noch mittels militärischer Interventionen behoben werden können. Nicht nur, dass diese Interventionen immer offener auf die einzige Legitimation verzichten, die kriegerischen Einsätzen zukommt, die UN-Charta und das Völkerrecht, ihre Zerstörungen und Vernichtungen von materiellen Gütern und menschlichem Leben stehen immer weniger in einem vertretbaren Verhältnis zu den vorgeblichen Werten, die gerettet werden sollen. Abgesehen von den Opfern und Schäden eines jeden Krieges, stellt die Erosion der formellen Völkerrechtsordnung durch eine nirgends kodifizierte Werteordnung eine erhebliche

Gefährdung der internationalen Friedensordnung dar. Die Feinderklärung genügt, um Staaten als »rogue states« (Schurkenstaaten) zu stigmatisieren und sie damit unter Kriegsdrohung zu stellen und zu erpressen. Dieser Begriff, der bereits aus dem Repertoire der US-amerikanischen Außenpolitik verbannt schien, ist mit der Nationalen Sicherheitsstrategie vom September 2002 wieder zurückgekehrt (vgl. Kapitel V, Prevent our enemies from threatening us, our allies, and our friends with weapons of mass destruction). Der Besitz oder die Produktionsmöglichkeit von Massenvernichtungsmitteln genügt nicht, um einen Feind zu definieren, wie die Beispiele Israel, Indien und Pakistan zeigen. Es muss eine prinzipielle Verweigerung der Unterwerfung und Zusammenarbeit hinzukommen. Der Mechanismus der Friedenssicherung, den die UN-Charta mit dem VII. Kapitel dem UN-Sicherheitsrat an die Hand gegeben hat, und damit die militärische Sanktion allein dem kollektiven Organ der UNO überantworten wollte, wird außer Kraft gesetzt und durch die Feinderklärung derjenigen Staaten ersetzt, die ihre militärische Überlegenheit gegenüber anderen Staaten ausspielen können. Das Kriterium der Intervention ist nicht mehr der Bruch oder die Gefährdung des Friedens wie in Art. 39 UN-Charta, sondern das militärische Potenzial des intervenierenden Staates. Allen Beteiligten dürfte klar sein, dass dieses ein Rückfall hinter die UN-Charta zurück in die unselige Zeit des Völkerbunds ist und der eigenen Beschwörung der rule of law National Security Strategy (Kapitel II, Champion Aspirations for Human Dignity) Hohn spricht. Als Preis für die Durchsetzung ihres imperialistischen Herrschaftsanspruchs scheint es jedoch derzeit den USA und dem enger werdenden Kreis ihrer Alliierten nicht zu hoch.

2.
Das Völkerrecht und die Instrumentalisierung der Menschenrechte

Schon ein flüchtiger Blick auf die etwa 75-jährige Geschichte der UNO lehrt uns, dass – trotz aller Niederlagen und Defizite dieser Organisation und ihrer Charta – in dieser Zeit das Völkerrecht einen nie zuvor in der Geschichte erlebten schnellen Wandel und eine unvergleichlich progressive Kodifizierung erfahren hat. Dazu gehört die Entwicklung des Kriegsverbotes (Briand-Kellogg-Pakt von 1928) zum Gewalt- und Interventionsverbot (Art. 2 Z. 4 der Charta der Vereinten Nationen). Dazu gehört ferner die Durchsetzung des Rechts auf Selbstbestimmung in der Epoche der Dekolonisation. Dieses Recht, welches erstmals in den Deklarationen der Französischen Revolution auftauchte, brauchte knapp zweihundert Jahre, bis es über die Stationen des Völkerbundes und der Vereinten Nationen erst in den 1970er Jahren als zwingendes Recht allgemein anerkannt wurde.

Zu diesem Fortschritt gehört auch die umfassende Kodifizierung der individuellen Menschenrechte, selbst wenn der rechtliche Status der ökonomischen und sozialen Rechte immer noch bestritten und auf bloße politische Programmatik abgewertet wird. Wenn auch darüber hinaus das Projekt der kollektiven Menschenrechte – es handelt sich um das Recht auf Frieden und auf Entwicklung – den Großmächten des Nordens noch abgerungen werden muss, der Fortschritt liegt bereits in der Formulierung derartiger Rechte durch die Menschenrechtskommission der UNO und der Übernahme dieser Konzepte durch die Generalversammlung. Die Einrichtung eines

Europäischen Gerichtshofes für Menschenrechte ist überhaupt der erste Ansatz, das Individuum aus seiner völkerrechtlichen Nichtexistenz herauszuholen und ihm Schutz gegenüber dem eigenen Staat zu geben. Die verschiedenen Urteile des Europäischen Gerichtshofs für Menschenrechte gegen die Türkei sprechen z. B. eine deutlichere Sprache und sie verschaffen den Folteropfern mehr Rechte und Wiedergutmachung als die europäischen Regierungen bisher von der türkischen Regierung erreichen konnten.

Die nationale Souveränität und die »humanitäre Intervention«
Zu verweisen ist darüber hinaus auf eine eher konservative Funktion der Charta, die den Bestrebungen der Großmächte, Prinzipien des Völkerrechts zu beseitigen, Widerstand entgegensetzt. Dies gilt z. B. für das Prinzip der nationalen Souveränität (Art. 2 Z. 1 UN-Charta), dem vor allem vor dem Hintergrund der zunehmenden Integration der europäischen Staaten in einer politischen Gemeinschaft mit weitgehender Souveränitätsverlagerung auf die Institution der Europäischen Union die Zukunftsfähigkeit abgesprochen wurde. Bliebe es bei literarischen Angriffen auf die Souveränität, würden sich daraus für die betroffenen Staaten keine größeren Probleme ergeben. Die Kriege der letzten zwanzig Jahre – von der Bombardierung Jugoslawiens 1999 bis zu den Invasionen in Afghanistan, Irak, Libyen und Syrien sowie die gegenwärtige Kriegsdrohung gegen Iran, aber auch die vielfältigen politischen und ökonomischen Interventionen in die Staaten der Peripherie – zeichnen jedoch ein zunehmend gefährlicheres Szenario. Aus der Sicht des Südens wird die Bedeutung der Souveränität für die Selbständigkeit und Unabhängigkeit der Staaten nach wie vor sehr viel deutlicher erkannt und betont. Walden Bello, Direktor des Bangkoker Forschungsinstituts »Focus on the Global South« und Professor an der Universität der Philippinen in Diliman, formuliert stellvertretend für viele Stimmen aus dem Süden die zentrale Bedeutung der Souveränität für die Staaten, die sich nach wie vor in den unteren Rängen der Weltpyramide befinden: »Nun mag für einige Leute im Norden, die zu Staaten gehören, die den Rest

der Welt beherrschen, nationale Souveränität ein Kuriosum sein. Für uns im Süden dagegen ist die Verteidigung dieses Prinzips eine Angelegenheit von Leben und Tod, eine zwingende Bedingung für die Realisierung unserer kollektiven Bestimmung als Nationalstaat in einer Welt, in der die Mitgliedschaft in einem Nationalstaat eine grundlegende Bedingung für den ungehinderten Zugang zu den Menschenrechten, politischen Rechten und wirtschaftlichen Rechten ist. Ohne einen souveränen Staat als Rahmen sind unser Zugang und unsere Nutznießung dieser Rechte gefährdet.« (Bello, 2006). Da die Nationalstaaten immer noch die entscheidenden gesellschaftlichen Organisationsformen der Menschen sind, plädieren diese Stimmen für eine offensive, ja »aggressive« Verteidigung ihrer staatlichen Souveränität, »denn der Imperialismus ist nun einmal so, dass er es als Präzedenzfall für andere, in der Zukunft liegende Fälle benützt, wenn man ihm einmal den kleinen Finger gibt.« (Bello, 2006).

Doch zeigen die letzten Kriege, dass dieses Prinzip aufs äußerste gefährdet ist, denn es bietet keinen wirksamen Schutz mehr gegenüber den Interventionen der großen Mächte. Ihnen geht es um die Erweiterung des Legitimationsrahmens für den Krieg als Mittel der Politik. Zur Rechtfertigung ihrer interventionistischen Interessen bedienen sich die Staaten vornehmlich dreier moderner Gründe:
- Kampf gegen den internationalen Terror,
- Verhinderung des Erwerbs bzw. Beseitigung bereits bestehender Massenvernichtungsmittel und
- Schutz der Menschenrechte.

Dabei fällt auf, dass in dem Maße, in dem der Terror oder die Massenvernichtungsmittel als Begründung zweifelhaft werden, die Menschenrechte als »Ausfallbegründung« in den Vordergrund treten. Die »humanitäre Intervention« ist seit ihrer Neuerfindung zur Rechtfertigung der Bombardierung Jugoslawiens im Frühjahr 1999 zur ständigen Reservelegitimation völkerrechtswidriger Interventionen geworden (Deiseroth, 1999, S. 3084f; Paech, 1999, S. 82f u. 36f).

Der Sündenfall des ganz offensichtlich völkerrechtswidrigen Überfalls auf Jugoslawien (keine Selbstverteidigung gem. Art. 51, kein UN-Mandat gem. Art. 39/42 UN-Charta) wird auch heute noch als klassischer Fall der »humanitären Intervention« gehandelt. Die humanitäre Sorge und Argumentation entsprach zweifellos der Motivation etlicher ihrer Befürworter. Der Schaden, den dieser Fall jedoch für die Kultur der internationalen Beziehungen und die Geltung der internationalen Menschenrechte anrichtete, geht weit über seine vermeintlichen Erfolge hinaus. Aus dem geschärften Blick eines unbeteiligten Beobachters wie Walden Bello lassen sich zumindest drei Konsequenzen sehr deutlich benennen.

Zunächst hat der Krieg dazu beigetragen, die Glaubwürdigkeit der Vereinten Nationen zu unterminieren, die bewusst übergangen wurden, da die USA ihre Zustimmung nicht erlangen konnte. Dafür wurde die NATO vorgeschoben, die verdeckte, dass der Krieg zu 95 % von der US Army durchgeführt wurde. Zusätzlich diente die NATO der Bundesregierung zu ihrem nach dem Zweiten Weltkrieg erstmaligen Auftritt auf einem internationalen Kriegsschauplatz. Dieser Angriffskrieg war zudem eindeutig völkerrechtswidrig, was Gerhard Schröder, der damalige Bundeskanzler und Kriegsherr, 2004 im Fernsehsender Phoenix auch unverblümt eingestand. Er hatte damit ein neues Kapitel deutscher Militärpolitik aufgeschlagen. Sodann vergrößerte der Krieg der NATO – mit der Zerschlagung des noch verbliebenen Staatenzusammenhangs auf dem Balkan – das Sicherheitsvakuum Osteuropas. Damit war zugleich der institutionelle Rahmen für die US-Hegemonie auch im postsowjetischen Europa gelegt. Dass der Luftkrieg die Situation der Menschenrechte erheblich verschlechterte und mit der Bombardierung von zivilen Einrichtungen – wie Elektrizitätswerke, Brücken und Wasserversorgung – die Genfer Konventionen von 1949 und die Zusatzprotokolle von 1977 verletzte, ist zwar der gerichtlichen Überprüfung entzogen worden, wird aber international nicht mehr ernsthaft angezweifelt (Mandelbaum, 1999, S. 6). Das Ausmaß der Zerstörungen in Jugoslawien wird durch keinen abstrakten Gewinn an Menschenrechten kompensiert, wo der konkrete Gewinn sowieso nicht mehr sichtbar ist (Wohlrapp, 2000, S. 107ff). Schließlich, und das ist wohl das bedrohlichste Ergebnis dieses Krieges, diente er als »humanitäre Intervention« gleichsam als Türöffner für die künftigen Verstöße gegen das Prinzip der nationalen Souveränität, den Missbrauch der Menschenrechte und die damit verbundenen Kriege.

Die Invasion in Afghanistan 2001 wurde unter dem Schock der Ereignisse des 11. September weitgehend akzeptiert und von der NATO mit der erstmaligen Ausrufung des Bündnisfalles gem. Art. 5 NATO-Vertrag gestützt. Die völkerrechtliche Grundlage war außerordentlich dünn, denn den USA gelang es nicht, ein Mandat durch den UN-Sicherheitsrat für ihren Krieg zu bekommen. Es setzte sich allgemein die Rechtfertigung der Selbstverteidigung nach Art. 51 UN-Charta durch, die auch von den nachfolgenden Resolutionen des UN-Sicherheitsrates nie in Zweifel gezogen wurde. Obwohl schon bald nichts eindeutig Identifizierbares mehr von dem eigentlichen Ziel der Angriffe, der Terrororganisation Al-Qaida, in Afghanistan vorhanden war, stehen die internationalen Truppen auch 2019 noch im Land. Schon längst ist Al-Qaida durch die Taliban ersetzt worden und damit der immer weiter ausufernde Krieg zur »humanitären Intervention« mutiert, um die Afghanen von den menschenrechtsverachtenden Taliban zu befreien.

Dies dient nicht nur den NATO-Staaten, sondern auch den unzähligen Nichtregierungsorganisationen als Legitimation ihres immer problematischeren Einsatzes. Allerdings sind auch bei diesem »humanitären Einsatz« – ähnlich wie 1999 in Jugoslawien – einige Konsequenzen deutlich geworden, die sich leider noch nicht in einem Umdenken der beteiligten Staaten niedergeschlagen haben.

Am offensichtlichsten ist die Etablierung eines weiteren US-amerikanischen Protektorats in strategisch wichtiger Lage. Es soll die Dominanz der USA nach der Unterwerfung des Irak festigen und hat bereits zu einer neuen Front gegen den Iran geführt. Es spricht vieles für die Vermutung, dass ein Sieg über den Iran und die Rekolonisierung des Mittleren Ostens das letztendliche Ziel des neuen Imperialismus ist. Dieser ganze Komplex Nah- und Mittelost – von den Ölquellen am Golf über die durch Israel besetzten Gebiete Pa-

2. INSTRUMENTALISIERUNG DER MENSCHENRECHTE

lästinas bis zum türkischen Kurdistan und Nordafrika – ist exemplarisch für die absolute Dominanz fremder nationaler Interessen über eine Friedensstruktur, die auf allgemein akzeptierten völkerrechtlichen Regeln beruht. Diese seinerzeit von kolonialen Interessen willkürlich in separate Staaten aufgeteilte Region unterliegt heute ebenso gnadenlos den Öl- und Gasinteressen der industriellen Großmächte wie zur Zeit des Völkerbundes. Und keine der großen internationalen Rechtsordnungen hatte eine Chance, die nationalen Interessen der Großmächte in dieser Region zu zügeln. Wo von den westlichen Protagonisten Völker- und Menschenrecht derart vernachlässigt, ja bewusst mit Füßen getreten werden, muss man sich über Gestalten wie Saddam Hussein, Mubarak und Netanjahu nicht wundern.

Zweitens wird in Afghanistan – wie in Jugoslawien und Libyen – entgegen den Genfer Regeln kaum noch zwischen zivilen und militärischen Zielen unterschieden. Die Anzahl ziviler Opfer steigt ständig und kann schon lange nicht mehr als unvermeidbarer Kollateralschaden ausgegeben werden. Das hat drittens nicht nur zu einer politischen und humanitären Situation geführt, die in vielen Aspekten schlechter ist als zur Zeit der Talibanherrschaft (im Hinblick auf Sicherheit und Ordnung, Korruption, Drogenanbau und -handel), das hat auch zur Stärkung des neuen Gegners, der Taliban, selbst geführt. Unter dem humanitären Mantel des Menschenrechtsengagements kommt allzu deutlich der nackte Kampf um geopolitische Vorteile zum Vorschein.

Lieferte die »europäische Zivilisation« im 19. Jahrhundert das ideologische Unterfutter für die Kolonisierung der Welt, so erfüllen heute die europäischen Menschenrechte den gleichen Zweck für die »humanitäre Globalisierung« der neuen Weltordnung. Sie sind der Kern der »Europäischen Wertegemeinschaft«. Würden sie zu einer Europäischen Grundrechtecharta verarbeitet und für Europas Bürgerinnen und Bürger auch mit einem Klagerecht versehen, so könnte das kaum Widerspruch provozieren. Wenn sie jedoch offensiv gegen das Selbstbestimmungsrecht der Völker gestellt und dessen Vertreter gleichzeitig als »Feinde der individuellen Menschenrechte« denunziert werden, so ist die Botschaft klar. Bot das Selbstbestimmungsrecht die Legitimation für die Dekolonisation, müssen die Menschenrechte nunmehr für die Rekolonisierung herhalten. In den Worten des EU-Kommissars für auswärtige Beziehungen Christopher Patten: »Wo Recht und Gesetz zusammenbrechen und die Menschenrechte mit Füßen getreten werden, ist die Krise unausweichlich, und am Ende steht dann der militärische Eingriff. Menschenrechtspolitik ist allemal Geopolitik.« (Patten, 2000, S. 12). Es sollte uns nicht verblüffen, dass diese »humanitären Eingriffe« entgegen dem universalen Anspruch der Menschenrechte durchaus selektiv geschehen: zwar auf dem Balkan und in Libyen, weil gleichsam im eigenen Haus bzw. in seinem Vorgarten, nicht aber in der Türkei, da von NATO-strategischer Bedeutung, und auch nicht in Tschetschenien und Tibet, da Russland und China immer noch Nuklearmächte mit enormer ökonomischer Bedeutung für die NATO-Länder sind – und schon gar nicht in Palästina. Dies ist kein Plädoyer für eine militärische Intervention in der Türkei, Palästina, Russland oder China, sondern für eine nichtmilitärische und nicht nach strategischen Interessen gestaffelte Menschenrechtspolitik.

Das tiefe Misstrauen und die tiefe Skepsis werden nicht durch Begriff und Inhalt der Menschenrechte hervorgerufen, sondern durch ihre Instrumentalisierung in der Rhetorik der neuen Werte-Ideologen und ihren militanten Einsatz zur Erweiterung der europäischen zu einer weltweiten Wertegemeinschaft (Senghaas, 1999, S. 12). Die Menschenrechte spielen in der Werte-Ideologie zwar eine propagandistische, aber ansonsten nur eine Nebenrolle. Während ein Gremium von 62 eher unbekannten Parlamentariern noch über der Formulierung der Europäischen Grundrechtecharta saß, haben bereits während des Jugoslawienkrieges die Staats- und Regierungschefs der damals 19 NATO-Staaten mit ihren Außen- und Verteidigungsministern in Washington, am 24. April 1999, die harten materiellen Interessen der Wertegemeinschaft definiert. Wo im »euro-atlantischen Raum«, dessen Grenzen prinzipiell grenzenlos sind, ethnische und religiöse Rivalitäten, Gebietsstreitigkeiten, unzureichende oder fehlgeschlagene Reformbemühungen, die Verletzung von Menschenrechten und die Auflösung von nationalen Staaten zu lokaler oder regionaler Instabilität führen, wo Terrorakte, Sabotage und organisiertes Verbrechen sowie die Unterbrechung der Zufuhr lebenswichtiger Ressourcen die Wertegemeinschaft bedrohen, ist in Zukunft mit dem militärischen Eingriff der NATO zu rechnen (NATO, 1999, Nr. 20, 24). Hier haben die Menschenrechte erst ihre politische Heimat, die Wertegemeinschaft ihre volle Dimension und die humanitäre Globalisierung ihren definitiven Sinn gefunden.

Die »Responsibility to Protect«

Eine besondere Rolle spielt dabei das neue Konzept der »Responsibility to Protect« (RTP), welches eine von der kanadischen Regierung eingerichtete »International Commission on Intervention and State Sovereignty« 2001 entwickelt hat und von der UN-Generalversammlung 2005 offiziell anerkannt wurde. Der damalige Generalsekretär der UNO, Kofi Annan, unzufrieden mit dem Vorgehen der NATO in Ex-Jugoslawien, hatte die zentrale Frage gestellt: »… wenn die humanitäre Intervention ein in der Tat unakzeptabler Angriff auf die Souveränität ist, wie sollte man dann auf Ereignisse wie in Ruanda oder Srebrenica antworten – schwere und systematische Verletzungen der Menschenrechte welche jegliche Grundsätze unserer allgemeinen Menschlichkeit verletzen«? (ICISS, Anm. 6, S. VII). Der Bericht ist zum Katechismus des Menschenrechtsschutzes zwischen den Staaten geworden (Debiel, 2004; Jöst/Strutynski, 2009). Seine zentrale These lautet, dass »souveräne Staaten eine Verantwortung haben, ihre eigenen Bürger vor vermeidbaren Katastrophen – vor Massenmord und Vergewaltigung, vor Hunger – zu schützen, dass aber, wenn sie nicht willens oder nicht fähig dazu sind, die Verantwortung von der größeren Gemeinschaft der Staaten getragen werden muss« (ICISS, 2001, S. VIII).

Allerdings legt er damit die Verantwortung nicht in das Ermessen einzelner Staaten und entlässt sie nicht aus dem Gewaltverbot des Artikels 2 Ziff. 4 UN-Charta. Unmissverständlich heißt es in dem Report: »Bevor eine militärische Intervention durchgeführt wird, muss in jedem Fall die Autorisierung durch den Sicherheitsrat gesucht werden. Jene, die nach einer Intervention rufen, müssen formal um eine solche Autorisierung nachsuchen oder der Sicherheitsrat muss von sich aus die Initiative ergreifen oder der Generalsekretär gem. Art. 99 UN-Charta« (ICISS 2001, Z. 6.15, S. 50). Dieses spiegelt nichts anderes als den aktuellen Stand des Völkerrechts wider (Welsh, 2002, S. 504-507). Die UN-Generalversammlung hat das einige Jahre später bestätigt, als sie auf dem World Summit 2005 das neue Konzept annahm und in ihr Abschlussdokument einarbeitete. Unter Ziffer 139 fasst es zusammen: »Die internationale Gemeinschaft hat durch die Vereinten Nationen auch die Pflicht, diplomatische, humanitäre und andere friedliche Mittel nach den Kapitel VI und VIII der Charta einzusetzen, um beim Schutz der Zivilbevölkerung vor Mord, Kriegsverbrechen, ethnischer Säuberung und Verbrechen gegen die Menschlichkeit behilflich zu sein. In diesem Zusammenhang sind wir bereit, im Einzelfall und in Zusammenarbeit mit den zuständigen regionalen Organisationen rechtzeitig und entschieden kollektive Maßnahmen über den Sicherheitsrat im Einklang mit der Charta, namentlich Kapitel VII, zu ergreifen, falls friedliche Mittel sich als unzureichend erweisen und die nationalen Behörden offensichtlich dabei versagen, ihre Bevölkerung vor Völkermord, Kriegsverbrechen, ethnischer Säuberung und Verbrechen gegen die Menschlichkeit zu schützen« (Jöst/Strutynski, 2009). Es bleibt wichtig, die Bindung der Entscheidung über Zwangsmaßnahmen an den Sicherheitsrat zu betonen, weil immer wieder versucht wird, dem RTP-Konzept zur Sicherung der Menschenrechte Rechtsverbindlichkeit zuzusprechen, die es nicht hat, und die Staaten von der strikten Bindung an den UN-Sicherheitsrat zu entpflichten.

Da nun 2011 der UN-Sicherheitsrat in den beiden Resolutionen 1970 und 1973 die libysche Regierung aufgefordert hat, die Schutzverantwortung gegenüber der libyschen Bevölkerung wahrzunehmen, werden diese Resolutionen als erste Bestätigungen des RTP-Konzepts durch den UN-Sicherheitsrat gepriesen, ja als »historischen Durchbruch« für die militärische Erzwingung von Menschenrechtsprinzipien. Widmen wir diesem modernen Kolonialkrieg noch einige Aufmerksamkeit.

Was John Pilger in drastischen Worten zusammenfasst, wird in zahlreichen anderen kritischen Beiträgen detailreich belegt: »Der europäisch-amerikanische Überfall auf Libyen hat nichts damit zu tun, dass jemand beschützt werden soll, solcherlei Unsinn glauben nur unheilbar Naive. Es ist die Antwort des Westens auf die Volkserhebungen in strategisch wichtigen und ressourcenreichen Regionen der Erde und der Beginn eines Zermürbungskrieges gegen den neuen imperialen Konkurrenten China.« (Pilger, 2011). Während der Sicherheitsrat die Situation in Libyen als untragbar ansah, blieb die gewaltsame Niederschlagung der Demonstrationen in Bahrain durch bahrainisches und saudi-arabisches Militär in der EU und dem UN-Sicherheitsrat ohne entsprechende Reaktion. Die Hohe Kommissarin der Vereinten Nationen für Menschenrechte (UNHCR), Navi Pillay, bezeichnete die militärischen Aktionen zwar als »schockierende und eklatante Verletzung internationalen Rechts« (Pillay, 2011), diese Kritik blieb jedoch ohne konkrete Folgen. Der ehemalige Botschafter der USA in Deutschland, John Kornblum, gab im Deutschlandradio eine ebenso aufrichtige wie überzeugende Erklärung für diese Doppelmoral: »Das Problem ist, (…) dass die Interessen des Westens anders sind – vor allem unsere Interessen in Saudi-Arabien und in den Golfstaaten. Es gibt (…) zumindest einen, Bahrain, der wirklich wichtig ist für die Vereinigten Staaten. (…) Da hat man die Prinzipien jetzt ein bisschen verletzt, indem man zumindest in die andere Richtung geschaut hat, als die Saudis militärisch eingegriffen haben, um eine demokratische Bewegung zu unterdrücken.« (Kornblum, 2011). Nichts anderes hat John Pilger zwei Wochen später in seiner Kritik behauptet, denn Bahrain ist mit dem Hauptquartier der Fünften US-amerikanischen Flotte der militärische Hauptstützpunkt der USA im Mittleren Osten, und Saudi-Arabien ist auf Grund seines Ölreichtums und seines bedingungslos pro-amerikanischen Herrscherhauses der engste Verbündete der USA.

Vor allem aber begründen das Ausmaß des Luftkrieges gegen Libyen und die ihn begleitenden Äußerungen aus NATO-Kreisen grundsätzliche Zweifel an der vorgeblichen Zielsetzung der Intervention, sodass z. B. Reinhard Merkel zu dem Urteil kommt: »Der demokratische Interventionismus, propagiert 2003 (…) und jetzt in der euphemistischen Maske einer Pflicht zur kriegerischen Hilfe im Freiheitskampf wiedererstanden, ist politisch, ethisch und völkerrechtlich eine Missgeburt.« (Merkel, 2011). Auch Michael Walzer hält die Motive für fragwürdig, die Ziele für unklar und die Intervention deswegen durch nichts zu rechtfertigen. Bei genauerer Betrachtung der Umstände sind allerdings die Ziele durchaus klar erkennbar gewesen, sodass man sogar zu dem Schluss kommen muss, dass ein »humanitäres« Mandat nur als Türöffner für einen Krieg kolonialer Prägung benutzt und eine völkerrechtliche Ermächtigung bewusst erschlichen und missbraucht worden ist.

Am 14. April 2011 veröffentlichten der *Figaro* (Paris), *The Times* (London), *The Washington Post* und *The New York Times* einen gemeinsamen Beitrag von Präsident Sarkozy, Premier Cameron und Präsident Obama, in dem sie eindeutig den Sturz Gaddafis als Ziel der militärischen Intervention bezeichneten: Es sei »unmöglich, sich eine Zukunft für Libyen mit Gaddafi an der Macht vorzustellen« (Sarkozy, 2011). Diese Erklärung war keine Überraschung, da aus Paris und London schon einen Monat zuvor derartige Bekenntnisse zu hören waren. Am 5. März hatte Obama das erste Mal Gaddafis Rücktritt gefordert und am 9. März gemeinsam mit Cameron bekräftigt, »dass angesichts der Kämpfe in Libyen keine Option außer Acht gelassen werde, um so schnell wie möglich der Gewalt ein Ende zu bereiten und die Entmachtung Gaddafis herbeizuführen« (FAZ v. 10. März 2011). Sarkozy gab am gleichen Tag in einer Fernsehansprache den Sturz Gaddafis als Ziel aus und die Staats- und Regierungschefs erklärten zwei Tage später gemeinsam, dass »Oberst Gaddafi die Macht unverzüglich abgeben muss« (FAZ v. 10. März 2011). Alfred Ross, der Vorsitzende des »Institute for Democracy Studies« in New York, wirft der NATO sogar vor, die Weltöffentlichkeit und den

UN-Sicherheitsrat systematisch über die Situation in Libyen belogen und den »regime change« von langer Hand vorbereitet zu haben. Dies wurde etwas später sogar von Roland Dumas, dem ehemaligen Außenminister von Frankreich, auf einer internationalen Konferenz am 9. Dezember 2011 in Paris bestätigt. Auch der Vorwurf des ehemaligen Präsidenten der Südafrikanischen Republik, Tabo Mbeki, dass der Westen wie in den Kolonialjahren so auch in diesem Konflikt ohne die Völker Afrikas seine Interessen durchsetze, passt in dieses Bild. Der Sicherheitsrat der Afrikanischen Union (AU) hatte schon am 23. Februar, acht Tage nach Beginn der ersten Demonstrationen, beschlossen, eine hochrangige Delegation nach Libyen zu entsenden, um die Lage zu eruieren. Er wiederholte den Beschluss am 10. März, ein Ad-hoc-Komitee von fünf afrikanischen Staatschefs nach Libyen zu entsenden. Zugleich verwarf er »ausländische Militärinterventionen in jeglicher Form«. Doch eine Woche später ermöglichte der UN-Sicherheitsrat mit seiner Resolution die militärische Intervention und verweigerte der AU-Delegation den Besuch von Tripolis und Bengasi. Gaddafi hatte akzeptiert, unter Aufsicht der AU Gespräche mit der Opposition aufzunehmen, doch das lag nicht im Interesse des Westens. »So haben sie es schon in den Kolonialjahren gehalten, als sie unseren Kontinent beherrschten. Es sollte also niemanden überraschen, wenn die Völker Afrikas allmählich das Vertrauen in den Willen multilateraler Institutionen wie der Vereinten Nationen verlieren, ihre Lebensverhältnisse zu verbessern«, lautete der resignierte Kommentar Tabo Mbekis (Mbeki, 2011).

Werden die Menschenrechte nicht aus diesem gefährlichen Verbund geostrategischer Interessen und humanitärer Intervention gelöst, werden sie weiter für die nächsten Kriege benutzt. Die nächsten Kandidaten sind schon genannt: Iran und Venezuela. Aber gleichgültig, wer auf die Liste der »Achse des Bösen« gesetzt und mit Krieg bedroht wird, der Schaden ist bereits bei dem Konzept der Menschenrechte entstanden. Seine Instrumentalisierung durch die Regierungen mächtiger Staaten zur Bedrohung der Souveränität von anderen, schwächeren Staaten diskreditiert es in seinem ursprünglichen Anspruch, die individuellen Rechte der Menschen gegen den Macht- und Willküranspruch des eigenen Staates zu schützen. Die einzige Möglichkeit, die bleibt, besteht darin, dieser Politik, die in den Krieg treibt, entschieden entgegenzutreten und der »humanitären Intervention« die Berufung auf die Menschenrechte zu versagen.

3.
Ursprung der Menschenrechte

Eine lange Ahnengalerie und ein tief gestaffelter Stammbaum sind gemeinhin der Ausweis historischer Legitimation und epochenübergreifender Gültigkeit. So auch bei den Menschenrechten, je älter nachweisbar desto unantastbar ihre Verankerung im menschlichen Erbe aller Kulturen. Während es kaum ein Lehrbuch gibt, das nicht die ersten Wurzeln einer Kodifizierung mit der Magna Charta auf das Jahr 1215 datiert, werden die philosophischen und literarischen Anfänge gerne noch weiter zurück in die Geschichte verfolgt und mit den Protagonisten des Naturrechts und dem Christentum verbunden. Beides ist falsch und entspricht nicht den historischen Tatsachen.

Vom Naturrecht der Sklaverei zum christlichen Recht zur Mission

Aristoteles, der früheste und prominenteste Vertreter der Theorie, dass das Recht auf der Natur des Menschen beruhe, folgerte gerade aus dieser Natur die Berechtigung und »Natürlichkeit« der Sklaverei, wenn er sagt, »dass dieser Unterschied der Anlage bei manchen Menschen wirklich besteht, wo es dann nützlich und gerecht ist, dass der eine Sklave, der andere Herr ist« (Aristoteles, 1995, S. 12). Barbaren waren von Natur aus zur Sklaverei bestimmt, während Freie nur durch Gesetzesrecht zu Sklaven gemacht werden konnten. Eine Theorie der Menschenrechte jedoch, die auf der natürlichen Ungleichheit der Menschen, auf ihrer Trennung in freie Bürger und

Sklaven beruht, ist keine Menschen-, sondern Klassenrechtstheorie. Denn die natürliche Gleichheit aller Menschen, ihr gleicher Anspruch auf alle Freiheitsrechte, auf Sicherheit vor Ausbeutung und Unterdrückung ist der Kern der Menschenrechte. Gerade die erst spät in der Menschheitsgeschichte erkämpfte Aufhebung der Sklaverei – am 18. Dezember 1865 in den gesamten USA – war einer der Meilensteine in der Durchsetzung der Menschenrechte.

In gleicher Weise ist der Anspruch des Christentums, die Wiege der Menschenrechte zu sein, falsch und unbegründet. Weder bedarf das Christentum der Rechtfertigung durch die Menschenrechte, die sie der Kirche nicht liefern können, noch die Menschenrechte der Begründung durch das Christentum, die ihnen nichts nützen würde. Denn die biblische Prämisse, dass der Mensch als Ebenbild Gottes geschaffen sei und alle Menschen Gottes Kinder seien, was ihnen Würde, Gleichheit und Freiheit verleihe, kann nicht darüber hinwegtäuschen, dass die Kirche in Verbindung mit Krone und Adel das mächtigste Herrschaftsinstrument des Mittelalters bildete. Auch wenn Augustinus oder Thomas von Aquin als Geburtshelfer der Menschenrechte bemüht werden, übersehen die Theologen, dass nach dem Sündenfall des Menschen die Epoche der Unschuld, Natur und Menschlichkeit vorbei ist und die Spaltung der Menschen in Freie und Unfreie bereits Realität geworden ist. Während Augustinus unter Rückgriff auf die Bibel[1] dem Sklaven die Befreiung von der Knechtschaft durch treue Dienste beim Herren verheißt, wird von Thomas von Aquin die Würde des Menschen als ausschließliches Problem des Seelenheils gesehen. Die Menschenwürde ist für ihn durchaus vereinbar mit der Unterwerfung unter die Leibeigenschaft, womit von beiden Denkern nicht viel für die Menschenrechte gewonnen ist.

Auch später im 16. Jahrhundert, in dem die Theologen im Weltreich Karls V. zu Völkerrechtlern wurden, fanden die Menschenrech-

---

1 Paulus Brief an die Epheser 6, 5: »Ihr Knechte seid gehorsam euren leiblichen Herren mit Furcht und Zittern, in Einfalt eures Herzens, als Christo.« Vgl. auch Kolosser 3, 22, Titus 2, 9.

te in der Klammer von Conquista und Mission nur wenig Raum. Das Jahr 1492 war ein Schlüsseljahr, in dem nicht nur Amerika »entdeckt« wurde, sondern aus Spanien die Juden vertrieben und die Muslime sich bekehren lassen mussten oder ebenfalls vertrieben wurden. Conquista und Reconquista fanden ebenso wie vorher die Kreuzzüge unter dem Banner der christlichen Religion statt. Eroberung, Ausbeutung, Kolonialismus und Imperialismus waren christlich. Der Papst rechtfertigte seinen Weltherrschaftsanspruch mit der Stellvertretung Christi auf Erden. Dieser erstreckte sich auf alle noch unbekannten Territorien, terra incognita, und konnte delegiert werden an »christliche« Herrscher wie die Könige von Spanien und Portugal. Schon am 18. Juni 1452 hatte Papst Nikolaus V. den König von Portugal, Alfonso V., bevollmächtigt, »die Sarazenen, Heiden und andere Ungläubige und Feinde Christi« zu unterwerfen und »ihre Personen in ewige Sklaverei zu zwingen« (European Treaties, 1917). Gut vierzig Jahre später »übereignete« Papst Alexander VI. am 4. Mai 1493 mit seiner Bulle »Inter cetera« König Ferdinand und Königin Isabella von Kastilien »auf immer alle entdeckten und zu entdeckenden Inseln und Festländer in Richtung nach Westen und Süden, wobei eine Linie vom Nordpol zum Südpol zu ziehen ist (...) welche von den Azoren und Kapverdischen Inseln hundert Meilen gen Westen und Süden verläuft«.[2]

Die Regulierung der Konkurrenz zwischen den spanischen und portugiesischen Ansprüchen war nur eines der Ziele der Bulle, die Ausbreitung der christlichen Herrschaft das andere: »Unter allen Werken, die der Göttlichen Majestät angenehm sind, (...) steht gewiss am höchsten, dass der katholische Glaube und die christliche Religion (...) überallhin verbreitet werden, dass (...) die barbarischen Völker unterworfen und zum christlichen Glauben gebracht werden.« Dieser Missionspflicht konnten sich auch die Juristen nicht entziehen. Ob Francisco de Suarez oder Francisco de Vitoria, sie

---

2   Deutscher Text: www.uni-muenster.de/FNZ-online/expansion/europ_expansion/quellen/inter.htm.

konnten auf den missionarischen Auftrag als Legitimation von Eroberung, Mord und Folter nicht verzichten. Selbst Vitorias Schule von Salamanca, die Glaube und Vernunft zu versöhnen trachtete, konnte bei ihrem Lehrer zwar schwere Zweifel über die Rechtfertigung der Eroberungen hervorrufen, letztlich aber doch nicht die Berechtigung des Krieges gegen die Barbaren bestreiten. Er verwirft zwar etliche Titel zur Rechtfertigung der Eroberung: »Man kann die Barbaren auch dann, wenn sie keinerlei päpstliche Herrschaftsgewalt anerkennen wollen, deswegen nicht mit Krieg überziehen und ihre Güter in Besitz nehmen« (Vitoria, 1997, S. 423) oder »Die Barbaren sind nicht verpflichtet, auf die erste Kunde vom christlichen Glauben hin zu glauben, dergestalt, dass sie eine Todsünde begehen« (Vitoria, 1997, S. 433) oder »Ferner ist Krieg kein Argument für die Wahrheit des christlichen Glaubens. Also können die Barbaren mit dem Mittel des Krieges nicht zum Glauben bewegt werden, sondern nur dazu, Glauben vorzutäuschen und den christlichen Glauben (äußerlich) anzunehmen. Dies ist ein schwerer Frevel« (Vitoria, 1997, S. 447), um schließlich mit einem profanen und durchaus pragmatischen und modernen Argument einzulenken: »Falls alle besprochenen Rechtstitel wegfielen, sodass die Barbaren keinen Grund für einen gerechten Krieg hergäben und die Spanier nicht als Herren haben wollten usw., würde jene Reise (nach den »Indias«) und jener Handel ganz wegfallen. Dies wäre mit einem großen Verlust für die Spanier verbunden, und auch die Einkünfte der Herrscher würden großen Schaden nehmen, was untragbar wäre« (Vitoria, 1997, S. 487). Hier hatten nun der christliche Glaube und seine institutionalisierte Kirche jede Menschenrechtsforderung aufgegeben und damit den Anspruch, an der Wiege der Menschenrechte gestanden zu haben, endgültig verwirkt.

Doch bedarf es hier der Erwähnung eines Mannes, der in außergewöhnlich mutiger Weise die herrschende Lehre des christlichen Imperialismus, seine Kolonialrechtfertigung und seine Eroberungen bekämpfte, Fray Bartolomé de Las Casas (1474-1566). Er stritt aus eigener Anschauung und Erfahrung, denn er war bereits mit

3. URSPRUNG DER MENSCHENRECHTE

den ersten Konquistadoren nach »Westindien« aufgebrochen, hatte sich zunächst in Haiti als Goldsucher und Feldgeistlicher betätigt, um mit der Eroberung Kubas sich dort Land anzueignen und eine Encomienda zu erwerben. Aber schon bald, 1504, brach er mit dem Encomienda-System, mit dem die Krone den Kolonisatoren eine bestimmte Anzahl von »Indios« zuwies, wohl unter dem Einfluss der Anklagen, die der Dominikanerpater Antonio de Montesinos in seinen Predigten gegen die Ausbeutungspraxis der Eroberer schleuderte. Bartolomé de Las Casas zog sich in das Dominikanerkloster Santo Domingo zurück und prangerte in seinem »Kurzgefassten Bericht von der Verwüstung der Westindischen Länder« (Las Casas, 1995, S. 63ff) gnadenlos die Verbrechen, die Grausamkeit und Habgier der spanischen Kolonisatoren an und dokumentierte detailliert die schrecklichen Leiden und die brutale Ausbeutung der »Indianer«. In etlichen Reisen von Panama bis Mexiko und in Europa versuchte er unermüdlich, seine Botschaft gegen Papst und Kaiser unter die Menschen zu bringen – nicht ohne Wirkung. Denn er konnte Papst Paul III. 1537 zu seiner Bulle »Sublimus Dei« bewegen, in der dieser erklärte: »1. Alle Völker der Erde sind ihrer Natur nach wahre Menschen; 2. Als solche genießen sie ihre Freiheit und ihren Besitz und können erlaubterweise nicht dessen beraubt und zu Sklaven gemacht werden; 3. Alle sind durch Predigt und gutes Beispiel zum christlichen Glauben einzuladen« (Paech, 1998; Leuprecht, 2015, S. 121).

Doch dieses Dictum änderte nichts an der Kolonialpraxis und Kaiser Karl V. hätte Bartolomé, inzwischen Bischof im mexikanischen Chiapas geworden, auf das Schafott bringen können, die erhobenen Anklagen des Raubes, der Folter, der Sklaverei und des Völkermordes hätten für den Scheiterhaufen ausgereicht. Karl V. wählte jedoch den anderen Weg. Er berief 1550 eine Kommission mit Theologen und Juristen ein, die den Streit über die westindische Frage klären sollte. Diese lud die beiden bekanntesten und wortmächtigsten Streithähne in das Kloster San Pablo in Valladolid, dem Regierungssitz Karls V., um dort ihre Argumente für und gegen die Conquista öffentlich vorzutragen. Bartolomé, drei Jahre zuvor aus Chiapas nach Spanien zurückgekehrt, um »vor Ort« seinen Kampf für die Menschenrechte der Indios wirksamer führen zu können, vertrat die Kritik. Sein Gegner, der Hofjurist Karls V. und berufener Apologet der Conquista Juan Ginés de Sépulveda (1489-1573), übernahm die Verteidigung. Diese berühmt gewordene Disputation, in der die Kontrahenten nicht aufeinandertrafen, sondern nacheinander die ganze Kontroverse in zwölf Thesen und Gegenthesen abhandelten, spitzte sich auf die Frage zu, »ob es seiner Majestät erlaubt ist, Krieg gegen jene Indios zu führen, bevor man ihnen den Glauben verkündet, damit sie zunächst seiner Herrschaft unterworfen werden und danach leichter und bequemer durch die evangelische Lehre über die Erkenntnis ihrer Irrtümer und die christliche Wahrheit belehrt und erleuchtet werden können« (Las Casas, 1995, 347ff., 351).

Es ging um das Recht zum Krieg, das ius ad bellum, welches Sépulveda vor allem mit der sündhaften, barbarischen und mit ihren Menschenopfern widernatürlichen Natur der Indios begründete. Bartolomé benötigte fünf Tage, seine »Apologia«, die lateinisch verfasste Erwiderung, vorzulesen. Mit seiner langjährigen Erfahrung bei den »Indianern« und dem von den Franziskanern gesammelten ethnografischen Material setzte er sein Bekenntnis zur Gleichheit der indianischen Menschen und Kulturen mit der christlich-abendländischen Kultur dem eurozentrisch-aristotelischen Barbarenbegriff der spanischen Scholastik und ihres Exponenten Sépulveda entgegen. Für ihn waren die eingeborenen Völker keine Barbaren, weder primitiv noch unmenschlich, und der Vorwurf des Kannibalismus ein »bösartiger Irrtum«, der den Krieg gegen die »Indios« und die Eroberungen nicht rechtfertige. Während Sépulveda, auf die Menschenopfer anspielend, das Naturrecht bemüht, welches den Krieg als »humanitäre Pflicht« gegen den rechtfertige, der Unschuldige tötet, verteidigt Bartolomé die religiösen Riten und Opfer, sie sollten toleriert werden, bis sich das Christentum mit friedlichen Mitteln als überlegene Religion erwiese. Ihm waren die Berichte vom Kannibalismus der christlichen Heere bei ihren Kreuzzügen, vor allem 1098 in Maara, wohl bekannt. Auch Vitoria hatte schon Jahre zuvor darauf

3. URSPRUNG DER MENSCHENRECHTE

bestanden, dass man die Fremdheit und Grausamkeit der Bräuche gar nicht leugnen müsse, um dennoch den Ausübenden die gleichen natürlichen und Menschenrechte zuzuerkennen. So barbarisch und widernatürlich diese Bräuche den Spaniern auch vorkommen mögen, »unter diesem Titel können also ihre Güter und Länder von den Christen nicht in Besitz genommen werden« (Vitoria, 1952, S. 304, 344).

Wie kühn diese Positionen in der Mitte des sechzehnten Jahrhunderts waren und wie sehr sie den scholastischen Konsens herausforderten, wird deutlich, wenn man in Hugo Grotius' »De iure belli ac pacis« noch 1625 liest, dass der Krieg gegen jene Barbaren, die »mehr Tier als Mensch« »das Naturgesetz verletzen« etwas »Natürliches« ist, selbst wenn »Vitoria, Vásquez, Azor, Molina und andere das Gegenteil behaupten« (Grotius, 1950, Lib. II, cap. 20, n. 40 3,4). Das Ergebnis der Disputation von Valladolid wurde erst 1554 veröffentlicht, konnte aber nicht verhindern, dass Philipp II., der Nachfolger Karls V., das schon 1550 verkündete Verbot der Conquista wieder aufhob, um aus den Einkünften der Encomienda die leeren Staatskassen wieder aufzufüllen. Erst 1573 erklärte er die Conquista für nicht mehr zweckmäßig. Inka- und Aztekenreich waren »befriedet«, es gab nichts mehr zu erobern.

Bartolomé de Las Casas gebührt zweifellos das Verdienst, als erster die Menschenrechte nicht nur literarisch und philosophisch, sondern kämpfend gegen Kirche und Krone in das Bewusstsein der Gesellschaft gebracht zu haben. Abgesehen von der im heutigen Mali entstandenen sogenannten Charta von Mandén, die schon 1222 den Unterschied zwischen freien und versklavten Menschen aufgehoben und die Versklavung von Kriegsgefangenen verboten haben soll, kann kein Dokument, kein Autor für sich in Anspruch nehmen, in vergleichbarer Weise die Menschenrechte im Kampf um Befreiung von Unterdrückung, Raub und Versklavung eingesetzt zu haben.

Insbesondere gilt dies für die vielzitierte »Magna Charta libertatum«, in der König Johann von England 1215 seinem Adel versicherte, weder »verhaftet, gefangen gesetzt, seiner Güter beraubt, geächtet, verbannt oder sonst angegriffen zu werden«, es sei denn durch »das gesetzliche Urteil seinesgleichen«. Dieses »Freiheitsdokument« setzt den freien Mann voraus und sicherte nichts anderes als die Herrschaft der Aristokratie. Dies gilt auch noch für die Petition of Rights, mit der das Parlament von England 1628 Beschwerde gegen den König wegen Amtsmissbrauchs erhob und die Stärkung der eigenen Rechte forderte. Aber wer saß schon im Parlament – kein Handwerksgeselle oder Leibeigener, keine Frau. Selbst wenn in England der Habeas Corpus Act von 1679 die Inhaftierung ohne richterliche Prüfung und Anordnung untersagt und die Bill of Rights 1689 die Immunität und die Redefreiheit der Abgeordneten stärkt, so durchbrechen sie nicht die Herrschaftsverhältnisse der feudalistischen Gesellschaft, in der die Rechtsungleichheit aus der sozialen Stellung von Geburt an vorgegeben ist. Noch 100 Jahre später waren im Allgemeinen Landrecht für die preußischen Staaten von 1794 Rechte Standesrechte mit ihren je besonderen Rechten und Pflichten. Die Untertanen vererbten ihren Status an die Kinder, die ebenso Untertanen der Herrschaft blieben wie der Bauer Bauer. Es war der philosophische Einsatz Einzelner, der die Schranken überwinden und den Herrschaftskonsens, zumindest literarisch, durchbrechen konnte. So wie etwa der in Schweden lehrende Samuel Pufendorf (1632-1694), der in seinen »Acht Büchern über Natur- und Völkerrecht« die besondere Würde und Gleichheit des Menschen auf Grund seiner Seele und seines Verstandes reklamierte und vom Staat verlangte, dass er ihn nicht nur als Bürger, sondern auch als Menschen behandele. Und folgen wir der Forderung Friedrich Engels', »niemals Milton zu vergessen, den ersten Königsmörder« (Engels, 1972, S. 428), der die Hinrichtung König Charles I. am 30. Januar 1649 mit republikanischem Gestus damit rechtfertigte, dass alle Menschen von Natur aus frei und gleich geboren seien.

Man muss diese Äußerungen aus der antifeudalen Grundströmung der frühbürgerlichen Revolutionen im damaligen Europa verstehen, wie sie vor allem von den »Levellers«, den »Gleichmachern«, in England im gleichen Jahr 1649 in ihren »Agreements of the people« propagiert wurden mit ihren Forderungen nach Religionsfreiheit und Abschaffung der Stände und Steuerprivilegien des Adels. So unterschiedlich die philosophischen Grundlagen der einzelnen Bewegungen und ihrer Repräsentanten waren – die Levellers argumentierten auf der Basis sozialer und wirtschaftlicher Rechte von Geburt an gleicher Menschen, der Wortführer der »True Levellers«, Gerrard Winstanley (1609-1679), gründete in seinem Law of Freedom von 1652 seinen agrarischen Kommunismus mit einer umfassenden Landreform auf die Bibel – sie formten eine Aufbruchsbewegung vom Feudalismus zum Kapitalismus, in der die materialistische Fundierung menschlicher Vernunft immer mehr den kirchlichen Anspruch göttlicher Transzendenz verdrängte. Der Angriff auf die weltliche Herrschaft des Tyrannen und seine parasitäre Aristokratie war verbunden mit der Erosion der Ableitung von Menschenrechten aus Gottesrecht. Selbst wenn sie sich, wie die deutschen Bauern, für ihre Befreiung auf das »göttliche Recht« beriefen, so forderten sie nur das, was ihnen schon von Geburt zustand und bereits gehörte. Wo das allerdings auf das »göttliche Recht« der alten Herrschaft traf, konnte nur Gewalt entscheiden.

Vom göttlichen zum menschlichen Recht

Eine weitere Entwicklung charakterisierte diese Epoche, die von ebensolcher Bedeutung für die Herausbildung von Menschenrechten war wie die Überwindung des Gottesrechts. Die Ablösung des göttlichen durch das menschliche Recht widerspiegelte sich in der Ersetzung des Herrschafts- durch den Gesellschaftsvertrag. Die Magna Charta von 1215 war der Prototyp eines solchen Herrschaftsvertrages, in dem der König seinen Untertanen gewisse Rechte einräumte, um die Herrschaft zu stabilisieren. Die folgenden Dokumente bis zur Bill of Rights dienten nichts anderem als der Sicherung der bestehenden Herrschaftsordnung durch die Zusicherung bestimmter parlamentarischen Privilegien gegenüber der Masse des englischen Volkes. Der Gesellschaftsvertrag hingegen ist nicht nur eine »virtuelle Konstruktion«, wie mitunter (Haller, 2012 S. 13) erklärt, sondern der konkrete historische Ausdruck, in dem die Souveränität der Herrschaft von dem Feudalherren auf die Gemeinschaft der freien Individuen verlagert wird. Es handelt sich um einen Prozess doppelter Befreiung, von einer gesellschaftlichen Ordnung, die göttlich vorgegeben ist, und von der weltlichen Herrschaftsgewalt des Tyrannen.

Thomas Hobbes (1588-1679) begründete diesen revolutionären Wandel mit den natürlichen Rechten des Menschen, dem Naturrecht, von dem schon Hugo Grotius behauptet hatte, dass es so unveränderlich sei, dass Gott selbst es nicht verändern könne (Grotius, 1950, S. 51). Mit dem Naturrecht begründete der vollkommen säkulare Hobbes »die Freiheit, die jeder Mensch besitzt, seine eigene Macht nach Belieben zur Erhaltung seiner eigenen Natur, das heißt seines eigenen Lebens, zu gebrauchen und folglich alles zu tun, was er nach seiner eigenen Überzeugung und Vernunft als das hierfür geeignetste Mittel ansieht« (Hobbes, 1996, S. 107). Naturrecht vermag zwar Gott zu ersetzen, verkörpert aber als Letztbegründung von menschlicher Ordnung und Menschenrechten immer noch die Sehnsucht nach einer übergeordneten, menschlicher Verfügung und seinem Missbrauch entzogenen Verpflichtung und Rückversicherung. Dieser letztlich unbegründbare und nur postulierbare Charakter des Naturrechts hat seine lange Lebensdauer bis in unsere Tage ermöglicht, wobei seine Konjunktur vor allem in Zeiten der Krise auflebte. So formulierte der Rechtsphilosoph Gustav Radbruch unmittelbar nach dem Zweiten Weltkrieg, als es galt, die nationalsozialistische Epoche des totalen Rechtsnihilismus zu überwinden: »Es gibt also Rechtsgrundsätze, die stärker sind als jede rechtliche Setzung, sodass ein Gesetz, dass ihnen widerspricht, der Geltung bar ist. Man nennt diese Grundsätze das Naturrecht oder das Vernunftrecht. Gewiss sind sie im einzelnen von manchen Zweifeln umgeben, aber die Arbeit der Jahrhunderte hat doch einen festen Bestandteil herausgearbeitet und in den sogenannten Erklärungen der Menschen- und Bürgerrechte mit weitreichender Übereinstimmung gesammelt.« (Radbruch, 1973, S. 327ff).

3. URSPRUNG DER MENSCHENRECHTE

Wie schwierig sich die Ablösung der menschlichen Vernunft von Gott und der Transzendenz gestaltete, zeigt sich bei John Locke (1632-1704), der den Naturzustand des Menschen ebenfalls wie Hobbes als frei und gleich definierte. Aber in seinen »Abhandlungen über das Naturrecht« (Locke, 1954, S. 14) von 1664 gründete er das Naturrecht auf den Willen Gottes und nicht auf das Eigeninteresse des Menschen (Euchner, 1967, S. 1ff). Und wenn auch das Zentrum seines antifeudalen Gesellschaftsvertrages in dem Schutz und Erhalt des Privateigentums lag, das sich der Bürger durch seine Arbeit rechtlich erworben hat, so behauptete er doch, dass sich dieses Eigentumsrecht aus einem dem Menschen göttlich vorgegebenen Naturgesetz ableite (Klenner, 1982, S. 45). Daraus zog er dann auch die Konsequenz, dass er Atheisten, die sich nicht öffentlich in irgendeiner Form zu Gott bekannten, den Bürgerstatus vorenthalten wollte. Und nicht zu übersehen ist, dass das Eigentumsprinzip in seiner antifeudalen Staatskonstruktion zur kapitalistischen Deformation seines Freiheitspostulats führen musste, in die Trennung zwischen Wohlhabenden und Besitzlosen. Denn das Parlament, dem er die Gesetzgebungshoheit, die die »glorreiche Revolution« 1688 dem König entzogen hatte, übertrug, wurde von denen gewählt, die über Eigentum verfügten. So war zwar eine weitere Etappe der bürgerlichen Gesellschaft auf ihrem Weg vom Feudalismus zum Kapitalismus zurückgelegt, aber der Kampf um die Rechte für alle Menschen hatte noch gar nicht begonnen.

Der Fortschritt der Erkenntnis erfolgt langsam und bricht nur unter dem äußeren Zwang einer revolutionären Realität mit ihren alten Gewissheiten. Die falsche Vorspiegelung von Freiheit und Gleichheit war schon lange in Frage gestellt, aber noch nicht zum Hebel des Umbruchs gemacht worden. Jean-Jacques Rousseau (1712-1778) hatte zwar die von Locke mit der Rechtsgleichheit legitimierte soziale Ungleichheit kritisiert – niemand dürfe so reich sein, dass er sich andere kaufen könne, und niemand dürfe so arm sein, dass er sich einem anderen verkaufen müsse –, an den Grund dieser Ungleichheit, das Eigentum, ging aber auch er nicht. Er forderte lediglich, die Ungleichheit des Besitzes zu verhindern und dies zur Staatsmaxime zu erheben (Rousseau, 1977, S. 83; Klenner, 1982, S. 74). Sein über Locke hinaus weisender Begriff der Volkssouveränität als Selbstgesetzgebung (Autonomie) der Individuen – volonté générale – landet jedoch ebenso wieder in der Fiktion, wenn er behauptet, dass die volonté générale die Menschenrechte nicht verletzen könne, da sie »immer auf dem rechten Weg« sei (Rousseau, 1977, S. 30; Haller, 2012, S. 34).

Was bei Hobbes noch die Fürstensouveränität war und von Locke zur Legislativsouveränität erhoben wurde, erweiterte Rousseau zur Volkssouveränität im wörtlichen Sinn. Sein Verständnis der Volkssouveränität blieb nicht an der parlamentarischen Legislative hängen, sondern erfasste alle Personen des Staatswesens und lieferte damit den französischen Revolutionären den Hebel, die Brücken zum alten System endgültig abzubrechen. Und das, was sie forderten und als Menschenrechte proklamierten, waren keine neuen Rechte, sondern »das a priori durch jedes Menschen Vernunft erkennbare Recht« (Kant, 1977, S. 412). Es war also Recht, welches die Menschen immer schon hatten, kein partikulares Recht von Einzelinteressen, sondern Recht im gesellschaftlichen Allgemeininteresse, von Bauern und Hintersassen, von Lohnarbeitern und Sklaven, von Kaufleuten und Herrschaften. »Das Gesetz, nach dessen Vorschrift zu richten ist«, schrieb Hugo Grotius schon 1609, »ist nicht schwer zu finden, denn es gilt bei allen Menschen; es ist nicht schwer zu begreifen, denn es ist mit jedem geboren und ist der Vernunft jedes Menschen eingepflanzt. Das Recht, das wir fordern, kann kein König seinem Untertan weigern, kein Christ einem Nichtchristen. Es stammt nämlich aus der Natur selbst, die aller Menschen gleiche, gütige Mutter ist und deren Herrschaft auch die Herrscher unterworfen sind.« (Grotius, 1919, S. 22; Klenner, 1982, S. 50).

Das Recht auf Revolution und Selbstbestimmung

Da in der bürgerlichen Gesellschaft nicht alle gleich und gleich frei waren, bedeutete die Einforderung des »Gesetzes, das bei allen gilt«, nicht nur den Appell an die Obrigkeit, sondern das Recht auf Re-

3. URSPRUNG DER MENSCHENRECHTE

volution und Gewalt, wie es die deutschen Bauern schon 1525, die englischen Revolutionäre 1688 und der dritte Stand in Frankreich 1789 für das Volk beanspruchten. Doch unterschied die Radikalität der Ereignisse die Französische Revolution deutlich von den vorhergehenden, worauf Friedrich Engels in seiner »Einleitung zur englischen Ausgabe der ›Entwicklung des Sozialismus‹« (Engels, 1972, MEW 22, S. 303) hinwies: »Die große französische Revolution war die dritte Erhebung der Bourgeoisie, aber die erste, die den religiösen Mantel gänzlich abgeworfen hatte und auf unverhüllt politischem Boden ausgekämpft wurde. Sie war aber auch die erste, die wirklich ausgekämpft wurde bis zur Vernichtung des einen Kombattanten, der Aristokratie, und zum vollständigen Sieg des anderen, der Bourgeoisie (…) In Frankreich machte die Revolution einen vollständigen Bruch mit den Traditionen der Vergangenheit, fegte die letzten Spuren des Feudalismus hinweg und schuf im Code civil eine meisterhafte Anpassung an moderne kapitalistische Verhältnisse.« Die Überwindung der Religion und die Vernichtung der Aristokratie als Klasse, zu der der hohe Klerus gehörte, waren die revolutionären Voraussetzungen, unter denen die philosophischen Menschenrechtsentwürfe vom literarischen Postulat zur gesellschaftlichen Realität werden konnten. Die Gewalt war der Geburtshelfer des neuen Rechts. Wie Maximilien Robespierre in seiner letzten Rede vom 26. Juli 1794 hervorhob, war »die Revolution die erste, die auf die Lehre der Menschenrechte und auf die Prinzipien der Gerechtigkeit begründet worden ist« (Robespierre, 1889, S. 332).

Und diese Lehre der Menschenrechte war zunächst englisch. Denn der Ursprung des modernen Materialismus war britisch und »Hobbes und Locke die Väter jener glänzenden Schule französischer Materialisten, die (…) das achtzehnte Jahrhundert zu einem vorwiegend französischen Jahrhundert machten; und das lange vor jener den Jahrhundertschluss krönenden französischen Revolution« (Engels, 1972, S. 295). Die unmittelbare Vorlage aber kam aus Nordamerika mit der »Unabhängigkeitserklärung« vom 4. Juli 1776 und den »Grundrechten von Virginia« vom 12. Juni 1776. In ihnen waren im Kern alle Forderungen nach Freiheit, Gleichheit, Unveräußerlichkeit, Schutz des Lebens und des Eigentums, Schutz vor staatlicher Willkür und Widerstandsrecht gegen eine zerstörerische Regierung vorhanden, die dann auch in der »Menschenrechtserklärung« von 1789 auftauchen und bis heute Gültigkeit haben. So heißt es im zweiten Absatz der »Unabhängigkeitserklärung«: »Folgende Wahrheiten halten wir als selbstverständlich: dass alle Menschen gleich geschaffen sind; dass sie von ihrem Schöpfer mit gewissen unveräußerlichen Rechten ausgestattet sind; dass dazu Leben, Freiheit und das Streben nach Glück gehören; dass zur Sicherung dieser Rechte Regierungen unter den Menschen eingesetzt werden, die ihre rechtmäßige Macht aus der Zustimmung der Regierten herleiten; dass, wann immer irgendeine Regierungsform sich als diesen Zielen abträglich erweist, es Recht des Volkes ist, sie zu ändern oder abzuschaffen und eine neue Regierung einzusetzen und diese auf solchen Grundsätzen aufzubauen und ihre Gewalten in der Form zu organisieren, wie es ihm zur Gewährleistung seiner Sicherheit und seines Glückes geboten zu sein scheint.«

Da Lafayette, der persönlich am amerikanischen Freiheitskampf teilgenommen hatte, den ersten Entwurf der Erklärung von 1789 geschrieben hatte, war ihre Verwandtschaft mit den amerikanischen Erklärungen ohne weiteres erklärlich. Anderseits hatte jedoch das revolutionäre Gedankengut aus Amerika ohnehin weite Aufmerksamkeit in Europa erzeugt, wie Benjamin Franklin, der damalige amerikanische Gesandte in Paris, schrieb: »Ganz Europa ist in dieser Sache auf unserer Seite, soweit der Beifall und gute Wünsche es vermögen (...) Man liest mit Entzücken die Übersetzungen unserer einzelnen Kolonialverfassungen (...) daher kann man überall bei uns die Bemerkung hören, dass unsere Sache die der ganzen Menschheit sei, deren Freiheit wir mit unserer eigenen verfechten.« (Stuby, 1989, S. 818).

Die Verbindung von Revolution und Menschenrechten, die Robespierre in seiner letzten Rede 1794 zog, verweist auf einen doppelten Zusammenhang. Das Recht zur Revolution ist der ultimative

3. URSPRUNG DER MENSCHENRECHTE

Ausdruck der Volkssouveränität und in der Bill of Rights von Virginia von 1779 ebenso enthalten, wie in den französischen Revolutionserklärungen von 1789 (Art. 2 u. 3) und 1793 (Art. 25, 35). War aber die Revolution das Instrument, das Mittel zur Befreiung und Emanzipation, so waren die Menschenrechte der Inhalt, das Ziel der Kämpfe. Insofern gehörten Volkssouveränität und Menschenrechte zusammen, sie bedingten einander und garantierten sich gegenseitig (Arendt, 1986, S. 454). Dies galt jedoch nicht nur für die Revolutionsepoche im 18. Jahrhundert, sondern ist auch heute in nichtrevolutionären Zeiten so. Denn die Verbindung verweist in ihrer zugleich politischen und rechtlichen Substanz auf die weitere Verbindung zu Demokratie und Rechtsstaat. Heute ist eine Vorstellung von Menschenrechten ohne Demokratie und Rechtsstaat ebenso wenig möglich wie die Volkssouveränität ohne die anderen Bedingungen moderner Staatlichkeit.

»Der Ursprung aller Souveränität«, so Art. 3 der französischen Erklärung von 1789, »liegt wesentlich in der Nation.« Nation aber ist der dritte Stand, das Bürgertum, das sich in revolutionärer Radikalität als das Volk ohne Aristokratie, Klerus und König begreift. Diese Souveränität ist jedoch nicht nur nach innen gerichtet, dass »keine Körperschaft und kein einzelner (...) eine Gewalt ausüben (darf), die nicht ausdrücklich von ihr ausgeht« (Art. 3, S. 2), sondern auch nach außen. Es ist das Selbstbestimmungsrecht des Volkes, welches die rechtliche Legitimation des Unabhängigkeitskrieges in Amerika und der Sezession von der englischen Krone lieferte. Die Verwirklichung der Menschenrechte erfüllt sich also nicht allein mit der Freiheit des Individuums, sondern mit seiner Befreiung in der gesellschaftlichen Verfassung als Volk und Nation von fremder Abhängigkeit, Unterdrückung und Ausbeutung. Das ist seitdem die menschenrechtliche Grundlage aller Befreiungskriege gegen die alten Kolonialmächte und rassistische Unterdrückung wie in Südafrika und Palästina. Verbindlich kodifiziert wurde es erst 1966, jeweils in Art. 1 der beiden Pakte über politische und bürgerliche sowie soziale, ökonomische und kulturelle Rechte: »(1) Alle Völker haben das Recht auf Selbstbestimmung. Kraft dieses Rechts entscheiden sie frei über ihren politischen Status und gestalten in Freiheit ihre wirtschaftliche, soziale und kulturelle Entwicklung. (2) Alle Völker können für ihre eigenen Zwecke frei über ihre natürlichen Reichtümer und Mittel verfügen (…)«

Wie schwer bereits in der Geburtsstunde des Selbstbestimmungsrechts seine Verwirklichung gegen die erworbenen Privilegien und Besitzstände war, zeigte sich schon im ersten Revolutionsjahr. Im Oktober 1789 wurde eine Delegation der aufständischen Mulatten aus Saint-Domingue, der einzigen Kolonie, in der die revolutionären Ereignisse zur Explosion der eigenen gärenden Widersprüche geführt hatte, in der Nationalversammlung empfangen, wo sie ihre Forderungen nach Freiheit und Unabhängigkeit vortrug (Paech, 1989, S. 763ff., 771ff). Es war die zweite koloniale Unabhängigkeitsrevolution nach der amerikanischen von 1775 bis 1783 und sie leitete mehrere Zyklen lateinamerikanischer Unabhängigkeitskämpfe ein. Die Delegation wurde zunächst mit hochtrabenden Bekenntnissen zu Gerechtigkeit und Menschlichkeit, zur Zulassung der Mischlinge zu konstituierenden Versammlungen und für die Freiheit der Schwarzen begrüßt. Doch die Kolonialfrage spaltete schon sehr bald die Revolutionäre in Paris, denn ein Teil von ihnen hatte selbst großen Besitz in den Kolonien und war in weitgespannte Handelsinteressen eingebunden. Sie schlugen sich auf die Seite der Konterrevolution, von der sie größeres Verständnis für ihre Besitzungen in Übersee erwarten konnten als von den Radikalen und Humanisten um Brissot, Mirabeau, Robespierre und den Abbé Grégoire, die den Mulatten, die selbst noch Sklaven auf ihren Pflanzungen hielten, die Menschen- und Bürgerrechte einräumen und die Sklaverei abschaffen wollten. Sie konnten die heikle Frage in eine Kommission verlagern, die schließlich mit einem Dekret vom 8. März 1790 den Kolonisten ihr Eigentum garantierten – und Sklaven waren Eigentum. Das galt auch für die Verfasser der US-amerikanischen Menschenrechtserklärung, die alle Sklavenhalter waren. Als schließlich 1833 das englische Parlament die Sklaverei per Gesetz aufhob, bewilligte es den »enteigneten« Kolonisten noch 200 Millionen Pfund Sterling Schadenersatz.

Während der Terror in Saint-Domingue eskalierte, konnte sich die Nationalversammlung über die Abschaffung der Sklaverei nicht einigen, lediglich allen Farbigen, nicht aber den Schwarzen, verlieh sie volle Rechte. Erst mit dem Sturz der Gironde Anfang Mai 1793 und der Übernahme der Regierung durch Robespierre und die Montagne gewann die revolutionäre Idee wieder die Oberhand. Drei Deputierte der Insel, ein Schwarzer, ein Farbiger und ein Weißer, konnten ihre Plätze in der Versammlung einnehmen, und der Abgeordnete Simon Camboulas erklärte: »Seit 1789 sind die Geburtsaristokratie und die Religionsaristokratie abgeschafft, aber die Aristokratie der Hautfarbe besteht immer noch. Auch sie liegt jetzt im letzten Atemzug, die Gleichheit ist uns heilig. Ein schwarzer Mensch, ein gelber Mensch sind im Namen der freien Bürger Saint-Domingues dabei, sich dem Konvent anzuschließen.« (James, 1984, S. 160). Am 4. Februar 1794 beschloss der Konvent mit großer Mehrheit die Abschaffung der Sklaverei in den französischen Kolonien. 20 Jahre später fanden sich die Regenten der europäischen Restauration auf dem Wiener Kongress aber bereit, die Sklaverei zu verurteilen und den Sklavenhandel zu verbieten.

Manifestiert sich die Außenwirkung der Volkssouveränität in dem Universalitätsanspruch der Erklärung der Menschenrechte für alle Völker und Nationen, so hat das nicht nur Konsequenzen für die Kolonial-, sondern auch für die Kriegsfrage. Dies bedeutete für die »Streitmacht«, die in Art. 12 der Erklärung von 1789 für »die Gewährleistung der Menschen- und Bürgerrechte« vorgesehen wurde, sich auf die Verteidigung der französischen Nation zu beschränken und jeder Aggression gegen dritte Staaten zu enthalten. Demgemäß verfügte Artikel VI der französischen Verfassung von 1791: »Die französische Nation verzichtet darauf, einen Krieg zu unternehmen, um Eroberungen zu machen. Sie wird ihre Streitkräfte niemals gegen die Freiheit eines anderen Volkes verwenden.« (Paech, 1989, S. 768ff). Doch schneller als zu erwarten war, kippte die erfolgreiche Verteidigung gegen die konterrevolutionäre Bedrohung um in die eigene offensive Intervention in die Nachbarstaaten, um auch dort »französische Zustände« »in brüderlicher Hilfe und Unterstützung« zu garantieren. So widersprach der Anschluss Belgiens im Jahr 1795 eindeutig der Intention und dem Wortlaut der vergangenen Erklärungen und dem Selbstbestimmungsrecht. Der Export der Revolution, der revolutionäre Kreuzzug, den Danton so hoch gestellt hatte, war nie Bestandteil der Pläne von Robespierre und der Jakobiner. Selbst die Präzisierung des Angriffsverbotes durch die Verfassung vom 24.6.1793, die allerdings nie in Kraft trat, konnte die Armeen nicht stoppen und wieder zurückrufen. In Art. 118 heißt es: »Das französische Volk ist der Freund und natürliche Verbündete aller freien Völker.« Aber auch hier wird festgehalten, dass Befreiung und Besetzung zwei verschiedene Dinge sind. Und in Art. 119: »Das französische Volk mischt sich nicht in die Regierung anderer Nationen ein; es duldet nicht, dass andere Nationen sich in die Seine einmischen.«

Das Menschenrecht auf Eigentum für beide Geschlechter

»Life, liberty and the pursuit of happiness« heißt das Dreigestirn der Unabhängigkeitserklärung der amerikanischen Staaten von England von 1776, »liberté, égalité et proprieté« ist das geheiligte Trio der französischen Menschenrechtserklärung von 1789, die damit wieder an John Locke anknüpft. Oder wie Karl Marx 1864 sagen wird: »Die Sphäre der Zirkulation oder des Warenaustausches, innerhalb deren Schranken Kauf und Verkauf der Arbeitskraft sich bewegt, war in der Tat ein wahres Eden der Menschenrechte. Was allein hier herrscht, ist Freiheit, Gleichheit, Eigentum und Bentham[3].« (Marx, 1972, S. 189). Die Heiligsprechung des Eigentums ist der Schlusspunkt der Menschenrechtserklärung, ihr Artikel 17: »Da das Eigentum ein unverletzliches und geheiligtes Recht ist, darf es niemandem entzogen werden, es sei denn, dass die gesetzlich festgestellte öffent-

---

3 Jeremy Bentham, 1748-1832, englischer Philosoph und Jurist, war der Begründer des klassischen Utilitarismus.

3. URSPRUNG DER MENSCHENRECHTE

liche Notwendigkeit es offenbar erfordert und unter der Bedingung einer gerechten und vorherigen Entschädigung.« Der sprachliche Unterschied zwischen Glück und Eigentum sollte allerdings nicht so interpretiert werden, dass es sich bei der Unabhängigkeitserklärung um ein menschliches, bei der Menschenrechtserklärung aber lediglich um ein bürgerlich-kapitalistisches Dokument handelt (Klenner, 1982, S. 52ff). Im Abschlussdokument des ersten Kongresses aller britischen Kolonien in Amerika (ohne Georgia) standen an der Spitze aller Rechte der Kolonisten noch »life, liberty and property« (Drinker Bowen 1973, S. 484).

Der Wechsel vom Eigentums- zum Glücks-Konzept geht auf Thomas Jefferson (1743-1826) zurück. Er war an der Ausarbeitung der Verfassung beteiligt und knüpfte mit seiner Wortwahl offensichtlich an die seit Aristoteles in der europäischen Diskussion hochgehaltene Glücksphilosophie an. Eine Distanzierung von der vor allem von Locke verbreiteten Eigentums-Formel war das nicht. Denn letztlich spielte das Privateigentum in der gesamten utilitaristisch geprägten US-amerikanischen Sozialphilosophie seit der Unabhängigkeit bis heute die dominante Rolle. Im Konvent in Paris allerdings bewirkte der Sturz des Königs, dass sich die Abgeordneten wieder über den Katalog der Menschenrechte beugten und insbesondere eine grundlegende Demokratisierung der Wirtschaft sowie die Änderung der Eigentumsordnung diskutierten. Dazu legte Robespierre im August 1793 einen Entwurf für eine neue Menschenrechtserklärung vor. Die Verfügungsgewalt über das Privateigentum sollte so eingeschränkt und umgestaltet werden, dass es nicht mehr mit dem rechtlichen Anspruch auf eine angemessene Ernährung in Konflikt geraten konnte. Robespierre war Jurist und schlug vier Formen von Eigentum vor, die unrechtmäßig seien und verboten werden sollten: feudale Rechte, unter denen das Eigentum nur eines war, Privateigentum an Grundnahrungsmitteln, die Privatisierung von Souveränitätsrechten, Posten und Machtpositionen, die einzelne Dynastien oder sozialen Gruppen für sich beanspruchen, und schließlich Privateigentum an Menschen (Giersch, 2011, S. 435ff).

Das letzte Verbot war gegen die Sklavenhändler gerichtet, die die Sklaven an Bord ihrer Schiffe als ihr Eigentum ansahen. Der Konvent verabschiedete im Juni 1793 den Artikel 18, der die Abschaffung der Sklaverei in die Wege leiten sollte: »Jeder Mensch darf seine Dienste und seine Zeit gegen Entgelt zur Verfügung stellen, aber er darf sich nicht verkaufen oder verkauft werden; seine Person ist ein unveräußerliches Gut.« Der Artikel wurde zwar durch ein Referendum bestätigt, da die Verfassung jedoch für die Dauer des Krieges suspendiert wurde und nicht wieder aus dem Kasten aus Zedernholz hervorgeholt wurde, in den die Abgeordneten sie bis Kriegsende eingeschlossen hatten, wurde aus der Abschaffung der Sklaverei ebenso wenig wie aus der Demokratisierung der Wirtschaft. Das Eigentum des Art. 17 der Menschenrechtserklärung von 1789 wurde zum Schlüsselbegriff des Kapitalismus und zum Kern der Menschenrechte bis heute. Es konnte alle Versuche seiner Aufhebung oder zumindest Demokratisierung abwehren. Glück oder Eigentum? Nein, Glück durch Eigentum!

So wie es 1789 selbstverständlich war, wird auch heute oft noch übersehen, dass die erste Menschenrechtserklärung den Frauen nicht die gleichen Rechte einräumte wie den Männern. Nur die wohlhabenden Männer hatten Wahlrecht. Die Frauen hatten zwar das Recht, das Schafott zu besteigen, nicht aber die Rednertribüne, wie es Marie Olympe de Gouges (1748-1793) in ihrer »Erklärung der Rechte der Frau und Bürgerin« 1791 anprangerte. Es nützte ihr nichts, dass sie ihre Erklärung eng an die Erklärung von 1789 anlehnte und zum Teil wörtlich übernahm, um lediglich die »Frau« mit hinzuzufügen. So in Art. 2: »Der Zweck der staatlichen Vereinigung ist der Schutz der natürlichen und unveräußerlichen Rechte sowohl der Frau als auch des Mannes. Diese Rechte sind Freiheit, Gleichheit, Eigentum und besonders das Recht auf Widerstand gegen Unterdrückung.« Besonders inakzeptabel aber war wohl Art. 17: »Das Eigentum gehört beiden Geschlechtern vereint oder einzeln. Jede Person hat darauf ein unverletzliches Anrecht.« Olympe de Gouges forderte dabei nichts anderes als zur gleichen Zeit

3. URSPRUNG DER MENSCHENRECHTE

Mary Wollstonecraft (1759-1797) in England, die rights of man auch als rights of woman zu fassen.

Mary Wollstonecraft starb nach der Geburt ihrer Tochter, Olympe de Gouges wurde am 4. November 1793 mit der Guillotine geköpft. Damit, so die Urteilsbegründung, führt »das Revolutionstribunal den Frauen (Frankreichs) ein bedeutsames Exempel vor Augen, das zweifelsohne für sie nicht ohne Bedeutung sein wird. Denn die Gerechtigkeit, immer unparteiisch, stellt der Strenge die Lehre zur Seite (...) Olympe de Gouges wollte Staatsmann werden, und es scheint, dass die Verschwörerin vom Gesetz gestraft wurde, weil sie die Tugenden, die ihrem Geschlecht (!) gebühren, verleugnete. (...) Frauen (...) liebt, achtet und tragt die Gesetze weiter, die Eure Gatten (...) an die Ausübung ihrer Rechte gemahnen (...) Seid einfach in Eurer Kleidung, fleißig in Eurem Haushalt. Folgt niemals den Volksversammlungen mit dem Wunsch, dort selbst zu sprechen« (Schröder, 2000). Frankreich hat erst 1944 das Frauenwahlrecht eingeführt, Deutschland 1918, 12 Jahre nach dem ersten europäischen Land, welches das Wahlrecht für Frauen eingeführt hat, Finnland 1906.

Übersehen wird auch bei der Fixierung auf die bürgerliche deutsche Aufklärung in der Nachrevolutionszeit, dass die Menschenrechtserklärungen, insbesondere in ihrer jakobinischen Fassung von 1793, große Bedeutung für die Arbeiterbewegung gehabt haben. 1833 kam die von der Société des droits de l'homme et du citoyen herausgegebene und 53 Artikel umfassende Menschen- und Bürgerrechtserklärung nach Deutschland und fand unter den revolutionären Geheimgesellschaften und -bünden, dem »Bund der Gerechten« und seinem Nachfolger, dem »Bund der Kommunisten«, sowie der von Georg Büchner 1833/34 in Hessen gebildeten »Gesellschaft der Menschenrechte« weite, natürlich illegale Verbreitung (Klenner, 1982, S. 77ff). Sie bestand im Kern aus einer Kompilation der Konventsrede von Robespierre, in der er im April 1793 die Menschenrechtserklärung vorgeschlagen hatte, mit der dann zwei Monate später verabschiedeten Jakobiner-Verfassung. Schon zuvor hatte der italienische Jakobiner Filippo Buonarroti (1761-1837) gemeinsam mit Gracchus Babeuf (1761-1791) im Rahmen ihrer »Verschwörung der Gleichen« ein 15-Artikel-Manifest herausgegeben, in dem sie die Vernichtung der Ungleichheit und damit des Eigentums forderten, da es die Wurzel der Unterdrückung sei, »die schlimmste Geißel der Gesellschaft, es ist in der Tat ein Verbrechen an der Allgemeinheit« (Höppner/Seidel-Höppner, 1975, Bd. 2, S. 98, Bd. 1, S. 222f). Als Marx und Engels 1847 in den »Bund der Gerechten« eintraten und im Auftrag des inzwischen umbenannten »Bundes der Kommunisten« das »Kommunistische Manifest« erarbeiteten, gehörten diese Dokumente zu den Grundlagen ihrer Überlegungen, mit denen sie die verschiedenen idealistischen Strömungen des Kommunismus in einen kritischen materialistischen Kommunismus verwandeln wollten. Für Marx und Engels waren die Nordamerikaner und die Franzosen die Entdecker der Menschenrechte.

Die Menschenrechte des deutschen Idealismus

Die bürgerlichen Philosophen der Aufklärung, von Immanuel Kant (1724-1804) über Johann Gottfried Herder (1744-1803) bis Johann Gottlieb Fichte (1762-1814), allesamt Jakobiner, die die Französische Revolution verteidigten, spielten offensichtlich keine wesentliche Rolle in Marxens Arbeiten. Lediglich Georg Wilhelm Friedrich Hegels (1770-1831) Analyse der bürgerlichen Gesellschaft – obwohl er dessen Idealismus verspottete –, zog Marx in der »Judenfrage« zur Unterstützung seiner zentralen These heran, dass die Freiheit kein Menschenrecht, sondern lediglich das Recht des um sich kreisenden, auf sich bezogenen egoistischen Mitglieds der bürgerlichen Konkurrenzgesellschaft sei.

Bei Kant interessieren für die Diskussion um die Menschenrechte vor allem zwei Punkte. Für ihn war das Problem ihrer Begründung keine Frage der Moral oder Ethik, sondern des Rechts. Damit war sie der Sphäre der individuellen Einschätzung und der Beliebigkeit unterschiedlicher Ethiken entzogen und unmittelbar an die demokratische Staatsverfassung, das staatlich kodifizierte Recht und die staatliche Sanktionsmacht bei der Verletzung des Rechts gebunden.

3. URSPRUNG DER MENSCHENRECHTE

Die Menschenrechte, die in erster Linie gegen die Eingriffe des Staates in die Freiheitssphäre seiner Bürgerinnen und Bürger gerichtet sein sollen, verlieren mit dieser Staatsbindung im Grunde ihre schützende Kraft. Dieser Widerspruch ist nur in Verbindung mit der Volkssouveränität auflösbar, wenn die staatliche Kodifizierung der Menschenrechte als Selbstbindung des Staates durch die souveräne Rechtsentscheidung des Volkes begriffen wird – der Kern des demokratischen Vorganges. Die demokratische Verankerung der Menschenrechte setzt den irdischen Schlusspunkt unter die Ablösung von jeglichem christlichen Anspruch einer himmlischen Begründung.

Der zweite Punkt bezieht sich auf Kants Bestreben, das nationale Recht über das Völkerrecht in ein Weltbürgerrecht hin auszudehnen und die Menschenrechte in diesen Prozess mit einzubeziehen: »So nöthig ist es den Begriff des Menschenrechts nicht bloß auf das innere einer Staatsverfassung in einem Völkerrecht sondern zuletzt auch auf ein Weltbürgerliches Recht auszudehnen weil sowohl das Staats- als auch das Völkerrecht zum äußern Menschenrechte überhaupt gehört ohne welches die Aussicht der Annäherung zum ewigen Frieden gänzlich verschlossen sein würde« (Kant 1964a, AA XXIII, S. 175), schreibt Kant in seinen Notizen zu seiner Schrift »Zum ewigen Frieden«. Die Ausdehnung der Menschenrechte im Weltmaßstab über den nationalen Rahmen hinaus entspricht dem modernen Verständnis von der Universalität der Menschenrechte. Bemerkenswert darüber hinaus und außergewöhnlich zur damaligen Zeit ist jedoch, dass Kant die Menschenrechte nicht nur in Verbindung zum »ewigen Frieden«, sondern mit der »Idee eines Weltbürgerrechts« zur Vorbedingung des »ewigen Friedens« erklärt, »zu dem man sich in der kontinuierlichen Annäherung zu befinden nur unter dieser Bedingung schmeicheln darf« (Kant, 1964b, Bd. VI, S. 216f). Wie die Jakobiner Robespierre und Grégoire, die dem Konvent 1793 ihre Menschenrechtserklärung vorlegten, vertrat auch Kant Gewaltverzicht, Nichteinmischungsgebot und Angriffsverbot (Maus, 1998, 88ff). Kant propagierte zwar noch nicht ein Menschenrecht auf Frieden, erkannte aber wie kein anderer die wechselseitige Bedingung beider: kein Frieden ohne Menschenrechte, keine Menschenrechte ohne Frieden.

J. G. Fichte, dem Idealismus der damaligen Philosophie offensichtlich noch tiefer verhaftet, griff auf die naturrechtliche und moralische Begründung der Menschenrechte zurück. Als Abwehrrechte gegen absolutistische Herrschaftsmacht konnte es nur vorstaatlich und moralisch über dem positiven Recht begründet werden. Kein Gesellschaftsvertrag konnte sie hervorbringen, da sie bereits vor ihm entstanden sein müssen: »Es muss demnach wohl ein angebornes, ein auf sie vererbtes Recht sein. Nun kennen wir keine angebornen Rechte, als die allgemeinen Menschenrechte, und deren ist keines ausschließend.« (Fichte, 1971, Bd. 6, S. 192). Für diese Vermutung holte er sich sogar wieder überirdische Referenz, um ihr stärkere Glaubhaftigkeit zu vermitteln: »So ist es z. B. ewige, menschliche und göttliche Wahrheit, dass es unveräußerliche Menschenrechte gibt (…) Von solchen moralischen Wahrheiten findet gar keine Ausnahme statt; sie können nie problematisch sein, sondern lassen sich immer auf den notwendig gültigen Begriff des Rechts zurückführen.« (Fichte, 1971, Bd. 6, S. 19).

Die Debatten in der Folgezeit des Vormärz bis hin zur Revolution 1848 und der Paulskirchenverfassung beziehen sich wesentlich auf einzelne Grund- und Menschenrechte, wie sie jetzt heißen: Meinungsfreiheit, Eigentum, Schule, Unterhalt und sogar das Wahlrecht. Der Zusammenhang von Menschenrechten und Frieden, wie ihn Kant hervorgehoben hat, findet sich allein bei dem Publizisten und Revolutionär Gustav von Struve (1805-1870) in seinem Artikel »Menschenrechte« wieder, der 1847 in dem von Carl von Rotteck und Carl Welcker zwischen 1834 und 1847 in neunzehn Bänden herausgegebenen »Staats-Lexikon oder Encyclopaedie der Staatswissenschaften« erschienen ist (Klenner, 1994, S. 192ff., 208). Diese »Bibel des deutschen Vormärz-Liberalismus« (Klenner, 1994, S. 387) fand weite Verbreitung und erschien 1848 in zweiter Auflage. Struve erinnerte daran, dass die »Urgedanken, welche durch die Französische

3. URSPRUNG DER MENSCHENRECHTE 61

Revolution und insbesondere durch die Verfassungen der Jahre 1791 und 1793 angeregt worden waren, dennoch nicht durch den »Militärdespotismus Napoleons« und die »monarchisch-aristokratische Reaktion« der 1815 geschlossenen »Heiligen Allianz« untergegangen sei (Klenner, 1994, S. 198ff). Er verweist auf die Revolutionen in Neapel (1820), Piemont (1821), Mittelitalien (1831), den Befreiungskampf der Griechen (1821), die Julirevolution in Frankreich (1830), die Septemberrevolution in Belgien (1830) und in Portugal (1836), den Volksaufstand in Barcelona (1842) und die Verfassungsbewegung in der Schweiz von 1830 bis 1847. Alle diese Volksbewegungen und die »fortdauernde dumpfe Gärung beweisen deutlich«, so Struve, »dass die Völker Europas sich ihrer ewigen und unveräußerlichen Rechte bewusst geworden sind und darnach streben, denselben Anerkennung im wirklichen Leben zu verschaffen« (Klenner, 1994, S. 202). Konkreter kann man den Zusammenhang von Revolution und Menschenrechten, ihre Entstehung und Durchsetzung sowie ihre Bewahrung durch die Volksbewegungen nicht illustrieren. Hier ging es um die bürgerlichen und politischen Menschenrechte, die »Rechte der ersten Generation«. Die sozialen, ökonomischen und kulturellen Menschenrechte, die »Rechte der zweiten Generation«, die sich erst hundert Jahre später durchsetzen sollten, sind ebenfalls revolutionären Ursprungs. Ihr Geburtshelfer war die Russische Revolution 1917/18.[4]

In den Verfassungen dieser Zeit der konstitutionellen Monarchien fanden die Menschenrechte nur noch in einem begrenzten Umfang von Bürgerrechten Erwähnung (Wesel, 2010, S. 445f), ob in Norwegen 1814 oder in den Niederlanden 1815. Sie hießen jetzt »Rechte der Franzosen« wie in der bourbonischen »Charte von 1814« oder »Rechte der Belgier« in der Verfassung von 1831. Sie orientierten sich alle mehr oder weniger an dem Katalog der »Charte« wie auch die Verfassung von Sardinien-Piemont von 1848, die später die Verfassung Italiens werden sollte. In Deutschland vermochten die

---

4   Vgl. dazu weiter unten, Kapitel 9.

revolutionären Kämpfe nicht viel mehr. als die »Grundrechte des deutschen Volkes«, eine magere Variante der Erklärungen von 1789 und 1793, in der Verfassung von 1849/50 zu verankern. Sie ist dann allerdings nie in Kraft getreten, da der König einen gesamtdeutschen Staat ablehnte. Stattdessen oktroyierte er seinem Volk im selben Jahr eine Verfassung, in der die »Rechte der Preußen« auf einen noch bescheideneren Rechtskatalog gegenüber der Paulskirchenverfassung reduziert wurden, selbst wenn Art. 20 die Freiheit der Wissenschaft und ihrer Lehre verkündete. In der Reichsverfassung von 1871 verzichtete man vollends auf die Grundrechte – der traurige Schlusspunkt einer ruhmlosen Entwicklung.

4.
Marxismus und Menschenrechte

Vor etwa vierzig Jahren veröffentlichte der englische Sozialphilosoph Steven M. Lukes, Professor an der New York University, einen Aufsatz »Kann ein Marxist an Menschenrechte glauben?« (Lukes, 1982). Eine Frage, die bis heute relevant geblieben ist und insbesondere in der englischsprachigen Literatur kontrovers geführt wird. Zur gleichen Zeit, im Jahr 1982, veröffentlichte der deutsche Rechtsphilosoph Hermann Klenner, Professor an der Akademie der Wissenschaft in Berlin (DDR), in den Studien zur Rechtsphilosophie sein Buch »Marxismus und Menschenrechte« (Klenner, 1982), dem die gleiche Frage zugrunde lag. Beide kannten einander nicht und kamen zu vollkommen entgegengesetzten Antworten. Wenden wir Lukes' Frage ein wenig, so lautet sie: »Kann man einem Marxisten trauen, der sich auf die Menschenrechte« beruft?; oder »haben die Menschenrechte überhaupt einen Platz im Marxismus als politische Theorie?« Letztlich spitzt sich das Problem darauf zu, nach der Funktion und Bedeutung des Rechts im Marxismus zu fragen.

Lukes beantwortete seine Frage mit einem kategorischen »Nein, ein Marxist kann nicht an Menschenrechte glauben, es sei denn, er ist Revisionist. Denn würde er die Menschenrechte ernst nehmen, d.h. die Interessen vertreten, die sie voraussetzen, sowie die Pflichten, die sie einfordern, dann könnte er den Marxismus nicht ernst nehmen.« (Lukes, 1935). Dieses radikale Verdikt hat zur doppelten Voraussetzung, dass man sich erstens ausschließlich auf die frühe Schrift von Marx, »Zur Judenfrage« (1844), stützt, welche in der Tat zum Ausgangspunkt und Quelle der marxistischen Auseinandersetzung mit dem Recht wurde, und zweitens die bürgerliche »Deformation« der Menschenrechte im Interesse des selbstbezogenen und egoistischen Eigentümers, getrennt von seinem Nachbarn und der sozialen Gemeinschaft, für die unabänderliche Essenz der Menschenrechte hält. Weder Marx noch Engels haben ein ausgearbeitetes Konzept, geschweige denn eine Theorie der Menschenrechte geliefert. Im Gegenteil, sie haben eine radikale Kritik der Menschenrechte geliefert, die »nur die Anerkennung des *egoistischen bürgerlichen Individuums* und der *zügellosen* Bewegung der geistigen und materiellen Elemente, welche den Inhalt seiner Lebenssituation, den Inhalt des *heutigen* bürgerlichen Lebens bilden« bedeuten und »den Menschen nicht von der Religion befreien, sondern ihm die *Religionsfreiheit* geben, ihn nicht von dem Eigentum befreien, sondern ihm die *Freiheit des Eigentums* verschaffen, ihn nicht von dem Schmutz des Erwerbes befreien, sondern ihm vielmehr die *Gewerbefreiheit* verleihen.« (Marx/Engels, 1976, MEW 2, S. 119; Marx, 1976, MEW 1, S. 369). Der Kern dieser Kritik liegt in der Verbindung von Freiheit und Eigentum, denn Freiheit kann ohne Eigentum in der bürgerlich kapitalistischen Gesellschaft nicht existieren. Eine solche Gesellschaft »des Warentausches, innerhalb deren Schranken Kauf und Verkauf der Arbeitskraft sich bewegt, war in der Tat ein Eden der angeborenen Menschenrechte. Was allein hier herrscht, ist Freiheit, Gleichheit, Eigentum und Bentham. Freiheit! Denn Käufer und Verkäufer einer Ware, z. B. der Arbeitskraft, sind nur durch ihren freien Willen bestimmt. Sie kontrahieren als freie, rechtlich ebenbürtige Personen. Der Kontrakt ist das Endresultat, worin sich ihre Willen einen gemeinsamen Rechtsausdruck geben. Gleichheit! Denn sie beziehen sich nur als Warenbesitzer aufeinander und tauschen Äquivalent gegen Äquivalent. Eigentum! Denn jeder verfügt nur über das Seine! Bentham! Denn jedem von beiden ist es nur um sich zu tun. Die einzige Macht, die sie zusammen und in ein Verhältnis bringt, ist die ihres Eigennutzes, ihres Sondervorteils, ihrer Privatinteressen.« (Marx, 1972, MEW 23, S. 189f). So reduziert sich das angebliche Menschenrecht auf Freiheit auf die durch das Eigentum an den Produktionsmitteln beschränkte Freiheit. Sie lässt ihrem Träger als sozial Unterlegenem und auf sich selbst gestellt Isoliertem im Konkurrenzkampf jeder gegen jeden letztlich nur die Illusion der Freiheit übrig. Wie Engels im »Anti-Dühring« schreibt: »Wir wissen jetzt, dass dies Reich der Vernunft weiter nichts war, als das idealisierte Reich der Bourgeoisie; dass die ewige Gerechtigkeit ihre Verwirklichung fand in der Bourgeoisjustiz; dass die Gleichheit hinauslief auf die bürgerliche Gleichheit vor dem Gesetz; dass als eines der wesentlichsten Menschenrechte proklamiert wurde das bürgerliche Eigentum.« (Engels, 1972, MEW 20, S. 17).

Bleibt man bei diesem Befund der marxistischen Kritik stehen, kommt man ohne weiteres zu der negativen Antwort von Lukes, die auch Slavoj Žižek gänzlich ohne Rückgriff auf Marx mit revolutionärer Emphase vertritt: »Das charakteristische marxistische Verständnis kann überzeugend den Inhalt aufdecken, den der Begriff der Menschenrechte ihren spezifisch bürgerlich ideologischen Dreh gibt: Universelle Menschenrechte sind tatsächlich das Recht weißer, männlicher Eigentümer, frei auf dem Markt zu tauschen, Arbeiter und Frauen auszubeuten und politische Herrschaft auszuüben.« (Žižek, 2005, S. 7). Ihm geht es allerdings um die radikale Zweideutigkeit des marxistischen Begriffs von der Kluft zwischen formaler Demokratie, den »Rights of Man«, den politischen Freiheiten, und der ökonomischen Realität der Ausbeutung und Herrschaft. Einerseits kann sie in der üblichen Weise gelesen werden, dass die formale Demokratie ein notwendiger, aber illusorischer Ausdruck einer konkreten sozialen Realität der Ausbeutung und Klassenherrschaft ist. In subversiver Form andererseits kann in der Erscheinung der »égaliberté« aber auch eine eigene Kraft/Effizienz/Dynamik erkannt werden, die die Umwälzung der aktuellen sozio-ökonomischen Verhältnisse durch ihre progressive »Politisierung« erlaubt (Žižek, 2005, S. 8). Das Recht als primärer Ausdruck und Instrument bürgerlicher Herrschaft hat in dem Prozess der umwälzenden Politisierung keine Funktion. Es ist Adressat der Umwälzung, die allerdings noch nicht die Beseitigung des Rechts als gesellschaftliches Herrschaftsinstrument bewirkt. Wenn die »symbolische Fiktion« des universellen Rechts als Alibi für militärische Interventionen, Sakralisierung der Tyrannei des Marktes und zur ideologischen Begründung des politisch Korrekten dient, so kann dieses Recht nicht für die Umwälzung dieser Verhältnisse in Anspruch genommen werden. Wenn auch die verschiedenen marxistischen Interpretationen in dem Satz übereinstimmen, dass das Recht ein Instrument der jeweils herrschenden Gesellschaft ist, so gehen die Positionen über das gesellschaftliche »Schicksal« des Rechts nach der revolutionären Umwälzung in der sozialistischen Gesellschaft auseinander. Eugen Paschukanis (1892-1937) (Paschukanis, 1991), vom linken Flügel der Opposition gegen Stalin, verwarf die Idee eines proletarischen Rechts als konservativ, da damit die Unsterblichkeit des Rechts als gesellschaftliches Regulativ anerkannt werde. Dies sei jedoch falsch, da damit versucht werde, die rechtliche Form von ihrer historischen Entstehung zu trennen und sie als permanent umwandelbar und erneuerbar zu präsentieren. Aber, wie E.P. Thompson (Thompson, 1975, S. 259) sagt, »der Revolutionär kann kein Interesse am Recht haben (…) es sollte sein Ziel sein, es einfach umzustürzen.« Voraussetzung für den Untergang der Rechtsform ist allerdings nach Paschukanis die sozialistische Gesellschaft. In ihr habe das Recht nicht mehr die Funktion, die Voraussetzungen für den Austausch von Waren zu schaffen und abzusichern, da diese Gesellschaft keine warenproduzierende Gesellschaft mehr sei, sondern einen Zustand erreicht habe, »in dem der Widerspruch zwischen individuellen und gesellschaftlichen Interessen überwunden ist.« (Paschukanis, 1991, S. 100).

Unabhängig von der Frage, wie eine derartige »rechtlose« Gesellschaft nach den Erfahrungen mit dem Scheitern der real-sozialistischen Gesellschaften zu erreichen ist, wird sie nicht übergangslos sich an die bürgerlich-kapitalistische Gesellschaft anschließen. Es wird eine Zwischen- und Übergangsperiode geben, die dadurch charakterisiert sein wird, dass die sozialen Beziehungen für eine Zeit notwendigerweise durch den »engen Horizont des bürgerlichen Rechts« (Marx) eingeschränkt bleiben werden. Das bedeutet nicht

4. MARXISMUS UND MENSCHENRECHTE

nur, dass die juristische Form, sondern auch der bürgerliche Staat zur Durchsetzung des Rechts im Hintergrund, der »bürgerliche Staat ohne Bourgeoisie« (Paschukanis) bestehen bleibt. Und wenn auch letztlich bürgerliches Recht und Gesetz, das ganze juristische Denken, überwunden werden muss, sollte auch – so Paschukanis – marxistische Kritik nicht »die Generalisationen und Abstraktionen, die von den bürgerlichen Juristen entwickelt worden sind, verwerfen«. Sie sollte stattdessen »ihre wahre Bedeutung demonstrieren und die historisch begrenzte Natur der gesetzlichen Form aufdecken« (Paschukanis). Denn während der Übergangszeit wird »das Proletariat diese Form, die sie von der bürgerlichen Gesellschaft geerbt hat, notwendigerweise in ihrem eigenen Interesse ausbeuten«, solange wie das Proletariat den historischen Ursprung dieser Form nicht vergisst. Denn nur im Sozialismus kann die Herrschaft des Rechts verwirklicht werden, da im Kapitalismus das Gesetz durch private Interessen korrumpiert ist. Was für das bürgerliche Recht gilt, trifft für die Menschenrechte in der bürgerlichen Gesellschaft ebenso zu, auch sie stecken bis zur »Erlösung« durch den Sozialismus im Sumpf der privaten Interessen.

Lassen wir einmal die Frage beiseite, wie die marxistische Theorie die Rolle des Rechts im entwickelten Sozialismus bestimmt, so ist sie sich bei der Betrachtung der Menschenrechte in der gegenwärtigen Gesellschaft durchaus nicht einig. So argumentiert z.B. E. P. Thompson, dass selbst wenn das Recht instrumentell und ideologisch gebraucht wird, daraus nicht folgt, dass die Bourgeoisie das Gesetz braucht, um das Proletariat zu unterdrücken. Obwohl er seine Position am Beispiel der Whigs im 18. Jahrhundert entfaltet, formuliert er sie für die Gegenwart. So auch seine These, dass das Gesetz nichts verdecken, nichts legitimieren kann und nichts zu einer Klassenherrschaft beitragen wird, wenn es eindeutig parteiisch und ungerecht ist. Kein Zweifel, Hegemonie besteht und das Gesetz trägt zu ihrer Durchsetzung bei, doch Thompson argumentiert, dass das Volk einen starken Gerechtigkeitssinn habe und sich gegen offenes gesetzliches Unrecht auflehnen werde. Diese innere positive Kraft war es, die es der Whig-Oligarchie nicht möglich machte, das Gesetz ausschließlich in ihrem eigenen Klasseninteresse zu benutzen. In bestimmten Fällen war sie sogar gezwungen, gerecht zu handeln, ja, in begrenzten Bereichen könne das Gesetz selbst ein Forum für die Austragung von Klassenkonflikten bieten. Wo die Unvereinbarkeit von revolutionärem und juristischem Diskurs am deutlichsten erscheint, im Gerichtssaal, kann der Bruch des Gesetzes aus politischen Gründen zu einem wichtigen Motor für sozialen Wandel werden. Trotz der Unvereinbarkeit der Sprache von revolutionären Marxisten und Richtern ist für Thompson »die ›rule of law‹ für sich selbst, die Errichtung effektiver Schranken der Macht und die Verteidigung der Bürger gegen die überwältigenden Forderungen der Macht ein uneingeschränktes menschliches Gut«. Wer dieses verneine, so Thompson, »werfe das ganze Vermächtnis des Kampfes um das Recht und in den Formen des Rechts weg, dessen Kontinuität niemals gebrochen werden kann, ohne Männer wie Frauen in unmittelbare Gefahr zu bringen« (Thompson, 1975, S. 266; Boyd, 2009).

Der persönliche Lebensweg beeinflusst durchaus die Haltung zur Rolle des Rechts in der Gesellschaft. So definiert Ernst Bloch, Bürger der DDR, der aber nach dem Bau der Mauer 1961 von einer Reise in die BRD nicht mehr in seine Heimat des »real existierenden Sozialismus« zurückkehrt, deutlich positiver und offensiver die Rolle des Rechts. In seinem Buch »Naturrecht und menschliche Würde« aus dem gleichen Jahr (Bloch, 1961; Fisahn, 2011, S. 22f, 26f) plädiert er für die Anerkennung von subjektiven Rechten der Menschen, um in Zeiten der Not zur Überwindung von Herrschaft und »Untertantätigkeit« gerüstet zu sein. Nicht das Absterben des Rechts, sondern die Verbindung einer verloren gegangenen Sozialutopie mit den Menschenrechten ermögliche die Befreiung. Bloch verband die Menschenrechte mit der Menschenwürde, die Befreiung von Erniedrigung und Beleidigung. Die sei das Ziel des absoluten Naturrechts. Die Sozialutopie habe hingegen das menschliche Glück im Auge, die Erlösung von Mühsal und der Last der entfremdeten Verhältnisse. »Die Sozialutopien gehen überwiegend auf *Glück,* mindestens

4. MARXISMUS UND MENSCHENRECHTE

auf Abschaffung der Not und der Zustände, die diese erhalten oder produzieren. Die Naturrechtstheorien gehen (...) überwiegend auf Würde, auf Menschenrechte, auf juristische Garantien der menschlichen Sicherheit und Freiheit, als Kategorien des menschlichen Stolzes (zurück). Demgemäß richtet sich die Sozialutopie vor allem auf Abschaffung des menschlichen Elends, das Naturrecht vor allem auf Abschaffung der menschlichen *Erniedrigung*.« (Bloch, 1961, S. 234). Blochs Streifzug durch die Geschichte des Naturrechts ist geprägt von der Fortschrittsbewegung revolutionären Denkens. In ihr löst zwar die eine Epoche die vorangehende ab, überwindet sie, bewahrt aber den fortschrittlichen Gehalt ihres naturrechtlichen Denkens. Sie hebt die alte Epoche im doppelten Sinn auf, überwindet und bewahrt sie, indem sie sie auf einer höheren Stufe weiterentwickelt.

So ist es mit dem Fortgang der bürgerlichen zur sozialistischen Gesellschaft, in der »l'homme als egoistischer, vom Menschen und Gemeinwesen getrennter Mensch« zum »citoyen als Träger der Freiheit, Gleichheit und Brüderlichkeit« sich entwickelt und »in die forces propres der lebenden Menschen eintritt; dann erst, sagt Marx, ›ist die menschliche Emanzipation vollbracht‹« (Bloch, 1961, S. 206). Das bedeutet jedoch nicht das Ende des Rechts, seine Auflösung im Reich der Freiheit, Gleichheit und Brüderlichkeit. Recht ist nach wie vor eine notwendige Kategorie gesellschaftlicher Ordnung, nur jetzt mit anderem Ziel und anderem Inhalt: »Überall aber soll es das gleiche Banner der Menschenrechte sein, welches die Werktätigen als Widerstandsrecht in kapitalistischen Ländern erheben, welches sie in sozialistischen durch Aufbau des Sozialismus, Kritikrecht, ja Kritikpflicht in diesem Aufbau vorantragen. Sonst würde ja – contradictio in adjecto – autoritärer Sozialismus gelten, indes doch die Internationale das Menschenrecht erkämpft: organisierte Mündigkeit.« (Bloch, 1961, S. 204).

Schon das klassische Naturrecht des 18. und 19. Jahrhunderts war nicht lediglich das »rein subjektiv-abstrakte Besserwissenwollen« (E. Bloch), sondern ein Promoter der bürgerlichen Rechtsordnung individualistisch-demokratischen Prägung. Selbst die eingefleischten

Positivisten, die nur dem kodifizierten positiven Recht über den Weg trauten, mussten die revolutionäre Wirkung des Naturrechts – es bildete die Ideologie der Französischen Revolution! – anerkennen. Damals war seine progressive – inzwischen reaktionäre – Verbindung mit dem Eigentum an Produktionsmitteln durchaus der Hebel für gesellschaftsverändernde Reformen. So bekannte einer der härtesten Verfechter des Positivismus, Karl Bergbohm, Ende des 19. Jahrhunderts: »Es (das klassische Naturrecht) rüttelte an der Leibeigenschaft und Hörigkeit und drang auf die Entlastung von Grund und Boden; es entfesselte die durch den Zwang eines verknöcherten Zunftwesens und unsinnige Handelsbeschränkungen gebundenen Erwerbskräfte, (…) erzielte die Freiheit des religiösen Bekenntnisses wie die Freiheit der wissenschaftlichen Lehre. Es half die Folter beseitigen und den Strafprozess in die geordneten Bahnen eines gesetzmäßigen Verfahrens lenken.« (Bergbohm, 1892, S. 215). Und dieses Recht hat nicht aufgehört, auch im Kampf um die sozialistische Gesellschaft seine fortschrittliche Rolle in der Überwindung der alten Gesellschaft und des sie bestimmenden Privateigentums einzunehmen. Der Weg des emanzipierten egoistischen Individuums des Jahres 1791 aus den Fesseln der kapitalistischen Produktionsverhältnisse in das sozialistische Individuum,»welches nach der Marxschen Prophezeiung seine ›forces propres‹ in gesellschaftlich-politische verwandelt« (Bloch, 1961, S. 204) hat, ist nicht der Spaziergang eines naturbedingten klassenlosen Fortschritts. Es kann nur das Resultat des Klassenkampfes um die Gleichheit und Gerechtigkeit von unten sein, in dem das Recht seine umkämpfte Rolle als Instrument der Unterdrückung bzw. der Befreiung nach wie vor zu spielen hat.

Auch die These vom Absterben des Staates nach dem Sieg des Sozialismus, die auf Friedrich Engels zurückgeht, hat in der marxistischen Diskussion die Distanz zum Recht nicht in eine grundsätzliche Ablehnung des Rechts umschlagen lassen oder gar zur erweiterten These vom Verschwinden des Rechts geführt. Engels' bekannte Sätze im »Anti-Dühring« waren: »Der erste Akt, worin der Staat wirklich als Repräsentant der ganzen Gesellschaft auftritt – die Besitz-

4. MARXISMUS UND MENSCHENRECHTE

ergreifung der Produktionsmittel im Namen der Gesellschaft –, ist zugleich sein letzter Akt als Staat (…) An Stelle der Regierung über Personen tritt die Verwaltung von Sachen und die Leitung von Produktionsprozessen.« (Engels, 1972, MEW 20, S. 261ff). August Bebel leitete 1922 daraus die tabula rasa aller bürgerlichen Institutionen und Apparate, einschließlich der Gesetze, ab: »Mit dem Staat verschwinden seine Repräsentanten, Minister, Parlamente, stehendes Heer, Polizei, Gendarmerie, Gerichte, Rechts- und Staatsanwälte, Gefängnisbeamte, die Steuer- und Zollverwaltung, mit einem Wort: der ganze politische Apparat. Zehntausende von Gesetzen, Erlassen und Verordnungen werden zur Makulatur, alle Fundamente der heutigen ›Ordnung‹ zur Mythe.« (Bebel, 1922, S. 508). Lenin war da weniger radikal, worauf Bloch hinweist (Bloch, 1961, S. 257f), und wies dem bürgerlichen Staat auch ohne Bourgeoisie noch in den Anfängen des Kommunismus besondere Gewaltfunktionen zu: »Ein besonderer Staat, eine besondere Unterdrückungsmaschine, ein ›Staat‹ ist noch notwendig, aber er ist bereits ein Übergangsstaat, kein Staat im eigentlichen Sinn mehr, denn die Niederhaltung der Ausbeuter durch die Mehrheit der Lohnsklaven von gestern ist eine so verhältnismäßig leichte, einfache und natürliche Sache, dass sie viel weniger Blut kosten wird als die Unterdrückung von Aufständen der Sklaven, Leibeigenen und Lohnarbeiter, dass sie der Menschheit weit billiger zu stehen kommen wird.« (Lenin, 1972, LW 25, S. 339ff, 397f). Hier irrte Lenin allerdings, wie die Geschichte gut 70 Jahre später erwies. Und die These vom Absterben des Staates wurde später von sowjetischen Marxisten dahingehend revidiert, dass sie den Sieg des Sozialismus in allen bzw. den meisten Ländern voraussetzt und nicht auf den Fall anwendbar ist, in dem der Sozialismus nur in einem Land gesiegt hat.

Und so steht für Bloch fest: »Sozialistische Rechtsnorm ergibt sich als die pro rata kodifizierte Solidarität zur Herstellung eines ökonomisch-politischen Zustands (…) mit dem Staat als Mittel zu seinem Überflüssigwerden«, und wo die »objektive Ordnung (…) Schutz der menschlichen Würde (ist), damit sie den Schutz nicht mehr nötig hat.« (Bloch, 1961, S. 259). Dies gilt für die Menschenrechte als Rechtsnormen in dem Sinne, dass sie sich erst in Verbindung mit der Sozialutopie und sozialen Umwälzungen aus der alten bürgerlichen Verfassung lösen und zur neuen Gesellschaft der sozialen Revolution und Solidarität ohne Ausbeutung und Entfremdung des Menschen führen können. Auf diese Schlussfolgerung werden sich auch die Zeitgenossen verstehen können, die sich auf die Beantwortung der Frage von Lukes,»Kann ein Marxist an Menschenrechte glauben?«, auch heute noch eingelassen haben (Bartholomew, 1990; Boyd, 2011; Lacroix, 2011). Allerdings schränkt Justine Lacroix ein, dass ein ›Marxist‹, der Marx' Texte wörtlich nimmt, die Frage mit ›nein‹ beantworten müsse (Lacroix, 2011).

Hermann Klenner jedoch wird diesen Vorbehalt ohne Zögern zurückweisen, ja, ihm stellt sich die Frage nicht einmal. In seiner detaillierten und erkenntnisreichen historischen Analyse erklärt er den fortschrittlichen Einfluss, den die Menschenrechte in der Geschichte der menschlichen Gesellschaft bis in das 19. Jahrhundert gespielt haben. Auch die proletarische Bewegung hat sich immer auf die Menschenrechte berufen:»Weil das *Klassen*anliegen des Proletariats letztlich ein *Menschheits*anliegen ist, sind seine *Klassenrechts*forderungen im Kampf gegen Ausbeutung und Unterdrückung gegen Krieg und Rassismus *Menschenrechts*forderungen.« Auf die Zukunft projiziert:»Und aus dem gleichen Grund sind auch nach der revolutionären Beseitigung von Ausbeutung und Unterdrückung die verfassungsmäßigen *Klassen*rechte der Diktatur des Proletariats auf die wesentlichen Entwicklungsbedingungen aller Mitglieder der Gesellschaft in ihrer Totalität und Tendenz das sozialistische Menschenrecht.« (Klenner, 1982, S. 14).

Diese dem bürgerlichen Verständnis vollkommen verschlossene Sicht ist die bereits beim jungen Marx in der Judenfrage formulierte Antwort auf die umstandslose Identifizierung der Menschenrechte mit der Profit- und Marktgesellschaft des kapitalistischen Staates. Wie Marx zunächst in der »Judenfrage« und mit Engels später in der »Heiligen Familie« in den berühmten Sätzen zusammenfasst, dass

4. MARXISMUS UND MENSCHENRECHTE

die Menschenrechte tatsächlich nichts anderes als die »Anerkennung des *egoistischen bürgerlichen Individuums* und der zügellosen Bewegung der geistigen und materiellen Elemente, welche den Inhalt seiner Lebenssituation, den Inhalt des *heutigen* bürgerlichen Lebens bilden«, bedeuten, und dass die »Menschenrechte den Menschen nicht von der Religion befreien, sondern ihm die *Religionsfreiheit* geben, ihn nicht von dem Eigentum befreien, sondern ihm die *Freiheit des Eigentums* verschaffen, ihn nicht von dem Schmutz des Erwerbes befreien, sondern ihm vielmehr die Gewerbefreiheit verleihen« (Marx/Engels, 1976, MEW 2, S. 119; Marx, 1956, MEW 1, S. 369). Durchaus aktuell für die heutige Zeit schreibt er schon 1843: »Die *Sicherheit* ist der höchste soziale Begriff der bürgerlichen Gesellschaft, der Begriff der *Polizei*, dass die ganze Gesellschaft nur da ist, jedem ihrer Glieder die Erhaltung seiner Person, seiner Rechte und seines Eigentums zu garantieren. Hegel nennt in diesem Sinn die bürgerliche Gesellschaft den ›Not- und Verstandesstaat.‹ Und Marx fügt hinzu: »Durch den Begriff der Sicherheit erhebt sich die bürgerliche Gesellschaft nicht über ihren Egoismus. Die Sicherheit ist vielmehr die *Versicherung* ihres Egoismus. Keines der sogenannten Menschenrechte geht also über den egoistischen Menschen hinaus, über den Menschen, wie er Mitglied der bürgerlichen Gesellschaft, nämlich auf sich, auf sein Privatinteresse und seine Privatwillkür zurückgezogenes und vom Gemeinwesen abgesondertes Individuum ist.« (Marx, 1956, MEW 1, S. 366).

Klenner widerlegt die immer wieder auftauchende Behauptung, Marx habe die Menschenrechte regelrecht bekämpft und kein Verhältnis zur Sprache des Rechts gefunden. Er hat in der Tat den offenen Widerspruch zwischen dem Anspruch der Menschenrechte und ihrer durch die Klasseninteressen reduzierten Realität betont, aber gleichzeitig darauf hingewiesen, dass sie als Produkt der bürgerlichen Revolution und Gesellschaft ein Meilenstein auf dem Fortschrittsweg der Menschheit gewesen seien. Marx hat aber insbesondere in seinen späteren Arbeiten die »sogenannten Menschenrechte nicht bloß als ›ramponierte Bourgeoisideale‹, sondern auch als von der Bourgeoisie geschaffene, aber sich unter bestimmten Voraussetzungen gegen sie kehrende Waffen des Volkes, speziell der Arbeiterbewegung, dargestellt« (Klenner, 1982, S. 64ff., 69). Dem Proletariat dürften die Menschenrechte in der bürgerlichen Gesellschaft nicht gleichgültig sein, sie müssten immer wieder erkämpft und gegen die bürgerliche Klasse durchgesetzt werden. Selbst wenn diese Rechte nur auf dem Papier stünden, lohne sich der Streit um sie. Marx ging es um die Unterscheidung von politischer und menschlicher Emanzipation. Denn mit der bürgerlichen Revolution bzw. politischen Emanzipation habe der Mensch zwar die Rechte und Freiheiten der bürgerlichen Gesellschaft erlangt, deren Grenzen allerdings durch die Verwertungsbedingungen des Kapitals im Interesse der Bourgeoisie diktiert werden. Erst mit der sozialistischen Revolution bzw. der menschlichen Emanzipation löse sich der Widerspruch zwischen Anspruch und Realität der Menschenrechte auf, wenn das Reich der Freiheit, Gleichheit und Brüderlichkeit nicht mehr von dem Diktat des Privateigentums diszipliniert und auf die Interessen der bürgerlichen Klasse reduziert wird, in dem die Arbeiterbewegung lediglich als ideologischer und materieller »Kostgänger des Bürgertums« erscheint. Zunächst war es notwendig – und das war der Ansatz der »Judenfrage« –, die bürgerliche Illusion und Propaganda der Menschenrechte zu destruieren, dass sie die grundlegenden und vernünftigen, allgemeingültigen und ewigen Grundlagen der Interessen aller Menschen seien. In seinem »Anti-Dühring« fasst Engels diese Erkenntnis in dem Satz zusammen: »Wir wissen jetzt, dass dies Reich der Vernunft weiter nichts war, als das idealisierte Reich der Bourgeoisie: dass die ewige Gerechtigkeit ihre Verwirklichung fand in der Bourgeoisjustiz; dass die Gleichheit hinauslief auf die bürgerliche Gleichheit vor dem Gesetz; dass als eines der wesentlichsten Menschenrechte proklamiert wurde das bürgerliche Eigentum.« (Engels, 1972, MEW 20, S. 17). Diese Erkenntnis, die Destruktion der bürgerlichen Illusion, war der erste Schritt zur Überwindung der bürgerlichen Gesellschaft, deren juristischer Ausdruck und ideologische Apologie zugleich diese Menschenrechte sind. Daraus ergab sich fol-

4. MARXISMUS UND MENSCHENRECHTE

gerichtig die Erkenntnis, dass es verfehlt sei, die Überwindung des Kapitalismus und seine Überführung in den Kommunismus mit der Fixierung auf die sogenannten Menschenrechte erreichen zu wollen. »Denn das hieße, die bürgerliche Gesellschaft auf einer Basis rekonstruieren zu wollen, ›die selbst nur der verschönerte Schatten dieser Gesellschaft ist.‹« (Klenner, 1982, S. 71; Marx, 1973, MEW 4, S. 105).

In der nur schwer überschaubaren Menschenrechts-Literatur, die sich insbesondere nach 1945 angesammelt hat, findet sich kaum eine Auseinandersetzung mit der Position von Karl Marx oder seiner Nachfolger. Es mangelt nicht an kritischen Analysen der schlechten Wirklichkeit der Menschenrechte gemessen am Stand der internationalen Kodifikationen. Die Totalität ihres Anspruchs für alle Menschen und ihrer Durchsetzbarkeit ungeachtet der besonderen Klassenstruktur der kapitalistischen Gesellschaft wird jedoch nicht in Frage gestellt. Das ist nicht verwunderlich, denn in dieser Literatur wird menschliche Emanzipation im Gegensatz zum Marxismus schon mit der politischen als erreicht angesehen – die geschichtliche Notwendigkeit der sozialistischen Revolution wird geleugnet. Das hatten Marx und Engels bereits in »Die Heilige Familie« an Bruno Bauer kritisiert, dass er »die Menschenrechte mit dem Menschen, die politische Emanzipation mit der menschlichen verwechselte« (Marx/Engels, 1976, MEW 2, S. 92). Nun kritisiert die Schweizer Politikerin Gret Haller, Marx bleibe »die Vorstellung verschlossen, die Individuen könnten als Citoyen die Menschenrechte so bestimmen, dass ihnen normativ das Element der Gleichheit eingeschrieben wird«. Marx sei »gefangen in seiner ideologischen Prämisse und blind gegenüber jenen Elementen, die im Text der Menschenrechtserklärung selbst außerhalb des Bannkreises der Ideologie in Erscheinung treten« (Haller, 2012, S. 126). Sie hingegen hat offensichtlich den von Marx herausgearbeiteten Unterschied zwischen dem realen und idealen (normativen) Gehalt der bürgerlichen Gesellschaft nicht begriffen, in der es nicht möglich ist, die Realität mit ihrer Idealität zu bekämpfen und zu revolutionieren. So ist alles, was »außerhalb des Bannkreises der Ideologie in Erscheinung tritt«, die Realität, auch außerhalb der »Textes der Menschenrechtserklärung«, der Idealität. Die zahlreichen Menschen- und Bürgerrechtserklärungen seit dem 18. Jahrhundert sind gerade der ideologische Ausdruck der juristischen Weltanschauung des Bürgertums. Sie haben zwar bis heute den fortschrittlichsten Stand der Ideologie markiert, aber nie ihre Umsetzung in die Realität selbst verwirklicht. Hallers Unverständnis drückt sich auch in ihrer Kritik aus, dass die von Marx geforderte proletarische Revolution nicht auf der Positivierung von Naturrecht basiere, »das bei allen Unterschieden die Grundlage sowohl für die amerikanische als auch für die Revolution in Frankreich gewesen war. Marx löste das revolutionäre Geschehen vom Recht ab und schrieb es vollständig einem gleichsam automatischen Vorgang der Naturgeschichte zu.« (Haller, 2012, S. 127). Abgesehen davon, dass Marx nichts von »automatischen« Vorgängen in der Geschichte hielt, war die programmatische Orientierung auf das Naturrecht für ihn gerade nicht der Hebel zur sozialistischen Revolution und der Weg zur Transformierung des Kapitalismus in den Kommunismus. Denn, wie bereits erwähnt, hieße das Festhalten am Naturrecht, »die bürgerliche Gesellschaft auf einer Basis rekonstruieren zu wollen, die selbst nur der verschönerte Schatten dieser Gesellschaft ist« (Engels, 1972, MEW 20, S. 17).

Die Kritik des Philosophen Hans Jörg Sandkühler konzentriert sich auf zwei »Geburtsfehler« des Marxismus, die er ausgemacht hat in der »Reduktion von Politik, Recht und Staat auf materielle Produktions- und Klassenverhältnisse« sowie in der »Utopie des Absterbens des Staates in einem Kommunismus der Zukunft, der nicht durch Rechtlosigkeit, wohl aber auf Grund der unterstellten universellen Harmonie der Bedürfnisse und Interessen durch die Verzichtbarkeit von Recht und Staat ausgezeichnet sein sollte« (Sandkühler, 2013, S. 137). Vor allem im politischen System des ›realen Sozialismus‹ hätten diese Fehler schwerwiegende Folgen gehabt. Die Kritik an Marxens Überbautheorie, dass die ökonomische Struktur der Gesellschaft, die sich in der Gesamtheit der Produktionsverhältnisse manifestiert, die reale Basis bildet, worauf sich ein juristischer und politischer Überbau erhebt« ist ein Standard in der bürgerlichen Auseinandersetzung mit der marxistischen Rechtstheorie. Ob Karl Popper, der forderte, das »Dogma, dass die ökonomische Gewalt die Wurzel alles Übels sei« (Popper, 1973, S. 151, 159), aufzugeben, oder Oskar Negt, der diese Grundthese der marxistischen Gesellschafts- und Rechtstheorie zum Scheinproblem erklärt (Negt, 1973; Klenner, 1976, S. 33), diese Kritik greift die Ausgangserkenntnis vom Wechselverhältnis zwischen ökonomischer Basis und juristischem Überbau an, dass nicht die ökonomischen Verhältnisse aus den Rechtsverhältnissen bzw. Gerechtigkeitsvorstellungen entspringen, sondern umgekehrt (Marx, 1972, MEW 19, S. 18). Mit der Aufgabe des Historischen Materialismus in der politischen Theorie wäre in der Tat der marxistischen Rechtstheorie der marxistische Boden entzogen, und sie könnte sich einreihen in die landläufige Rechts- und Menschenrechtsdiskussion.

Sandkühler macht insbesondere Hermann Klenner dafür verantwortlich, dass er mit seinem Standardwerk »Marxismus und Menschenrechte« zur »Verhüllung der Illusion, die Arbeiterklasse selbst herrsche und ihre Herrschaft verwirkliche die Menschenrechte«, beigetragen habe. Sandkühler räumt zwar ein, dass in den sozialistischen Verfassungen und somit auch der DDR soziale Rechte in weit größerem Maße berücksichtigt seien als in den westlich-kapitalistischen Verfassungen. Er knüpft daran jedoch zugleich den Vorwurf, die Verfassungen hätten damit die »unauflösbare Einheit aller Menschenrechte zuungunsten der politischen und Bürgerrechte preisgegeben« (Sandkühler, 2013, S. 140). Sandkühler sei nicht unterstellt, dass er mit dieser Kritik die entscheidende Abhängigkeit von Politik, Recht und Staat von der Ökonomie, d. h. den Produktions- und Klassenverhältnissen übersieht oder gar leugnet und auf der anderen Seite die westliche Bevorzugung der politischen und bürgerlichen gegenüber den sozialen und ökonomischen Rechten als Beispiel für die »unauflösbare Einheit aller Menschenrechte« preist. Auch wenn er das theoretische Konzept der marxistischen Menschenrechtsphilosophie an der Realität des »realen Sozialismus« misst, ist ihm schwerlich der Vorwurf zu machen, er sei einäugig. Ob in der VR China, der Sowjetunion oder der DDR, in allen drei »realsozialistischen« Staaten haben die Menschenrechte nicht nur durch die ideologisch getrübten Gläser einer bürgerlich-kapitalistischen Brille, sondern auch mit »sozialistischem« Blick Fehlentwicklungen und Verstöße zu verantworten. Auch in den Gesellschaften des realen Sozialismus klafften Idealität und Realität der Menschenrechte mitunter weit auseinander. Das konnte weder mit dem noch nicht vollständig vollzogenen Übergang zum Sozialismus noch aus der Konfrontation mit dem alten kapitalistischen Gegner erklärt und gerechtfertigt werden. Wenn er allerdings Habermas' Satz, »Kein autonomes Recht ohne verwirklichte Demokratie« (Habermas, 1994, S. 599), als die treffende Beschreibung der Defizite »sozialistischer« Staaten zitiert, sollte er den kapitalistischen Staat westlicher Prägung durchaus hinzunehmen.

Klenner macht darauf aufmerksam, dass Marx entgegen der landläufigen Meinung seine konstruktive Position zur Menschenrechtsproblematik, d. h. die Rolle der Menschenrechte im Sozialismus, nicht in der »Judenfrage«, sondern im »Kapital« ausgearbeitet hat (Klenner, 1982, S. 101ff). Die daraus gewonnenen Grundsätze machen die tiefgreifenden Unterschiede zur herkömmlichen Menschenrechtstheorie deutlich.

So geht Marx' Analyse nicht vom vereinzelten abstrakten Individuum, dem Menschen, sondern von der ökonomisch gegebenen Gesellschaftsform, in der sich das Individuum bewegt, aus. Denn Recht und Rechtsverhältnis wurzeln in den materiellen Lebensverhältnissen und nicht umgekehrt. Diese Lebensverhältnisse werden aktuell durch die kapitalistische Gesellschaft bestimmt, in der das Privateigentum an den Produktionsmitteln den Klassengegensatz hervorruft, einen Gegensatz nicht zwischen Individuum und Individuum, sondern zwischen Arbeiter und Kapitalist. In diesem Verhältnis treten sich die Menschen in der Zirkulation als Warenbesitzer (Arbeitskraft gegen Kapitalbesitz) gegenüber. Da die Kapitalbesitzer über die gesellschaftlichen Produktionsbedingungen verfügen, stellt

4. MARXISMUS UND MENSCHENRECHTE

sich Marx die gleiche Exploitation der Arbeitskraft als das erste Menschenrecht des Kapitals dar. Dieses Kapitalverhältnis erzeugt trotz umfangreicher Sozialgesetzgebung und verfassungsrechtlicher Verankerung der Menschenrechte immer aufs Neue den Gegensatz zwischen Kapitalisten- und Arbeiterklasse und damit die immer weiter aufklaffende Schere zwischen arm und reich. Der kapitalistische Produktionsprozess hat jedoch den Arbeiter gegenüber der vorangegangenen Gesellschaftsformation auf einer höheren Gesellschaftsstufe von der Unterordnung unter die Maschinerie befreit und den Produktionsprozess ihm untergeordnet. Marx sieht darin einen den Klassenantagonismus durchbrechenden Gesellschaftsfortschritt, der im Kapitalismus nur eine transitorische Phase der Emanzipation der Arbeiterklasse erwirkt hat. Damit ist der kapitalistische Produktionsprozess trotz seiner revolutionären technischen Errungenschaften jedoch nicht an das Ende der Geschichte gekommen, allenfalls ans Ende seiner Geschichte. Denn er treibt mit Notwendigkeit seine Negation aus den eigenen Widersprüchen hervor. Dies allerdings ist kein »automatischer« naturwüchsiger Prozess, sondern muss von der Arbeiterklasse zur eigenen Befreiung mit dem Ziel vollständig neuer Produktions-, Aneignungs- und Lebensweisen erkämpft werden. Dass dieser weltgeschichtliche Übergang vom Kapitalismus zum Kommunismus in seinem ersten Versuch nach über siebzig Jahren gründlich schief gegangen ist, konnte Klenner Anfang der achtziger Jahre, als er an seinem Buch arbeitete, nicht wissen und kaum voraussehen. Für ihn ist jedoch sicher, dass dieses Scheitern nicht das »Ende der Geschichte« bzw. das endgültige Scheiterns der Überwindung und Transformation des Kapitalismus bedeutet. Kein marxistischer, sich nicht bloß auf das Negatorische beschränkende, sondern auf die Perspektive sozialistischer Menschenrechte zielende Ansatz ist für Klenner ohne das Bewusstsein von der Notwendigkeit dieser weltgeschichtlichen Epoche des Übergangs möglich.

Noch ein Wort zu dem Vorwurf, Marx stelle keine Rechtsforderungen auf, das juristische Recht komme nur in ganz sekundärer

Weise in Betracht und spiele bei dem revolutionären Kampf eine nur untergeordnete Rolle. Bekannt ist der Satz von Marx: »Unser Boden ist nicht der Rechtsboden, es ist der revolutionäre Boden.« (Marx, 1973, MEW 6, S. 106). Bekannt ist aber auch, dass in allen Programmen der Arbeiterbewegung Rechtsforderungen eine bedeutende Rolle spielen, dass jeder Klassenkampf als ein politischer Kampf um Rechtsforderungen geführt wird. Nicht um allgemeine, ewige Universalrechte jenseits der Geschichte, sondern um konkrete aus der jeweiligen Lebens- und Kampfsituation geborene Rechtsforderungen, etwa nach Vereinigungs-, Streik-, Meinungs-, Demonstrationsfreiheit und Versammlungsfreiheit, Recht auf Arbeit, Wohnung, kostenlose Bildung und Vergesellschaftung von Grund und Boden, der Naturschätze und Produktionsmittel. »Eine Arbeiterklasse, die das ›Menschenrecht‹ der Bourgeoisie auf ihr Eigentum nicht anzutasten gewillt ist, hat auf die Revolution als Rechtstitel des Volkes (wie sie einst der Rechtstitel des Bürgertums war) verzichtet und sich zu der Anpassungsstrategie permanenter Kapitulanten entschlossen.« (Klenner, 1982, S. 109). Daraus ergibt sich für die Frage nach den Menschenrechten im Sozialismus, dass dies keine juristische Frage, sondern eine Frage der gesellschaftlichen Veränderung ist: der revolutionäre Weg von der politischen zur menschlichen Emanzipation. Das Recht auf Arbeit bleibt solange ein frommer Wunsch, wie nicht die sozialen Voraussetzungen seiner Durchsetzung geschaffen worden sind. Die sozialistische Legalität ist nicht durch die bloße Kodifizierung wünschbarer Lebensbedingungen zu erreichen, sondern umgekehrt können nur aus der Revolutionierung der alten Lebensordnung, durch ihre Umwälzung in eine sozialistische, die Voraussetzungen für sozialistische Menschenrechte geschaffen werden. »Nicht irgendwelche ewigen Rechte des Menschen, nicht überirdische Verhaltensmuster irgendeiner Offenbarung – die Gesetzmäßigkeiten gesellschaftlicher Vorwärtsentwicklung im Hier und Heute sind der objektive Maßstab de lege lata und de lege ferenda.« (Klenner, 1982, S. 126).

5.
Drei Generationen von Menschenrechten

Die Einteilung und Kategorisierung der Menschenrechte in solche der ersten, zweiten und dritten Generation geht auf den ehemaligen Direktor der Abteilung für Menschenrechte und Frieden der UNESCO, Karel Vasak, zurück (Vasak, 1979). Er formulierte 1977 als erster die Idee der Generationen. So soll entsprechend den beiden internationalen Pakten die erste Generation die politischen und bürgerlichen Menschenrechte umfassen, die zweite Generation die wirtschaftlichen, sozialen und kulturellen Menschenrechte. Die dritte und umstrittene Generation soll kollektive Rechte von Gesellschaften und Völkern formulieren, welche Voraussetzungen dafür schaffen, dass die Menschen die anerkannten Rechte der ersten und zweiten Generation überhaupt wahrnehmen können.

Diese Kategorien verweisen zunächst auf ihre historische Entstehung, die mit jeweils revolutionären gesellschaftlichen Umbrüchen verbunden ist. So wie die klassischen politischen Freiheitsrechte in der Französischen Revolution ihre erstmalige Kodifikation fanden, knüpften die wirtschaftlichen, sozialen und kulturellen Rechte als sogenannte zweite Generation an die Ergebnisse der Russischen Revolution und ihre Auswirkungen in Deutschland an, ohne die sie z. B. nicht in die Weimarer Verfassung hätten Einzug finden können. Die Rechte der sogenannten Dritten Generation, die Rechte auf Selbstbestimmung, auf Entwicklung, auf Frieden sowie der Minderheitenschutz verdanken ihre Formulierung dem nicht minder revolutionären Prozess der Dekolonisierung nach 1945, der erst in den siebziger Jahren mit der Anerkennung der Befreiungsbewegungen und ihres

Kampfes um politische Unabhängigkeit zum definitiven Durchbruch in der UNO kam. Schon diese historische Reminiszenz macht deutlich, wer die Urheber dieser neuen Rechte und der damit verbundenen Forderungen sind und wo die Wurzeln der Ablehnung und des Widerstandes gegen die mit ihnen verbundenen neuen Ordnungsvorstellungen liegen. Auf juristischer Ebene spiegeln sich in diesen Auseinandersetzungen die bitteren und oft blutigen Kämpfe um die Befreiung von kolonialer Abhängigkeit, Armut und Unterentwicklung wider.

Recht auf Selbstbestimmung

Idee und Zielsetzung des Selbstbestimmungsrechts der Völker gehen auf die bürgerliche Aufklärung des 18. Jahrhunderts zurück. Seine erste revolutionäre Präsenz erhielt es in der Amerikanischen Unabhängigkeitserklärung von 1776, die das Recht des Volkes auf Befreiung von einem Regime forderte, das die unveräußerlichen Rechte der Menschen missachtet und nicht mehr von der »Übereinstimmung der Regierten« getragen werde. Deutlicher noch und in konsequenter Verbindung mit dem Prinzip der Volkssouveränität erschien das Selbstbestimmungsrecht in der Französischen Revolution, wo allen Völkern, die sich von ihrer Obrigkeit befreien wollten, in den Dekreten vom 19. November und 15. Dezember 1792 brüderliche Unterstützung und Hilfe durch die französische Armee versprochen wurde (Paech/Stuby, 2013, S. 62ff). Gleichwohl bekräftigte die Verfassung vom Juni 1793 das Prinzip der Nichtintervention. Die erste Bewährungsprobe hatte das Selbstbestimmungsrecht in der Kolonialfrage zu bestehen, als sich in den Jahren 1790/1791 die »Mulatten« und »Neger« auf der Insel Saint-Domingue in der Karibik erhoben. Nach heftigen Debatten in der Nationalversammlung wurde im Februar 1794 mit großer Mehrheit die Abschaffung der Sklaverei in den Kolonien beschlossen.

Dennoch spielte im folgenden Jahrhundert das Selbstbestimmungsrecht in der Kolonialfrage keine entscheidende Rolle. Erst im zwanzigsten Jahrhundert, am Ausgang des Ersten Weltkrieges, wur-

5. DREI GENERATIONEN VON MENSCHENRECHTEN

de es von dem US-amerikanischen Präsidenten Woodrow Wilson als zentrales Prinzip einer zukünftigen Friedensordnung wieder in die Diskussion gebracht. In seinen »Vierzehn Punkten« vom Januar 1918 verband er die territoriale Integrität und politische Unabhängigkeit aller Staaten mit dem Selbstbestimmungsrecht der Völker und dem Schutz nationaler Minderheiten. Nicht die Gewährung des Selbstbestimmungsrechts an die Völker sei der Grund für Kriege, sondern seine Verweigerung. Schon vor ihm hatte W. I. Lenin in seinem Artikel »Die sozialistische Revolution und das Selbstbestimmungsrecht der Nationen« (Lenin, 1960, LW 26, S. 144f) Anfang 1916 das Selbstbestimmungsrecht als »das Recht auf Unabhängigkeit im politischen Sinne (...), die Freiheit der politischen Abtrennung von der unterdrückenden Nation« definiert. Er hat dies in seinem »Dekret über die Rechte der Völker Russlands« im Oktober 1917 wiederholt. Trotz dieser Übereinstimmung fand das Recht als ausdrückliches Ziel noch keinen Eingang in die Völkerbundsatzung.

Mit dem erneuten Versuch nach dem Zweiten Weltkrieg, das gerade gescheiterte System kollektiver Sicherheit in der Organisation der Vereinten Nationen wiederzubeleben, fand auch das Selbstbestimmungsrecht Erwähnung in der Charta von 1945 (Art. 1 Z. 2, 55 UN-Charta) (Fisch, 2010, S. 220ff). Allerdings macht die eher versteckte und unauffällige Platzierung des Begriffs in der Charta deutlich, dass bei den Autoren weder über die inhaltliche Präzisierung noch die rechtliche Geltungskraft genauere Vorstellungen herrschten – der Schutz nationaler Minderheiten fand überhaupt keine Erwähnung. Dementsprechend wurde dem Selbstbestimmungsrecht in jener Nachkriegszeit allgemein auch jede konkretisierbare Rechtsverbindlichkeit abgesprochen und es mehr in das Feld allgemeiner Programmatik verwiesen (Partsch, 1991, S. 745ff; Doehring, 1991, S. 15ff).

Seine inhaltliche Aktualisierung und rechtliche Präzisierung erhielt es erst in der folgenden Phase der kolonialen Befreiungskämpfe. Was die Gründungsstaaten der UNO nicht vermocht hatten, nämlich sich definitiv von ihrem kolonialen Erbe zu befreien, mussten die unterdrückten Völker in die eigenen Hände nehmen und in z. T. blutigen und verlustreichen Kämpfen durchsetzen. Die völkerrechtliche Basis der antikolonialen Bewegungen bildete das Selbstbestimmungsrecht, womit sie folgerichtig an die Wurzeln und ersten Prinzipien der bürgerlichen Befreiungsbewegung des ausgehenden 18. Jahrhunderts anknüpften. Je mehr Völker ihre staatliche Unabhängigkeit in den 1950er Jahren gegenüber den alten Kolonialmächten durchsetzen konnten und als souveräne Staaten in die UNO aufgenommen wurden, desto mehr waren sie in der Lage, ihre Vorstellungen von Unabhängigkeit, Gleichberechtigung und Selbstbestimmung in relevanten Dokumenten der UN-Generalversammlung zu verankern (Paech/Stuby, 2013, S. 706ff). Ersten Ausdruck fand dies am 14. Dezember 1960 in der berühmten Dekolonisationsresolution 1514 der 15. Generalversammlung, der inzwischen 18 neue, unabhängige Staaten angehörten: »1. Die Unterwerfung von Völkern unter fremde Unterjochung, Herrschaft und Ausbeutung stellt eine Verweigerung grundlegender Menschenrechte dar, widerspricht der Charta der Vereinten Nationen und beeinträchtigt die Sache des Weltfriedens und der weltweiten Zusammenarbeit. 2. Alle Völker haben das Recht auf Selbstbestimmung; kraft dieses Rechts bestimmen sie frei ihren politischen Status und verfolgen frei ihre wirtschaftliche, soziale und kulturelle Entwicklung.«

Manche Autoren wollten in dieser Resolution einen revolutionären Versuch sehen, die UN-Charta auf informellem Wege zu revidieren (Pommerance, 1982, S. 11). Richtigerweise handelte es sich um die Konkretisierung einer Konsequenz, die sich aus dem Selbstbestimmungsrecht der UN-Charta ergibt. Die Resolution war vor allem der Durchbruch zur Rechtfertigung des Befreiungskampfes und es gehörte von nun an zur Selbstverständlichkeit, »das unveräußerliche Recht auf Unabhängigkeit und Selbstbestimmung« der Völker unter Kolonialherrschaft alljährlich zu bestätigen. Noch im Dezember 1960 wurde das Selbstbestimmungsrecht des algerischen Volkes, in den folgenden Jahren das der Völker Angolas und Südwestafrikas anerkannt.

5. DREI GENERATIONEN VON MENSCHENRECHTEN 85

Die Resolution hatte ferner erstmalig eine Verbindung zwischen der Unterwerfung unter fremde Herrschaft und den Menschenrechten hergestellt. Noch 1948 war ein Antrag der Sowjetunion abgelehnt worden, das Selbstbestimmungsrecht in die Allgemeine Erklärung der Menschenrechte zu übernehmen. Doch 1966 hatte sich die Situation gewandelt und die UN-Generalversammlung stellte das Selbstbestimmungsrecht jeweils an den Anfang der beiden Menschenrechtspakte. Art. 1 des Internationalen Paktes über wirtschaftliche, soziale und kulturelle Rechte und des Internationalen Paktes über bürgerliche und politische Rechte formulieren gleichlautend: »Alle Völker haben das Recht auf Selbstbestimmung. Kraft dieses Rechts entscheiden sie frei über ihren politischen Status und gestalten in Freiheit ihre wirtschaftliche, soziale und kulturelle Entwicklung.«

Damit war ein Doppeltes erreicht. Die Aufnahme des Selbstbestimmungsrechts in zwei rechtlich verbindliche Menschenrechtspakte, die 1976 in Kraft traten, stellte seine rechtliche Verbindlichkeit außer jeden Zweifel. Zum anderen war zum ersten Mal eine Legaldefinition vorhanden, die über Inhalt und Umfang des Selbstbestimmungsrechts Klarheit brachte. Diese Entwicklung war dadurch unterstützt worden, dass 1970 die letzten westlichen Staaten ihren Widerstand gegen das Selbstbestimmungsrecht in seiner antikolonialen Stoßrichtung aufgegeben hatten und einstimmig die grundlegende »Deklaration über die Prinzipien des Völkerrechts betreffend die freundschaftlichen Beziehungen und die Zusammenarbeit zwischen den Staaten in Übereinstimmung mit der Charta der Vereinten Nationen« (sogenannte Prinzipiendeklaration) verabschiedet hatten. In der Resolution 2625 (XXV) der UN-Generalversammlung v. 24. Oktober 1970 heißt es u. a.: »Auf Grund des in der Charta der Vereinten Nationen verankerten Grundsatzes der Gleichberechtigung und Selbstbestimmung der Völker haben alle Völker das Recht, frei und ohne Einmischung von außen über ihren politischen Status zu entscheiden und ihre wirtschaftliche, soziale und kulturelle Entwicklung zu gestalten, und jeder Staat ist verpflichtet, dieses Recht im Einklang mit den Bestimmungen der Charta zu achten (...).

Die Gründung eines souveränen und unabhängigen Staates, die freie Vereinigung mit einem unabhängigen Staat oder die freie Eingliederung in einen solchen Staat oder das Entstehen eines anderen, durch ein Volk frei bestimmten politischen Status stellen Möglichkeiten der Verwirklichung des Selbstbestimmungsrechts durch das Volk dar (...)«.

Seit diesem Zeitpunkt wird das Recht auf Selbstbestimmung nicht mehr nur als politisches Prinzip oder unverbindliche Programmatik in den internationalen Beziehungen, sondern als verbindliche Regel des internationalen Gewohnheitsrechts im Range zwingenden Rechts (ius cogens) angesehen. Dies hat die UN-Generalversammlung in zahlreichen Resolutionen immer wieder bekräftigt (Paech/Stuby, 2013, S. 707). Die International Law Commission (ILC) hat das Selbstbestimmungsrecht schon vor 1970 als ius cogens anerkannt und später seine Verletzung als ein Beispiel für ein Internationales Verbrechen angeführt (ILC, 1966 II, 1980 II). Der Internationale Gerichtshof (IGH/ICJ) hat seine verbindliche Geltung als Gewohnheitsrecht in seinen Gutachten zu Namibia (v. 21. Juni 1971, ICJ-Reports 71, S. 16, 31) und zur Westsahara (v. 25. Oktober 1975, ICJ-Reports 1975, S. 12) sowie in seinem Rechtsstreit zwischen Nicaragua und den USA (Urteil v. 27. Juni 1986, ICJ-Reports 1986, S. 263) bestätigt.

Der eindeutige antikoloniale Hintergrund des Inhalts und der Stoßrichtung des Selbstbestimmungsrechts hat allerdings dazu geführt, seine volle Gültigkeit für die postkoloniale Situation wieder in Frage zu stellen. Mit der Auflösung der kolonialen Herrschaftsverhältnisse habe auch das Selbstbestimmungsrecht seine Bedeutung verloren, es sei gleichsam durch Erfüllung seiner Zielsetzung überflüssig geworden (Thürer, 1984, S. 113ff; Partsch, 1991, S. 395; Fisch, 2010, S. 251). Dies mag für einige Elemente seines Inhalts wie die Forderung nach Eigenstaatlichkeit und Durchsetzung mittels militärischer Gewalt gelten, nicht jedoch für das Recht als solches. Denn Träger des Selbstbestimmungsrechts sind nach Art. 1 der Menschenrechtspakte »alle Völker« und nicht nur die kolonial unterdrückten Völker. Das bedeutet auch nicht, dass nach Auflösung der Kolonialreiche das Selbstbestimmungsrecht allein auf die Staatsvölker übergegangen ist, womit es auf ein Recht reduziert würde, das lediglich die heutige Staatenwelt konserviert und die vielen innerstaatlichen ethnischen Konflikte negiert. Inhalt und Reichweite des Rechts mögen sich durch das Ende der Kolonialepoche verändert haben, nicht aber die Träger und Subjekte. Man spricht insofern vom permanenten Charakter des Selbstbestimmungsrechts (Heintze, 1994, S. 24). Die Aufnahme des Selbstbestimmungsrechts in postkoloniale Konventionen und Deklarationen spricht eindeutig dafür. So bestimmt Art. 20 der Afrikanischen Charta der Menschenrechte und Rechte der Völker vom 27. Juni 1981: »Alle Völker haben ein Existenzrecht. Sie haben das unbestreitbare und unveräußerliche Recht auf Selbstbestimmung. Sie entscheiden frei über ihren politischen Status und gestalten ihre wirtschaftliche, soziale und kulturelle Entwicklung nach der von ihnen frei gewählten Politik.«

Die Aufnahme des Selbstbestimmungsrechts 1975 in die Schlussakte von Helsinki beweist darüber hinaus die Unabhängigkeit der Geltung des Selbstbestimmungsrechts von einer kolonialen Situation. Denn dieser Vertrag bezieht sich nur auf den europäischen Kontinent, der nur noch marginale koloniale Verhältnisse aufweist. Das heißt, ein Volk verliert nicht dadurch sein Selbstbestimmungsrecht, dass es sich aus einer Situation der Unterdrückung und Fremdherrschaft befreit hat. Das Recht wird auch nicht dadurch aufgehoben, dass sich das Volk in einem eigenen Staat konstituiert hat. Es verändert nur seine Stoßrichtung von der Abwehr äußerer Bedrohung zur freien Gestaltung der inneren staatlichen Ordnung. So fordert die UN-Menschenrechtskommission die Staaten auf, in ihren Berichten auch zum Selbstbestimmungsrecht gem. Art. 1 des Internationalen Paktes für politische und bürgerliche Rechte Stellung zu nehmen: »In Bezug auf Art. 1 Abs. 1 sollten die Vertragsstaaten die verfassungsmäßigen und politischen Prozesse beschreiben, die die Ausübung dieses Rechts in der Praxis ermöglichen.«

Die Bevölkerung der Kolonien war ebenso wenig ethnisch homogen wie es die meisten modernen Staaten sind. Die Aufteilung des Osmanischen Reiches nach dem Ersten Weltkrieg hat aus einem multiethnischen Staatsverband keine ethnisch homogenen Einzelstaaten geschaffen. Es sind somit mehrere konkurrierende bzw. parallele Selbstbestimmungsrechte entstanden, auf die sich einmal das Staatsvolk als Ganzes wie aber auch die verschiedenen Völker im Staatsverband berufen können. Das Selbstbestimmungsrecht des Staatsvolkes richtet sich gegen jede Bestrebung, irgendeine Form der Beherrschung oder Fremdherrschaft gegen seinen Willen durch einen anderen Staat dulden zu müssen. Das gilt sowohl für eine ehemalige Kolonie, die sich von der Kolonialherrschaft befreit und einen eigenen Staat errichtet hat, wie für einen Staat, der in eine schwere Krise geraten ist und auf Grund seiner ökonomischen und militärischen Schwäche unter die faktische Herrschaft eines mächtigen Staates zu geraten droht (Doehring, 1991).

Bei den einzelnen Völkern, die das Staatsvolk bzw. in entwickelter politischer Form eine Nation bilden, richtet sich das Selbstbestimmungsrecht vornehmlich nach innen auf die Organisation ihrer Existenz und Identität im Staatsverband. Die Prinzipiendeklaration von 1970 legt zwar den Schwerpunkt auf die äußere Dimension, den internationalen Aspekt des Selbstbestimmungsrechts, betont aber gleichzeitig die freie Entscheidung über den politischen Status und die Gestaltung der wirtschaftlichen, sozialen und kulturellen Entwicklung. Dieser interne Aspekt ist für die meisten Völker zum entscheidenden Ansatzpunkt ihres Selbstbestimmungsrechts geworden, in dem es um ihre ethnische Identität, ihre territoriale Verankerung, kulturelle Tradition sowie ihre ökonomische und politische Teilhabe geht.

Soweit sich die Völker auf ihren Status innerhalb der vorgegebenen Grenzen beschränken, handelt es sich um das Problem der Autonomie, tendieren sie aber zu einem Austritt aus dem Staatsverband und einer eigenen staatlichen Organisation, so handelt es sich um das Problem der Sezession. Beide Optionen sind nicht ausschließlich vom freien Willen des Volkes in der Minderheit abhängig wie z. B. in Kanada (Quebec), Spanien (Basken, Katalanen) oder Großbritannien (Schottland). Der Übergang von der Forderung nach Autonomie zu der nach Sezession kann auch durch die unerträglichen Bedingungen hervorgerufen bzw. geradezu erzwungen werden, die der Staat dem Volk auferlegt. Wie umgekehrt die Aufgabe des Ziels einer eigenen staatlichen Organisation und der Verbleib im alten Staatsverband durch eine bestimmte Konstellation des internationalen Kräfteverhältnisses hervorgerufen sein kann.

Das Beispiel Katalonien und die territoriale Integrität

Jedes Land hat seine eigene politische Geschichte, aber eines ist ihnen gemeinsam: Sie alle sind ethnisch und kulturell sehr vielfältig, worauf sie zumeist stolz sind. Viele Staaten haben sich jedoch mit Sezessionsbewegungen auseinanderzusetzen, die zum Teil nicht vor Gewalt zurückschrecken. Ob das Baskenland oder die Balearen, Südtirol, Flandern, Korsika oder die Bretagne, Schottland, Kosovo oder die Krim und die Kurden, sie alle streben nach Unabhängigkeit, sehen sich aber dem entschiedenen Widerstand ihres Staates, den sie verlassen wollen, gegenüber. Nur die Tschechen und Slowaken haben sich fast unbemerkt ohne Gewalt und politische Stürme voneinander getrennt. Und gerade das traditionell zentralistische Spanien hat nach der Franco-Diktatur ein System der Autonomen Gemeinschaften entwickelt, welches interessantes Anschauungsmaterial für praktische Lösungen komplizierter Nationalitätenkonflikte und Sprachenregelungen bietet, die für andere Länder durchaus Vorbild sein könnten. Dabei ging es im Kern um das »innere« Selbstbestimmungsrecht, einen Prozess der Dezentralisierung und Kompetenzverlagerung an regionale Selbstverwaltungseinheiten, der heute immer noch nicht abgeschlossen ist.

Er betrifft die nicht-kastilischen Volksgruppen, die den Begriff der Minderheit für sich ablehnen. Es sind die sogenannten historischen Gemeinschaften im Baskenland, in Katalonien, Galizien und Navarra, ferner die nicht-kastilisch sprechende Bevölkerung in Valencia und auf den Balearen. Die forcierte Politik der Kastilisierung mit ihrem traurigen Höhepunkt zur Franco-Zeit hat in vielen Gebieten die traditionellen Sprachgemeinschaften faktisch zu quantitativen Minderheiten gemacht, konnte aber ihre besondere Identität und die Autonomieforderungen nicht auslöschen.

Heute ist in allen Autonomiestatuten der Gemeinschaften die Pflicht zum Schutz und Förderung der eigenen Sprachen (vor allem Baskisch und Katalanisch) verankert. Castellano ist die Amtssprache des spanischen Staates, die Regionalsprachen sind gleichberechtigte Amtssprachen in den Autonomen Gemeinschaften. Sie gelten auch für die Behörden der Zentralverwaltung in ihren Beziehungen zu den Autonomen Gemeinschaften. Autonomiestatute wurden für das Baskenland und Katalonien 1978, für Galizien 1981, für Valencia und Navarra 1982 sowie für die Balearen 1983 erlassen. Darüber hinaus sind jeweils eigene Sprachengesetze über die Verankerung der Sprachen im öffentlichen Personenverkehr, in Behörden, Armee, Kirche etc., über Förderungsprogramme, Schulgebrauch, Zweisprachigkeit der Ortsnamen, Verkehrsschilder etc. erlassen worden. Alle Sprachengesetze fordern die Gleichberechtigung der eigenen Sprache neben dem Castellano an den Universitäten der Autonomen Gemeinschaften, was faktisch bisher nur in Katalonien erreicht worden ist. Allein die Gerichtssprache unterliegt der ausschließlichen zentralstaatlichen Gesetzeskompetenz, die jedoch Zweisprachigkeit und Übersetzung regelt.

Seit 1976 gibt es keine Straf- und Verbotsbestimmungen mehr gegen separatistische Aktivitäten und Vereinigungen, außer wenn sie mit gewalttätigen Mitteln verfolgt werden. So hatten es die meisten Regierungen vermieden, die baskische Partei Herri Batasuna, die offen die ETA unterstützte, vor Gericht zu stellen. Erst die konservative Regierung unter Ministerpräsident Aznar (1996-2004) hatte mit dieser Zurückhaltung gebrochen, und die Führung der Herri Batasuna mit einer Anklage überzogen. Der Prozess hatte Mitte Oktober 1997 in Madrid begonnen und mit der Verurteilung der gesamten Parteispitze geendet.

5. DREI GENERATIONEN VON MENSCHENRECHTEN 91

Die politische Repräsentation der Gemeinschaften knüpft an die Geschichte der Nationen der Katalanen, Basken und Galizier an, deren Kernsiedlungsräume mit den Grenzen der heutigen Autonomen Gemeinschaften im Wesentlichen übereinstimmen. Vor allem im Baskenland und in Katalonien haben sich gesonderte Parteiensysteme herausgebildet. Ihre Parlamente verfügen über spezielle Gesetzgebungs- und Ausführungskompetenzen in den Bereichen Kultur, Bildung und Wissenschaft, Wirtschaft und Landwirtschaft, lokale Verwaltung, Raumordnung und Städtebau, Sozialpolitik, Justizwesen und öffentliche Sicherheit. Das Baskenland und Katalonien haben eine eigene Zivil-, Straf- und Verwaltungsgerichtsbarkeit sowie eigene Polizeihoheit erhalten. Die Finanz- und Steuerhoheit liegt aber nur im Baskenland bei der Gemeinschaft selbst, die an den Haushalt des Zentralstaates eine pauschale Zuweisung abführt.

Der Prozess der Dezentralisierung und Autonomisierung ist noch nicht abgeschlossen, wie die Referenden von 2014 und 2017 in Katalonien beweisen. Doch haben alle Zentralregierungen keinen Zweifel daran gelassen, dass die Dezentralisierung nicht bis zur Sezession gehen darf. Das ist einsehbar, denn die Entlassung einer Gemeinschaft aus dem Staatsverband wird unweigerlich die Sezession weiterer Gemeinschaften und damit den Zerfall Spaniens zur Folge haben. Im Baskenland, der Region mit der bislang stärksten Unabhängigkeitsbewegung, sind allerdings derzeit höchstens 35 % der Bevölkerung für einen eigenen Staat. Doch wird das »erfolgreiche« Referendum in Katalonien auch der Bewegung im Baskenland zweifellos wieder Flügel verleihen.

Grenzen des Selbstbestimmungsrechts

So sehr sich Dezentralisierung und Autonomisierung im heutigen Spanien lange Zeit als relativ erfolgreiche Wege der Integration und des Zusammenhalts auch unterschiedlicher Sprachgemeinschaften erwiesen haben, so wird dieser Prozess ohne Dialog über eine erfolgreiche ökonomische Gleichstellung (z. B. Finanz- und Steuerhoheit) und den Abbau des zentralstaatlichen Autoritarismus keine Beruhigung separatistischer Ambitionen in ganz Spanien bringen.

Das Völkerrecht hat eine lange Erfahrung mit Sezession, dem Zerfall und der Aufteilung von Staaten. Es hat daraus eindeutige Regeln entwickelt. Dabei spielten zwei sich widersprechende Prinzipien eine entscheidende Rolle: die territoriale Integrität, die in Art. 2 Ziff. 4 UN-Charta als zwingendes Recht anerkannt wurde, und das Selbstbestimmungsrecht, welches allerdings erst 1976 den gleichen Status zwingenden Rechts erhielt, als die beiden Pakte über politische und bürgerliche sowie soziale, wirtschaftliche und kulturelle Rechte in Kraft traten, in deren Art. 1 diese Rechte jeweils verankert sind. Das Selbstbestimmungsrecht war die rechtliche Grundlage der Befreiungsbewegungen in ihrem Kampf gegen die alten Kolonialherrschaften vornehmlich in Afrika. Es gab den Kolonialvölkern das Recht, sich von den Kolonialherren und ihren Staaten zu trennen, und zwar mit den Mitteln der Gewalt, was allerdings die nun in der NATO versammelten alten Kolonialmächte nicht anerkennen wollten. Mit dem Erfolg der Befreiungskämpfe und dem Ende der Kolonialherrschaft entschied jedoch die Organisation der Afrikanischen Staaten (OAU), von nun an der territorialen Integrität der vom Kolonialismus befreiten Staaten den Vorrang einzuräumen und die kolonialen Grenzen anzuerkennen. Der Grund: Würde man allen afrikanischen Völkern ein Sezessionsrecht geben, wäre der Kontinent nicht nur in Kürze einem Spaltungsprozess in hunderte kleiner und kleinster Staaten, sondern auch Gewalt und Krieg wie Deutschland im Dreißigjährigen Krieg ausgesetzt.

Die Akzeptanz der alten Grenzen und der Vorrang der territorialen Integrität sollten allerdings nicht den Untergang des Selbstbestimmungsrechts bedeuten. Sie sollten dieses Recht auf Autonomie und Selbstverwaltung, politisch, wirtschaftlich und kulturell, in den Grenzen des Staates beschränken. Nur in dem Fall, dass der Zentralstaat diese Rechte verweigert und dem Volk die grundlegenden Menschenrechte dauerhaft vorenthält und es unterdrückt, sollte das Recht zur Sezession wiederaufleben; eine politisch nüchterne und rationale Entscheidung, die auch von der UNO akzeptiert wurde. Außer im Fall der Unterdrückung kann eine Sezession seither nur noch

5. DREI GENERATIONEN VON MENSCHENRECHTEN

dann nach den Regeln des Völkerrechts verlaufen, wenn die Entscheidung vom ganzen Staat, sei es Regierung und Parlament oder andere den Gesamtwillen repräsentierende Institutionen getroffen wird. Daran haben sich die Schotten in ihrem vergeblichen Versuch, sich von England zu trennen, gehalten; aber auch die Tschechen und Slowaken bei der Auflösung der Tschechoslowakei 1993 und die Sudanesen, als sie sich nach dem Referendum, welches sie 2005 vereinbart hatten, im Jahr 2011 trennten – dort leider mit negativen Folgen.

Den Kurden in der Türkei wurde das Recht auf einen eigenen Staat immer verwehrt, obwohl ihr Selbstbestimmungsrecht angesichts der massiven Unterdrückung und Gewalt durch die türkische Regierung und Armee eine Sezession gerechtfertigt hätte. Sie haben sich schon seit Ende der neunziger Jahre des vorigen Jahrhunderts von ihren Sezessionsträumen getrennt und kämpfen seitdem um den Grad von Autonomie und Selbstverwaltung, den die Katalanen bereits haben. Sie haben Barzanis Referendum vom Oktober 2017 im Norden des Irak (Süd-Kurdistan) nicht unterstützt, da sie die Probleme einseitiger Entscheidungen realistisch einschätzen. Es entsteht immer wieder die Gefahr der Destabilisierung und der Gewalt, wenn solche entscheidenden Schritte nicht den gesamtstaatlichen Konsens erhalten. Die eindeutige Antwort der Zentralregierung in Bagdad hat mit dem Einmarsch der Armee in Kirkuk und anderen Städten des Nordens der Sezession und der Gründung eines Kurdenstaates faktisch ein Ende gesetzt.

Wie sehr die politischen Interessen den rechtlichen Konsens aushebeln können, zeigt hingegen die vom Westen geförderte und sofort anerkannte Abspaltung des Kosovo von Serbien im Jahr 2008. Hier war nicht einmal ein Referendum vorausgegangen. Diese Sezession war völkerrechtswidrig, selbst wenn sie der Internationale Gerichtshof zwei Jahre später mit wenig überzeugenden Gründen in einem Gutachten für die UNO bestätigt hat (Handke/Wagner, 2010). Als dann im Jahr 2014 über 80 % der Bevölkerung in der Autonomen Republik Krim mit 93 % für die Unabhängigkeit von der Ukraine stimmte, erinnerte man sich wieder an das Völkerrecht und vergaß den Kosovo.

Die politischen Probleme bleiben allerdings bestehen und drohen, in immer radikalere Sezessionsbewegungen zu eskalieren, wenn die Zentralregierungen wie derzeit in Spanien nicht bereit sind, die Wünsche nach größerer finanzieller und wirtschaftlicher Autonomie sowie Lockerung der zentralstaatlichen Fesseln zu berücksichtigen. 1998 hat der Oberste Gerichtshof von Kanada den einseitigen Sezessionswunsch Quebecs zurückgewiesen, die Möglichkeit einer Trennung aber anerkannt. Dafür müsse jedoch die Verfassung geändert werden, was nur in einem Dialog zwischen den Parteien möglich sei. Das ist der Weg, den auch Madrid und Barcelona einschlagen müssen. Bleibt aber in der Türkei die Antwort der Regierung Krieg und in Spanien die Polizei, so werden Verfassung, Gerichte und das Völkerrecht keinen Frieden für die Staaten bringen können.

Minderheitenschutz

Minderheiten hatten es zu allen Zeiten schwer, ihre Identität, ihre Traditionen, ihre Kultur und Sprache gegenüber dominanten Völkern zu bewahren und dem Assimilierungsdruck der jeweils herrschenden Zivilisation zu widerstehen. Viele Ethnien sind untergegangen, andere konnten durch Schutzvereinbarungen der Staaten überleben. Die Bemühungen um einen derartigen Schutz religiöser, sprachlicher und ethnischer Minderheiten setzten seit dem Ende des 15. Jahrhunderts ein, als sich die europäische Zivilisation faktisch über den ganzen Globus ausbreitete.

Zunächst ging es in Europa selbst um den Schutz religiöser Minderheiten, wie er z. B. im Augsburger Religionsfrieden von 1555 angestrebt wurde. Zur gleichen Zeit sicherten sich die europäischen Mächte in Verträgen mit den Staaten des Nahen und Fernen Ostens, die außerhalb des europäischen Völkerrechts und des Christentums standen, das Privileg der Gerichtsbarkeit über ihre eigenen Staatsangehörigen, welches sie oft mit einem Interventionsrecht verbanden. Seit 1535 waren derartige Verträge zwischen dem türkischen Sultan und den christlichen Staaten üblich. Im 17. und 18. Jahrhundert wurden Regeln zugunsten religiöser Minderheiten in den Bestimmungen des Westfälischen Friedens übernommen. Mit dem Wiener Kongress 1815 breiteten sich dann erstmals Schutzbestimmungen für nationale Minderheiten aus. So versuchte die Wiener Schlussakte den Polen einen Schutz ihrer Nationalität zu geben und der Berliner Vertrag von 1878 den Armeniern in der Türkei und den Türken, Rumänen und Griechen in Bulgarien. Die Berliner Kongressakte von 1878 verbriefte generell das Prinzip der religiösen Freiheit und Gleichberechtigung für alle Untertanen des Sultans und umgekehrt für die nichtchristlichen Minderheiten in den neu entstandenen Staaten Bulgarien, Montenegro, Serbien und Rumänien.

Dringlich wurde die internationale Anerkennung und Regelung der Rechte von Minderheiten nach dem Ersten Weltkrieg, der insbesondere in Ost- und Südosteuropa die Staatenwelt neu gestaltete. Allerdings hatte sich der Prozentsatz der Bevölkerung, die in den europäischen Staaten zu den Minderheiten zu zählen waren, stark verringert. Gehörten 1914 noch etwa sechzig Millionen Menschen und damit fünfzig Prozent der Bevölkerung in Osteuropa zu den Minderheiten, so verringerte sich die Zahl 1920 auf etwa dreißig Millionen, die fünfundzwanzig Prozent der Gesamtbevölkerung ausmachten. Demgegenüber nahm die Zahl der Minderheiten zu, da die Zahl der Staaten insgesamt zugenommen hatte (Fisch, 2010, S. 183). Die besiegten Staaten Österreich, Ungarn und die Türkei mussten sich in den Friedensverträgen von Versailles zu einem Mindestschutzprogramm für Minderheiten verpflichten. Es gelang aber nicht, einen Rechtsgrundsatz zum Minderheitenschutz in der Satzung des Völkerbundes zu verankern, weder für religiöse noch für ethnische Gruppen. Allerdings mussten die Baltischen Staaten 1922/23 entsprechende Erklärungen abgeben, um in den Völkerbund aufgenommen zu werden.

Auch das Deutsche Reich, das durch die Gebietsabtretungen fast alle ethnischen Minderheiten verloren hatte, wurde 1921 verpflichtet, in Oberschlesien die gleichen Bestimmungen für die polnisch stämmige Bevölkerung anzuwenden. In zahlreichen bilateralen

Abkommen der Nachkriegszeit tauchten Schutzbestimmungen für Minderheiten auf. Einige Abkommen sahen sogar einen zwangsweisen Minderheitentausch vor, wie die griechisch-türkische Konvention von 1923.

Die Schutzbestimmungen dieser Verträge verboten nicht nur die Diskriminierung in Bezug auf die allgemeinen Freiheitsrechte und die Assimilierung, sondern räumten z. T. erhebliche Sonderrechte für Schul-, Kultur-, Sozial- und Religionseinrichtungen ein. Gleichzeitig wurden diese Verträge unter die »Garantie« des Völkerbundes und des Ständigen Internationalen Gerichtshofes (StIGH) gestellt. Die Schutzpflicht des Bundesrates äußerte sich konkret in der Weise, »dass jedes Mitglied des Rates befugt ist, die Aufmerksamkeit des Rates auf jede Verletzung oder jede Gefahr einer Verletzung irgendeiner dieser Verpflichtungen zu lenken, und dass der Rat befugt ist, alle Maßnahmen zu treffen und alle Weisungen zu geben, die nach der Lage des Falles zweckmäßig und wirksam erscheinen«. Jedes Mitglied des Rates war aktiv legitimiert, »im Falle einer Meinungsverschiedenheit mit dem zum Minderheitenschutz verpflichteten Staat« diese Streitigkeit dem StIGH vorzulegen. In der Praxis allerdings versagte dieser Schutz, da die Mitglieder des Rats keinen Gebrauch von ihren Garantierechten machten (Paech/Stuby, 2013, S. 190ff).

Es ist nie gelungen, eine Definition eines Minderheitenbegriffs durch internationalen Vertrag im Völkerrecht zu verankern. Dafür hat es in der Literatur und den Kommissionsarbeiten der Vereinten Nationen immer wieder Definitionsversuche gegeben. Schließlich hat sich eine Reihe von Elementen herausgebildet, die allgemein akzeptiert werden und das Gerüst einer Minderheitendefinition abgeben. Als Minderheiten gelten Personengruppen mit einem starken Zusammengehörigkeitsgefühl, die zahlenmäßig kleiner als die Mehrheit sind und durch ethnische, religiöse oder sprachliche Besonderheiten gekennzeichnet werden, die sie bewahren möchten, und welche die Staatsangehörigkeit der Mehrheit haben.

Dabei war das Merkmal der Staatsangehörigkeit lange Zeit umstritten. Es sprechen in der Tat gute Gründe dafür, auch die »neuen Minderheiten« der Wander- und Gastarbeiter, Flüchtlinge und Asylbewerber in den Minderheitenschutz mit einzubeziehen. Doch sind alle Versuche, im UN-Menschenrechtsausschuss eine derartige Erweiterung des Begriffs der Minderheiten durchzusetzen, bisher gescheitert (Heintze, 1994, S. 126).

Es gab ferner immer wieder Stimmen, die von der Minderheit die Zusicherung von Staatsloyalität verlangen. Dagegen spricht jedoch, dass auch eine oppositionelle und illoyale Gruppierung, die eventuell separatistische Neigungen besitzt (heute z.B. die Basken und Katalanen in Spanien), eine Minderheit darstellt. Es besteht danach kein Zweifel daran, dass die Kurden den Status einer Minderheit in der Türkei, Iran, Irak und Syrien haben. Nicht zu den Minderheiten gehören damit allerdings diskriminierte Gruppen wie Homosexuelle, da sie nicht durch ethnische, sprachliche oder religiöse Besonderheiten gekennzeichnet sind. Ihr Schutz muss über die in fast allen Verfassungen kodifizierten Diskriminierungsverbote und Gleichberechtigungspostulate garantiert werden.

Minderheitenschutz im Rahmen der UNO

In der Charta der Vereinten Nationen spielt der Minderheitenschutz ebenfalls keine Rolle. Man war der Ansicht, dass die anstehenden Probleme mit dem Diskriminierungsverbot des Art. 1 Ziff. 3 lösbar seien, in dem es heißt: »Die Vereinten Nationen setzen sich folgende Ziele: (...) 3. eine internationale Zusammenarbeit herbeizuführen, um internationale Probleme wirtschaftlicher, sozialer, kultureller und humanitärer Art zu lösen und die Achtung vor den Menschenrechten und Grundfreiheiten für alle ohne Unterschied der Rasse, des Geschlechts, der Sprache oder der Religion zu fördern und zu festigen.«

Der Wirtschafts- und Sozialrat der UNO (ECOSOC) übertrug 1946 den Schutz der Minderheiten der von ihm eingerichteten Menschenrechtskommission, die ermächtigt wurde, zwei Unterausschüsse zur Bekämpfung der Diskriminierung und zum Minderheitenschutz einzurichten. Die Menschenrechtskommission begnügte sich mit der Bildung einer »Unterkommission zur Verhütung von Diskriminierung und für Minderheitenschutz«. Auf den Vorarbeiten dieser Unterkommission beruht die Formulierung des Art. 27 des »Internationalen Paktes über die bürgerlichen und politischen Rechte« von 1966, die bis jetzt die einzige universelle Regelung für den Minderheitenschutz geblieben ist: »In Staaten mit ethnischen, religiösen oder sprachlichen Minderheiten darf Angehörigen solcher Minderheiten nicht das Recht vorenthalten werden, gemeinsam mit anderen Angehörigen ihrer Gruppe ihr eigenes kulturelles Leben zu pflegen, ihre eigene Religion zu bekennen und auszuüben oder sich ihrer eigenen Sprache zu bedienen.« Im Vordergrund steht die Bekämpfung der Diskriminierung ohne die Einräumung von Sonderrechten.

Auch die »Konvention zur Beseitigung jeder Form von Rassendiskriminierung« vom 7. März 1966 lässt Sonderrechte zur Förderung für bestimmte Gruppen nur zeitlich beschränkt zu. Sie steht also grundsätzlich auf dem Standpunkt der gleichberechtigten Integration aller Individuen in eine Gesellschaft. Art. 27 bestimmt das einzelne Individuum innerhalb der Minderheit zum Träger des Menschenrechts. Es ist allerdings allgemein anerkannt, dass diese Rechte notwendigerweise kollektiv ausgeübt werden müssen, ohne den Rechten jedoch selbst einen Kollektivcharakter zuzugestehen, wie es beim Selbstbestimmungsrecht der Fall ist. In erster Linie sind die Vertragsstaaten verpflichtet, jegliche Maßnahmen zu unterlassen, die einen Integrations- oder Assimilationsdruck ausüben. Verpflichtungen zu positiven Diskriminierungen (affirmative action) werden allgemein abgelehnt.

Seit 1979 war die Unterkommission der Vereinten Nationen auf der Grundlage eines jugoslawischen Entwurfs mit der Erstellung einer Deklaration für Minderheitenrechte beschäftigt, die Anfang der neunziger Jahre zum Abschluss kam (UNGV-Res. 47/135, 1992; Bundeszentrale, 2004, S. 471; Mohr, 1996, S. 85ff). In ihr werden die einzelnen Rechte der Angehörigen von Minderheiten als

5. DREI GENERATIONEN VON MENSCHENRECHTEN

Individualrechte konkreter bestimmt, von der Pflege ihrer Kultur, der Ausübung ihrer Religion und des öffentlichen Gebrauchs ihrer eigenen Sprache über die Teilhabe am öffentlichen Leben bis zur Vereinigungsfreiheit und Kontakten zu anderen ihnen verwandten Minderheiten auch über Grenzen hinweg (Art. 2). Die Resolution enthält die Aufforderung an die Staaten, positive Maßnahmen zur Verwirklichung der Minderheitenrechte zu ergreifen. So heißt es in Art. 4: »1. Die Staaten ergreifen erforderlichenfalls Maßnahmen, um zu gewährleisten, dass Angehörige von Minderheiten alle ihre Menschenrechte und Grundfreiheiten ohne jegliche Diskriminierung und in voller Gleichheit vor dem Gesetz voll und wirksam ausüben können (…) 5. Die Staaten sollen geeignete Maßnahmen erwägen, damit Angehörige von Minderheiten voll am wirtschaftlichen Fortschritt und an der wirtschaftlichen Entwicklung in ihrem Lande teilhaben können.«

Die Resolution ist allerdings lediglich eine Empfehlung und begründet keine Rechte und Verpflichtungen. Das gilt auch für die Resolutionen der UN-Generalversammlung auf der 49. Session, mit der die Diskriminierungen und Menschenrechtsverletzungen von »ethnischen Albanern« im Kosovo, die Diskriminierung religiöser Minderheiten im Iran wie der Baha'is, deren Existenz als religiöse Gemeinschaft gefährdet sei, und die Situation in Afghanistan verurteilt wird, die die Sicherheit von Mitgliedern »aller ethnischer und religiöser Gruppen, eingeschlossen Minderheiten« gefährde (UNGV Resolutionen 49/204, 49/202, 49/207).

Am 16. November 2018 verurteilte die UN-Generalversammlung mit 142 Stimmen bei 10 Gegenstimmen (unter ihnen die von Myanmar, China und Russland) und 26 Enthaltungen die Menschenrechtssituation in Myanmar angesichts der Verfolgung der Rohingyas, die der Experte der UNO, Marzuki Darusman, sogar als Völkermord qualifizierte (Darusman, 2018).

Die berühmte Resolution des UN-Sicherheitsrats 688 (1991), die die »Unterdrückung der irakischen Zivilbevölkerung in den kurdischen Siedlungsgebieten« anprangert und sich auf die Menschenrechte und politischen Rechte »aller irakischen Bürger« bezieht (Paragrafen 1 u. 2), um auf diese Weise der Regierung in Bagdad den Zugang zu der Region zu versperren, ist streng genommen keine Maßnahme des Minderheitenschutzes. Die Einrichtung von Schutzzonen sind humanitäre Maßnahmen zum generellen Schutz der Menschenrechte, wie sie in anderen gefährdeten Regionen auch vorgenommen worden sind. Mit der Resolution 925 (1994) zu Ruanda hat z. B. der UN-Sicherheitsrat genauso wie im Falle Somalias mit der Resolution 794 (1992) eine humanitäre Krisensituation festgestellt, die eine Gefährdung des internationalen Friedens darstellte. Resolution 925 verurteilt z. b. die Aufstachelung zu ethnischem Hass, die Ausnutzung ethnischer Spannungen für politische Zwecke, was zu Krieg und Menschenrechtsverletzungen geführt hat. Wie so oft werden also auch hier Minderheiten in den politischen Auseinandersetzungen instrumentalisiert und zur Verschärfung der Konflikte benutzt. Diese sind jedoch in ihrem Kern keine originären Konflikte aus Minderheitenproblemen. Sie verschärfen die Auseinandersetzung, bringen sie jedoch nicht hervor.

Im Graubereich von Selbstbestimmungsrecht und Minderheitenschutz wird seit einigen Jahren die Problematik der sogenannten autochthonen oder indigenen Völker diskutiert. Zu einer einheitlichen Definition ist man auch hier noch nicht gekommen. Als eigene Entitäten unterscheiden sie sich von Völkern oder Minderheiten dadurch, dass es sich um die ursprünglichen Inhaber des Landes handelt, welches ihnen während der Kolonisierung durch Gewalt oder »Löwenverträge« geraubt wurde. Soweit sie noch nicht ihre ursprüngliche Identität als Gruppe verloren haben, ist ihre Weiterexistenz durch die Staaten, in denen sie leben, bedroht. Sie bedürfen also eines besonderen völkerrechtlichen Schutzes. Ein erster Anlauf erfolgte durch das Übereinkommen 107 der Internationalen Arbeitsorganisation (ILO) über den Schutz und die Eingliederung eingeborener Bevölkerungsgruppen in unabhängigen Ländern von 1957 (Hinz, 1990, S. 201ff). Ziel dieses Übereinkommens war, Integration bzw. Assimilierung dieser Gruppierungen möglichst human zu gestalten. So lautet denn Art. 2: »Die Aufgabe, koordinierte und planvolle Maßnahmen zum Schutze der genannten Bevölkerungsgruppen und zu ihrer schrittweisen Eingliederung in die nationale Gemeinschaft auszuarbeiten, fällt in erster Linie den Regierungen zu.«

Das ILO-Übereinkommen 169 »über eingeborene und in Stämmen lebende Völker in unabhängigen Ländern« vom 27. Juni 1989 wählte, wie schon der Name sagt, einen diametral entgegengesetzten Ansatz. Ureinwohner sind jetzt nicht mehr lediglich Bevölkerungsgruppen, sondern Völker. Da aber Art. 1 Abs. 3 ihnen ausdrücklich die »Rechte, die nach dem Völkerrecht mit diesem Ausdruck (nämlich Volk) verbunden sind«, verwehrt, blieb offen, was der neue Ansatz konkret bedeuten sollte (Carstens, 2000, S. 36ff). Eine spezielle Arbeitsgruppe der Unterkommission zur Verhütung von Diskriminierung und für Minderheitenschutz »on Indigenous Populations« arbeitete seit 1982 an einer »Draft Declaration on the Rights of Indigenous Peoples«, die 1992 der Menschenrechtskommission vorgelegt werden konnte. Hier werden ausdrücklich ein Selbstbestimmungsrecht und ein Recht auf Autonomie anerkannt. Es wundert nicht sonderlich, dass dieser Entwurf, der unter maßgeblicher Mitwirkung der die Ureinwohner vertretenden NGOs erarbeitet worden war, von den meisten Staaten in der Menschenrechtskommission abgelehnt wurde. Die Arbeitsgruppe hat daher einen Überarbeitungsauftrag für den Entwurf erhalten, die jedoch in ihren Arbeiten nicht über die siebte Sitzung in den Jahren 2005/06 hinausgekommen ist (Alfredsson, 2011; Kingsbury, 2011).

Minderheitenschutz im europäischen Rahmen: EMRK, KSZE/OSZE und Europarat

Es ist notwendig, noch einen Blick auf die europäischen Regelungen zu werfen. Art. 14 der Europäischen Menschenrechtskonvention (EMRK) von 1950 garantiert ein Recht auf Gleichheit bei »Zugehörigkeit zu einer nationalen Minderheit« nur im Rahmen eines Diskriminierungsverbots: »Der Genuss der in der vorliegenden Konvention festgelegten Rechte und Freiheiten muss ohne Unterschied des Geschlechts, der Rasse, Hautfarbe, Sprache, Religion, politischen oder sonstigen Anschauungen, nationaler und sozialer Herkunft, Zugehörigkeit zu einer nationalen Minderheit, des Vermögens, der Geburt oder des sonstigen Status gewährleistet werden.«

Lange Zeit blieben die Bemühungen, diesen lediglich negativen Schutz durch ein Zusatzprotokoll mit eindeutigen Standards auszubauen, vergebens. Es gelang lediglich, 1992 eine »Europäische Charta der Regional- und Minderheitensprachen« (Bundeszentrale, 2004, S. 480) zu verabschieden. Die KSZE (Vorläuferin der OSZE) widmete in ihrem Dokument der Kopenhagener Konferenz über die menschliche Dimension vom 29. Juni 1990 die Artikel 30-39 den Grundlagen des Minderheitenschutzes. Ein wichtiger Aspekt dieser nicht verbindlichen Empfehlung ist, dass die Zugehörigkeit zu einer nationalen Minderheit die Angelegenheit der persönlichen und subjektiven Entscheidung des Einzelnen sein soll, die keinen Nachteil nach sich ziehen dürfe. Überdies wurde 1992 die Einsetzung eines Hohen Kommissars für Minderheiten gleichsam als Frühwarnsystem drohender Minderheitenprobleme beschlossen.

Schließlich wurde nach langen Vorarbeiten im Februar 1995 ein Rahmenübereinkommen des Europarates zum Schutz nationaler Minderheiten aufgelegt (Bundeszentrale, 2004, S. 471). Es ist mit der 15. Ratifikation durch Finnland am 1. Februar 1997 in Kraft getreten. Es enthält zum ersten Mal detaillierte und konkrete Regelungen zu den Standards einer modernen demokratischen Minderheitenpolitik, die für die unterzeichnenden Staaten zwingend sind: Assimilierungsschutz, Diskriminierungsverbot, Gleichheitsgebot, Schutz der Freiheitsrechte für Minderheiten, Förderungsgebot. Allerdings werden diese Bestimmungen nicht unmittelbar anwendbar sein, sondern geben den Staaten lediglich die Richtung und den – allerdings verbindlichen – Rahmen vor, in dem sie ihre Gesetze zum Minderheitenschutz zu fassen haben. Es wird zudem eine klare Grenze zum Selbstbestimmungsrecht gezogen, welches den Minderheiten nicht zusteht, um allen Bestrebungen zu einer Abspaltung vorzubeugen.

Die Bundesregierung hat z. B. die Anwendung auf die dänische Minderheit, die Sorben, Friesen, Sinti und Roma deutscher Staatsangehörigkeit zugesagt. Eine Definition der »nationalen Minderheit« befindet sich in dem Abkommen allerdings nicht, da sich die Staaten darauf nicht einigen konnten.

Als Inhalt des Minderheitenschutzes werden nunmehr allgemein folgende Elemente akzeptiert: Schutz vor Assimilierung, Verbot der Diskriminierung, Garantie von Gleichberechtigung und Partizipation am staatlichen Leben, Förderung der Partizipation. Unter den politischen Partizipationsrechten wird nicht nur die Beteiligung an Entscheidungsprozessen sowie Gründung eigener politischer Vereinigungen und Parteien, sondern u. U. auch die Einrichtung eines Autonomiestatus verstanden, der bis zur »territorialen Dezentralisierung« führen kann.

Einigkeit besteht aber auch darüber, dass Minderheiten kein Sezessionsrecht zwecks Bildung eines eigenen Staates haben (Heintze, 1994, S. 140ff; Mohr, 1997, S. 122ff., 133ff). Der ehemalige Generalsekretär der UNO Boutros Boutros-Ghali hat in seiner Agenda for Peace vor der Destabilisierung der Staaten durch Sezessionsforderungen gewarnt: »...wenn jede ethnische, religiöse oder sprachliche Gruppe eigene Staatlichkeit für sich beanspruchen würde, gäbe es keine Grenzen der Fragmentierung und Frieden, Sicherheit und wirtschaftlicher Wohlstand würden für alle viel schwerer zu erreichen sein.« (Agenda for Peace A/47/277, para. 17).

In dieser Begrenzung des Minderheitenschutzes liegt einer der wesentlichen Unterschiede zum Selbstbestimmungsrecht. Die Konzeption des Minderheitenschutzes ist auf die Wahrnehmung der Minderheiten- und Menschenrechte innerhalb einer bestehenden und prinzipiell erhaltenswerten Staatsstruktur gerichtet. Minderheiten werden daher öfter als Träger eines »internen« Selbstbestimmungsrechts bezeichnet (Ermacora, 1988, S. 18ff; Doehring, 1994, Rz. 28, 32). Die herrschende Meinung geht jedoch davon aus, dass Minderheiten grundsätzlich kein Selbstbestimmungsrecht haben.

Recht auf Frieden
Mit dem Ende des Zweiten Weltkrieges ist die Aufgabe, Frieden zu schaffen und zu garantieren, zur Grunddoktrin der UNO und ihrer Charta geworden, die in Art. 1 mit dem Satz beginnt: »Die Vereinten Nationen setzen sich folgende Ziele: 1. Den Weltfrieden und die internationale Sicherheit zu wahren und zu diesem Zweck wirksame Kollektivmaßnahmen zu treffen, um Bedrohungen des Friedens zu verhüten und zu beseitigen, Angriffshandlungen und andere Friedensbrüche zu unterdrücken und internationale Streitigkeiten oder Situationen, die zu einem Friedensbruch führen könnten, durch friedliche Mittel nach den Grundsätzen der Gerechtigkeit und des Völkerrechts zu bereinigen oder beizulegen.« Doch scheint mit der Erhebung des Friedens in den Stand einer juristischen Kategorie, zu einem »Recht auf Frieden«, der reale Kampf für den Frieden sich in eine abstrakte Diskussion um den Frieden verwandelt zu haben (Krajewski, 2019, S. 11-29; Paech, 2016, S. 823).

Als die atomare Aufrüstung der USA und der Sowjetunion im Kalten Krieg Ende der siebziger Jahre nicht zu stoppen war und immer bedrohlicher wurde, griff die UNO zum einzigen Mittel, mit dem sie ihre Ohnmacht bemänteln konnte, zur Abstimmung in der Generalversammlung über eine Resolution. 1984 verabschiedeten die Mitgliedsstaaten mit ihrer »Erklärung zum Recht der Völker auf Frieden« eine Resolution (Res. 39/11) in Vorbereitung eines »Internationalen Friedensjahres«, in der sie zum ersten Mal den Frieden zu einem Menschenrecht aufwerteten: »Die Generalversammlung, erneut erklärend, dass das wichtigste Ziel der Vereinten Nationen die Wahrung des Weltfriedens und der internationalen Sicherheit ist, (…) in der Erkenntnis, dass jeder Staat die heilige Pflicht hat, dafür zu sorgen, dass die Völker in Frieden leben können, 1. verkündet feierlich, dass die Völker unseres Planeten ein heiliges Recht auf Frieden besitzen (…)« Die Eindringlichkeit des Appells entsprach durchaus der damals wahrgenommenen Gefahr. Sie spiegelte aber wohl auch die Einsicht in die Vergeblichkeit ihrer Forderungen, die sich noch vollkommen im Allgemeinen einer Friedensbeschwörung bewegten. Das lag an der Konfrontation der beiden Blöcke, die erst mit dem Untergang der Sowjetunion beseitigt, aber bald danach im Streit um die Neuaufteilung der Ressourcen dieser Welt wieder aufgebaut wurde. Die katastrophale Friedensbilanz der nun unangefochtenen Militärmacht NATO ist bekannt. Ihre Weigerung, aus ihrer dominanten Position die erhoffte »Friedensdividende« durch Abrüstung und »vertrauensbildende Maßnahmen« den Völkern auszuschütten, mussten die Länder vom Balkan bis zum Hindukusch bitter erfahren.

Das ließ jedoch einige internationale Nichtregierungsorganisationen nicht resignieren, die bis dahin unfruchtbare und vergebliche Diskussion um das Menschenrecht auf Frieden wieder zu entfachen. Auf einem Kongress in Santiago de Compostela im Dezember 2010 verabschiedeten sie eine umfangreiche »Santiago-Erklärung zum Menschenrecht auf Frieden« mit detaillierten Rechten und Pflichten der Staaten, die weit über den begrenzten Bereich des Militärischen hinausreichen. So werden ein Recht auf Bildung, Frieden und Menschenrechte sowie Rechte auf eine sichere und gesunde Umwelt, auf Abrüstung und Entwicklung formuliert, zudem wird ein Recht auf Widerstand gegen alle Regime, die internationale Verbrechen oder andere schwere Verletzungen der Menschenrechte begehen, gefordert. Doch der Widerstand gegen das Recht war stärker als der Widerstand gegen die das Recht missachtenden Regime. 2016 wurde Saudi-Arabien, eher Bock denn Gärtner im Garten der Menschenrechte, aufs Neue in den UN-Menschenrechtsrat gewählt, und das Emirat Katar, ebenfalls Mitglied im Menschenrechtsrat, ist ebenfalls keine Leuchtturm der Menschenrechte.

Am 1. Juli 2016 unterschrieben aber auch sie die »Erklärung über das Recht auf Frieden«, welche der Menschenrechtsrat mit seiner Resolution 32/28 der UN-Generalversammlung zur Verabschiedung vorlegte. Sie stellt die Summe der Kompromisse jahrelanger Gratwanderung zum Gipfel eines verpflichtenden »Menschenrechts auf Frieden« dar. Dieser erwies sich jetzt allerdings als flache und karge Hochebene, die von keinem Staat entscheidende politische Schritte einfordert: »Jeder hat das Recht auf den Genuss von Frieden unter Bedingungen, in denen alle Menschenrechte gefördert und geschützt werden und die Entwicklung voll verwirklicht wird«, heißt es allgemein und unverbindlich. Der »Genuss von Frieden« soll zwar ein individuelles Menschenrecht sein, aus dem sich für den einzelnen Menschen dennoch kein Anspruch auf eine friedensfördernde Politik gegen die Staaten ergibt. Denn in Art. 2 haben die Juristen jeden gerichtlich durchsetzbaren Anspruch ausgeschlossen: »Die Staaten sollen (nicht »müssen« oder »sind verpflichtet«!) Gleichheit und Nichtdiskriminierung, Gerechtigkeit und Rechtsstaatlichkeit achten, verwirklichen und fördern und die Freiheit von Furcht und Not als Mittel zur Konsolidierung des Friedens innerhalb von und zwischen Gesellschaften garantieren.« In der ellenlangen Präambel wurde alles das aufgezählt, was in der UN-Charta und den UN-Resolutionen als allgemein anerkanntes Völkerrecht zu den Begriffen Gleichheit, Gerechtigkeit und Freiheit bereits gesagt worden ist. Das konnten Burundi und Katar ebenso unterschreiben wie Kuba, die Russische Föderation oder die Volksrepublik China. Das Abstimmungsergebnis lautete: 34 gegen 9 Stimmen, bei 4 Enthaltungen.

Warum alle 13 europäischen Staaten dagegen stimmten oder sich der Stimme enthielten, ist nur zu vermuten – die USA blieben der Abstimmung fern. Die Bundesregierung »begründete« ihre Gegenstimme mit dem Eingeständnis, dass »der Verhandlungsprozess ohne ein konsensuales Ergebnis beendet« wurde. Denn »es konnte weder Einigkeit über eine rechtliche Definition von ›Frieden‹ erzielt, noch geklärt werden, wer Träger von Pflichten oder Rechten in diesem Zusammenhang sein soll. Aus Sicht der Bundesregierung birgt der Resolutionstext zudem die Gefahr, dass die Abwesenheit von Frieden als Rechtfertigung eingesetzt wird, Menschenrechte nicht zu respektieren.« Inwiefern allerdings ein Text zur Förderung des Friedens die Legitimation von Verbrechen im Krieg (»Abwesenheit von Frieden«) ermöglichen soll, erschließt sich dem Leser nur dann, wenn er erfährt, dass die europäischen Staaten sich vor allem gegen den Teil des Resolutionsentwurfs wandten, in dem das »Recht, sich kolonialer, ausländischer Besatzung oder diktatorischer Dominierung zu widersetzen«, als Teil des Rechts auf Frieden anerkannt werden sollte. Nun, der Passus ist in der Erklärung vom Juli 2016 nicht wieder aufgetaucht. Dafür bezieht sie sich in der ohnehin nicht verbindlichen Präambel auf die berühmte Resolution 1514 der Generalversammlung von 1960 über die Gewährung der Unabhängigkeit an koloniale Länder und Völker, die die rechtliche Grundlage der Befreiungskämpfe bot. Nicht, dass die Zeit kolonialer Besatzung vorbei ist, was angesichts der »Abwesenheit von Frieden« von Palästina bis zur Westsahara, aber auch von der Türkei bis Afghanistan nicht behauptet werden kann. Die europäischen »Friedensfreunde« wollten mit ihrer Stimme auf keinen Fall die Tür für die Legitimation des Widerstandes gegen fremde, das heißt ihre eigenen Interventionen, auch nur einen Spalt weit öffnen. Und so sind es auch »nur« die Staaten Afrikas, Asiens und Lateinamerikas, die zusammen mit der Russischen Föderation und der VR China für ein, allerdings zahnloses »Recht auf Frieden« stimmten.

Recht auf Entwicklung

Es war ein Mann aus einem Entwicklungsland, der erste Präsident des Obersten Gerichtshofs vom Senegal und spätere Richter am IGH, Kéba M'Baye, der 1972 das Recht auf Entwicklung in einem Vortrag vor dem Institut International de Droit de l'Homme in Straßburg in die Menschenrechtsdiskussion eingeführt hat (M'Baye, 1972, S. 505ff). Für ihn war die Funktion dieses Menschenrechts, den Weg der Dritten Welt in die Unterentwicklung zu stoppen. Als er Vorsitzender der Menschenrechtskommission wurde, nutzte er seinen Einfluss, um diese Idee in deren Resolutionen zu übertragen. Von dort nahm sie ihren Weg in die Resolutionspraxis der Generalversammlung der Vereinten Nationen.

Nach zwei gescheiterten Entwicklungsdekaden, die die UNO für die Jahrzehnte zwischen 1960 und 1980 verkündet hatte, waren die Generalversammlung der Vereinten Nationen und die meisten ihrer internationalen Organisationen bereit, den Nationen ein Recht auf

Entwicklung als Menschenrecht zuzuerkennen. In ihrer Res. 34/46 vom 23. November 1979 formulierte die Generalversammlung: »Das Recht auf Entwicklung ist ein Menschenrecht«, und in der Res. 36/133 vom 14. Dezember 1981 dann schon: »Das Recht auf Entwicklung ist ein unveräußerliches Menschenrecht.« 1981 wurde die dritte Entwicklungsdekade proklamiert und das Recht auf Entwicklung bald darauf als Unterfall und Konkretisierung des Selbstbestimmungsrechts definiert. Die westlichen Länder, vor allem die ehemaligen Kolonialländer, widersetzten sich allerdings hartnäckig allen Bestrebungen, einen kollektiven Anspruch von Staaten auf Entwicklung, also konkret auf Leistung materieller Ressourcen, zu formulieren.

Die entscheidende »Resolution über das Recht auf Entwicklung« vom 4. Dezember 1986 kam dann nach einer langen und kontroversen Diskussion nur mit der Gegenstimme der USA und weiteren acht Enthaltungen anderer westlicher Länder, zu denen Deutschland, aber auch Großbritannien, Dänemark, Finnland, Schweden und Japan gehörten, zustande (UNGV-Res. 41/128). »Entwicklung« ist gemäß der Präambel »ein umfassender wirtschaftlicher, sozialer, kultureller und politischer Prozess (...), der die ständige Steigerung des Wohls der gesamten Bevölkerung und aller Einzelpersonen auf der Grundlage ihrer aktiven, freien und sinnvollen Teilhabe am Entwicklungsprozess und an der gerechten Verteilung der daraus erwachsenden Vorteile zum Ziel hat.« Die bestehenden Hindernisse für »Entwicklung« gründen nach der Deklaration u. a. auf der Vorenthaltung der bürgerlichen, politischen, wirtschaftlichen, sozialen und kulturellen Rechte. Deren Interdependenz wird ausdrücklich betont. Die Wahrnehmung bestimmter Menschenrechte darf zudem »nicht als Rechtfertigung für die Vorenthaltung anderer Menschenrechte und Grundfreiheiten dienen«. Der Mensch ist zentrales Subjekt des Entwicklungsprozesses und damit zugleich Hauptträger der Entwicklung. In den zehn Artikeln wird der Aspekt der Menschenrechte immer wieder hervorgehoben. Wie zuvor nur vereinzelt und mehr beiläufig wird jetzt ganz ausdrücklich das Recht auf Entwicklung als »unveräußerliches Menschenrecht« (inalienable human right) bezeichnet.

Die Staaten werden zweifach in die Pflicht genommen. Zunächst national: »Die Staaten haben das Recht und die Pflicht, geeignete nationale Entwicklungspolitiken aufzustellen, die die stetige Steigerung des Wohls der gesamten Bevölkerung und aller Einzelpersonen auf der Grundlage ihrer aktiven, freien und sinnvollen Teilhabe an der Entwicklung und an einer gerechten Verteilung der daraus erwachsenden Vorteile zum Ziele haben.« (Art. 2 Abs. 3; ähnlich auch Art. 8). Sodann heißt es international: »Die Staaten haben die Pflicht, miteinander zusammenzuarbeiten, um Entwicklung herbeizuführen und Entwicklungshindernisse zu beseitigen. Die Staaten sollen ihre Rechte so wahrnehmen und ihren Pflichten so nachkommen, dass hierdurch eine neue internationale Wirtschaftsordnung auf der Grundlage der souveränen Gleichheit, der Interdependenz, der gemeinsamen Interessen und der Zusammenarbeit zwischen allen Staaten sowie die Wahrung und Verwirklichung der Menschenrechte gefördert werden.« (Art. 3 Abs. 3).

So erfolglos diese Proklamation und die darauf folgenden Entwicklungsdekaden auch waren, das Menschenrecht auf Entwicklung blieb nunmehr in den Diskussionen und Resolutionen auf der Tagesordnung der UNO. Es wurde auf der Weltkonferenz über Menschenrechte in Wien (1993) bekräftigt; und 1998 der Inder Arjun Sengupta als unabhängiger UN-Experte für das Recht berufen. 2004 wurde er durch die High-Level Task Force on the Implementation of the Right to Development ersetzt. Sie erstellte in fünfjähriger Arbeit eine Liste mit konkreten Kriterien und Indikatoren, um 2010 in einem Bericht den Entscheidungsträgern im Bereich der Entwicklungspolitik Werkzeuge und Hilfsmittel zur Realisierung des Rechts auf Entwicklung vorzuschlagen.

Seit dem Beschluss über die sogenannte »Neue Internationale Wirtschaftsordnung« im Mai 1974 zieht sich wie ein Roter Faden die Skepsis, ja Ablehnung der westlichen Staatengruppe durch die Debatten der folgenden Jahre. Damals verabschiedete die UN-

Generalversammlung die »Erklärung über die Errichtung einer neuen internationalen Wirtschaftsordnung«, in welcher die Entwicklungsländer für sich günstigere Bedingungen in der Rohstoffpolitik und im internationalen Handel, eine verstärkte Industrialisierung, eine allgemeine Schuldenentlastung, eine Änderung des Weltwährungssystems, höhere Entwicklungshilfe und ein neues Seerecht forderten. Am 12. Dezember 1974 wurde mit Resolution 3281 die »Charta über die wirtschaftlichen Rechte und Pflichten der Staaten« verabschiedet (Paech/Stuby, 2013, S. 767ff). Besonders die USA blieben mit ihrer Ablehnung wie die anderen westlichen Länder mit ihrer flexibleren Stimmenthaltung dieser Linie treu. Allerdings wurden die westlichen Staaten in der Ablehnung des individuellen Menschenrechtscharakters des Rechts auf Entwicklung – zu unterscheiden von seiner rechtlichen Qualifikation als eines kollektiven Rechts der Völker – von einigen Staaten der sozialistischen Gruppe unterstützt. So betonte die Sowjetunion den Charakter des Rechts auf Entwicklung als eines Rechts der Nation, also eines kollektiven Rechtes. Der Grund lag in der Einstufung der Konzeption eines individuellen Menschenrechts als »sozialreformistisch«, sie sei lediglich antiimperialistisch, nicht aber antikapitalistisch.

Aber selbst Stimmen aus Entwicklungsländern waren skeptisch gegenüber dem individualrechtlichen Charakter des Rechts auf Entwicklung. So hat die Organisation für Afrikanische Einheit (OAU) in der von ihr beschlossenen afrikanischen »Charta der Menschenrechte und der Rechte der Völker« vom 28. Juni 1981 (»Banjul-Charta«) zwar in Art. 22 Abs. 2 das Recht auf Entwicklung als Recht der Völker formuliert. In Art. 22 heißt es: (1) »Alle Völker haben ein Recht auf eigene wirtschaftliche, soziale und kulturelle Entwicklung unter angemessener Berücksichtigung ihrer Freiheit und Identität sowie auf gleichmäßige Beteiligung an dem gemeinsamen Erbe der Menschheit.« (2) »Die Staaten sind einzeln oder gemeinsam verpflichtet, die Ausübung des Rechts auf Entwicklung sicherzustellen.« Ein Bezug zum »Recht auf Entwicklung als individuelles Menschenrecht« wird jedoch vermieden. Individuen scheinen als Begünstigte und als Verpflichtete ausgeschlossen zu sein. Das erstaunt, da die Konzeption des Rechts auf Entwicklung als Menschenrecht gerade von afrikanischen Juristen propagiert wurde. Auf der UN-Weltkonferenz über Menschenrechte von 1993 in Wien haben sich die Westmächte allerdings, anders noch als im Jahr zuvor auf der Rio-Konferenz über Umwelt und Entwicklung, der im Konsensverfahren verabschiedeten Schlussdeklaration nicht widersetzt, obwohl in ihr das individuelle Menschenrecht auf Entwicklung einen zentralen Stellenwert einnimmt und wesentliche Formulierungen der Resolution von 1986 fast wörtlich wiederholt werden.

Die Kritik am Recht auf Entwicklung als individuelles Menschenrecht wird jedoch auch aus rechtstheoretischen Gründen vorgetragen. Ihm fehle eine legitime Quelle, die weder aus der UN-Charta noch der Allgemeinen Erklärung der Menschenrechte oder den beiden Internationalen Menschenrechts-Pakten hergeleitet werden könne. »Entwicklung ist eines der vorrangigen Ziele der Menschenrechte, aber nicht ein Recht für sich.« (Donnelly, 1985, S. 484, eigene Übersetzung). Weder sei der Rechtsinhalt klar noch die Adressaten der daraus entstehenden Pflichten. Ein Recht, welches seine Begründung aus der Solidarität zwischen Individuen und Kollektiven schöpfe, sei ein »Solidaritätsrecht« und kein Menschenrecht. Auch aus entwicklungstheoretischer Sicht wird Kritik vorgebracht, die sich vor allem gegen Begriff und Konzept der Entwicklung wendet. Dieses habe erst mit seinem politischen Diskurs und seinen besonderen Methoden zu dem geführt, was heute unter den Begriffen »Entwicklungsländer« und »Dritte Welt« mit »Unterentwicklung« identifiziert wird: »Entwicklung (…) muss als eine Erfindung und Strategie der ›Ersten Welt‹ zur ›Unterentwicklung‹ der ›Dritten Welt‹ gesehen werden, und nicht nur als Instrument der ökonomischen Kontrolle über die physische und soziale Realität großer Teile Asiens, Afrikas und Lateinamerikas. Entwicklung ist der hauptsächliche Mechanismus gewesen, durch den diese Teile der Welt geschaffen wurden und sich selbst geschaffen haben und somit andere Sichtweisen und Wege des Handelns marginalisiert oder ausgeschlossen haben (…)

Entwicklung ist ganz offensichtlich in der westlichen Ökonomie verankert mit ihrem Ensemble an Systemen der Produktion, Macht und Sinnstiftung.« (Escobar, 1999, S. 22f, eigene Übersetzung). Die Kritik bewegt sich auf der gleichen strukturellen Ebene des Diskurses, auf der Edward Said mit der Kritik des »Orientalismus« »die enorme systematische Disziplin« hervorgehoben hat, »mit welcher enorm systematischen Disziplin es der europäischen Kultur in nachaufklärerischer Zeit gelang, den Orient gesellschaftlich, politisch, militärisch, ideologisch, wissenschaftlich und künstlerisch zu vereinnahme – ja, sogar erst zu schaffen.« (Said, 2017, S. 11f). Die Kritik an dem Entwicklungsparadigma ist zugleich eine Kritik an dem Recht auf Entwicklung, da mit dieser Verrechtlichung des politischen Konzeptes der Hegemonieanspruch des Westens nun auch noch auf eine internationale rechtliche Stufe gehoben werden soll. Die Alternative sieht Escobar in den sozialen Bewegungen, die als Graswurzelbewegungen von unten allein die notwendige Veränderung herbeiführen können. Zwar haben die antikolonialen Befreiungsbewegungen ihre Länder aus der kolonialen Unterdrückung befreien können, nicht aber aus der Unterwerfung unter die »Hegemonie der Entwicklung« (Escobar). Erst dieser nur von wenigen Bewegungen mit Erfolg vollzogene Schritt würde aus dem Entwicklungsparadigma herausführen, die notwendige soziale Transformation bewirken und ein Recht auf Entwicklung überflüssig machen.

Jenseits dieser Kritik drängen die Juristen des Südens vor allem auf eine enge Verbindung des individuellen Rechts auf Entwicklung mit dem kollektiven Recht der Völker und den bisher entwickelten Kategorien der Menschenrechte. Ein Verständnis, das allein auf die individuelle Anspruchsstruktur des Menschenrechts auf Entwicklung und gar noch auf eine gerichtliche Geltendmachung gegen den eigenen Staat bezogen bleibt, hat Schwierigkeiten mit einem Ansatz, welcher die kollektive Dimension mit der individualrechtlichen verbinden will. Die Zurückweisung eines solchen komplexen Ansatzes wird aus Sicht der Entwicklungsländer als eurozentristisch begriffen. Hierauf legt der algerische Richter am IGH, Mohamed Bedjaoui, be-

5. DREI GENERATIONEN VON MENSCHENRECHTEN   113

sonderen Wert (Bedjaoui, 1987a, S. 123ff). Aber auch westliche Autoren, die antikolonial eingestellt sind, wie François Rigaux, kritisieren diese Blickverengung (Rigaux, 1987, S. 52ff). Harro von Senger, spricht hinsichtlich der westlichen Diskussion über das chinesische Menschenrechtsverständnis von euroautistischer Wahrnehmung bzw. von einem an Euro-Kulturchauvinismus gemahnenden Freund-Feind-Schema geprägten Zerrbild (Senger, 1999, S. 165). Denn die Industrieländer wollen den gegenwärtigen strukturellen Status quo der internationalen Wirtschaftsbeziehung, der vom liberalen Freihandels- und kapitalistischen Marktwirtschaftsprinzip geprägt ist, bewahren. Die Bedürfnisse der Dritten Welt werden in Inhalt und Anspruch aus europäisch-atlantischer Sicht definiert. Dass die Menschenrechte der dritten Generation, insbesondere das Menschenrecht auf Entwicklung, so wie es von den Repräsentanten der Dritten Welt eingefordert wird, den Brückenkopf zwischen menschenrechtlichen und entwicklungspolitischen Imperativen bilden können, wird offensichtlich nicht gesehen. Ein starkes Argument für die individuelle und gleichzeitig kollektive Dimension des Entwicklungsrechts ist das Selbstbestimmungsrecht, welches dem Entwicklungsrecht inhärent ist. Es wird als kollektives Recht der Völker jeweils durch Art. 1 von beiden Internationalen Pakten über politische und bürgerliche sowie wirtschaftliche, soziale und kulturelle Rechte in den Kreis der individuellen Menschenrechte integriert.

Das bedeutet, dass diese Rechte der dritten Generation gleichzeitig dem einzelnen Individuum und indirekt auch einer Gruppe sowohl gegen den eigenen Staat als auch anderen Staaten gegenüber, die Beihilfe bei der Verletzung der Menschenrechte leisten, Abwehrrechte und Ansprüche einräumen. Wie dieses Individualrecht im Einzelnen auszugestalten sein wird, ob es z. B. auch vor internationalen Gremien gegen die genannten Adressaten geltend gemacht werden kann, ist noch offen. Ob das Individuum prozessuale Verwirklichungsmöglichkeiten über die internationale Ebene erhält, hängt von der völkerrechtlichen Ausgestaltung ab. Die Diskussion wird durch die ablehnende Haltung der Industriestaaten, den einzigen realistischen Adressaten der Ansprüche, nicht gerade beflügelt. Dies gilt insbesondere auch für das Menschenrecht auf Frieden und weitere Aspiranten auf den Status eines Menschenrechts der »dritten Dimension« wie das Recht auf eine saubere Umwelt und auf Nahrung. Genannt werden auch das Recht auf Partizipation am gemeinsamen Erbe der Menschheit, das Recht auf humanitäre Hilfe, auf Kommunikation und auf Andersartigkeit.

Bei dem Menschenrecht auf Entwicklung geht es um die Herstellung von Voraussetzungen für Menschenrechte aller Kategorien. Sein Inhalt wäre also zunächst der Anspruch auf Hilfe zu dieser Entwicklung. Er beschränkt sich sicherlich nicht auf einen »Anspruch auf Entwicklungshilfe«, ob nun als individueller oder kollektiver begriffen. Was darunter konkret zu verstehen ist, ist vollkommen unklar, denn dies ist ein weites und von großer Beliebigkeit offen gehaltenes Feld. Die Rio-Deklaration der UNO über Umwelt und Entwicklung von 1992 fordert z. B. die Bekämpfung der Armut, eine angemessene Bevölkerungspolitik, den Abbau nicht nachhaltiger Konsum- und Produktionsweisen und die umfassende Einbeziehung der Bevölkerung in politische Entscheidungsprozesse. Die Konkretisierung dieser Aufgaben wird jedoch den einzelnen Staaten überlassen. Auf konkrete Maßnahmen, wie diese Aufgaben zu erfüllen sind, konnten sich die Vereinten Nationen jedoch nicht einigen.

Konkreter als die Aufforderung an alle Staaten, die bestehenden Verträge gegen das Abladen giftiger und gefährlicher Abfälle strengstens einzuhalten und das verbotene Schuttabladen zu verhindern, ist allerdings auch die Weltmenschenrechtskonferenz in Wien 1993 in ihrer Abschlussdeklaration, in der sie das Menschenrecht auf Entwicklung ausdrücklich bestätigt hat (Zif. 9, 10), nicht geworden. Jährlich fallen nach UN-Angaben bis zu 50 Mio. Tonnen Elektroschrott an. Zwei Drittel werden in Entwicklungsländern entsorgt. Da er von Kühlschränken über Fernsehgeräte und Computerbildschirme hochgiftige Schwermetalle enthält, darf er laut der »EU-Richtlinie 212/19 über Elektro- und Elektronik Altgeräte« die EU nicht verlassen. Das weltweite Exportverbot der Basler Giftmüll-Konvention von 1989 ist von 186 Staaten, nicht aber von den USA ratifiziert worden. Mehr als 80 % des Elektroschrotts kommen aber aus den USA; 100 Container kommen z.B. monatlich aus den USA und der EU in Ghana an. Er belastet dort die Böden, das Grundwasser und die Luft, die gesundheitlichen Schäden für die Menschen sind enorm. Als im Jahr 2006 nach der Anlandung von 528 Tonnen hochtoxischer flüssiger Abfälle in Abidjan 10 Menschen starben und etwa 9.000 Einwohner von Abidjan und Umgebung durch den Kontakt mit den hochgiftigen Flüssigkeiten und Dämpfen verletzt wurden, ergab eine Untersuchung der EU-Kommission, dass die EU-Regulierungen zum Umgang mit Mülltransporten im großen Maßstab missachtet werden (Bundesregierung, 2006).

Durchaus selbstkritisch wird von Juristen der Entwicklungsländer wahrgenommen, dass seit der kolonialen Befreiung sich die Situation der Menschenrechte verschlechtert hat. Die Probleme der wirtschaftlichen, sozialen und kulturellen Unterentwicklung sind gewachsen. Die bürgerlichen und politischen Freiheiten sind inzwischen mindestens ebenso beschnitten wie zur Kolonialzeit. An die Stelle der ehemaligen Kolonialherren sind längst neue, eigene Herrschaftseliten getreten. Erzogen und ausgebildet in den westlichen Metropolen, kooperieren sie eng mit den wirtschaftlichen und militärischen Interessen der ehemaligen Kolonialländer bzw. der in ihnen herrschenden Finanz- und Kapitaleliten. Wo die anfängliche Unterstützung der Bevölkerung, die aus dem antikolonialen Befreiungskampf herrührte, wegen der wachsenden wirtschaftlichen und kulturellen Misere verloren ging, wurde repressive, z.T. brutale, Machterhaltung betrieben. Immer öfter tritt das Phänomen des sogenannten failed state, des zerfallenden Staates auf, der an mittelalterliche Zustände sich bekämpfender Räuberhorden erinnert. Die Menschenrechte, für deren Verwirklichung der antikoloniale Befreiungskampf geführt worden war, bleiben auf der Strecke.

6.
Universalität der Menschenrechte

Menschenrechte beanspruchen schon begrifflich universelle Geltung. Für Menschen und ihre Rechte sollen keine Grenzen gesellschaftlicher, kultureller oder religiöser Besonderheiten oder Differenzen gelten. Unabhängig von der Forderung nach Universalität aus ethischen, politischen oder rechtlichen Gründen sollen alle Menschen über Rechte verfügen, die ihr Menschsein ermöglichen und garantieren. Die Menschen seien zwar frei geboren, so heißt es schon in den frühesten Dokumenten der Menschenrechtsgeschichte, da aber das »Vergessen und die Missachtung der natürlichen Rechte des Menschen die einzigen Ursachen des Unglücks in der Welt sind«, wie es in der Jakobiner-Verfassung vom 24. Juni 1793 heißt, sollten sie in einer »feierlichen Erklärung proklamiert« werden, »damit alle Bürger (…) sich niemals durch die Tyrannei unterdrücken und entehren lassen«. Schon in der »Déclaration des droits de l'homme et du citoyen« vom 26. August 1789 war das Vergessen, die Missachtung oder gar die Unkenntnis der Rechte für das allgemeine Unglück der Menschen verantwortlich gemacht worden und ihre feierliche Erklärung zum idealistischen Fanal der menschlichen Emanzipation ausgerufen worden. Die »Erhaltung der natürlichen und unabdingbaren Menschenrechte« ist, wie es Art. 2 der Menschenrechtserklärung formuliert, »der Endzweck aller politischen Vereinigung«. Sie bilden daher nicht nur die Grundlage jedes Grund- und Bürgerrechts, sondern in ihrer Verwirklichung werden das einzige wahre Ziel und der Zweck der menschlichen Organisation zu einer politischen Organisation, einem Staat gesehen (Condorcet, 1976, S. 149).

Grenzen der Universalität: Eigentum und Ideologie

Dieser Anspruch ist vom Beginn der Proklamation der Rechte an universell, aber mit der Aufnahme des Eigentums neben der Freiheit, der Sicherheit und dem Widerstand gegen Unterdrückung zugleich gesellschaftlich auf die Bourgeoisie, die Klasse der Eigentümer, beschränkt. Diesen Widerspruch zwischen der politischen Emanzipation von der Feudalherrschaft und der totalen, der menschlichen Emanzipation von dem egoistischen Privateigentümer der kapitalistischen Gesellschaft nahm Karl Marx zum Ausgangspunkt seiner Fundamentalkritik an der bürgerlichen Menschenrechtskonzeption. Er sprach ihr generell die Fähigkeit ab, die Verhältnisse derart zu revolutionieren und umzugestalten, dass sie die totale menschliche Emanzipation ermögliche (Marx, 1956, MEW 1; Klenner, 1982, S. 60ff). Erst mit dem Fortgang der bürgerlichen zur sozialistischen Gesellschaft, in der sich »l'homme als egoistischer, vom Menschen und Gemeinwesen getrennter Mensch« zum »citoyen als Träger der Freiheit, Gleichheit und Brüderlichkeit« entwickelt und »in die forces propres der lebenden Menschen eintritt; dann erst, sagt Marx, ›ist die menschliche Emanzipation vollbracht‹« (Bloch, 1961, S. 206).

So begründet diese Kritik angesichts der vollkommen unzureichenden Verwirklichung der Menschenrechte in der Welt und vor allem in den Ursprungsländern der Menschenrechts-Proklamation auch ist, sie wird weitgehend ignoriert, wenn nicht gar ausdrücklich abgelehnt (Haller, 2012, S. 125f; Sandkühler, 2013, S. 138f). An dem universellen Anspruch der Menschenrechte wird trotz des offensichtlichen Widerspruchs z. B. zwischen den politischen und bürgerlichen Menschenrechten einerseits und den sozialen, wirtschaftlichen und kulturellen Menschenrechten andererseits festgehalten. Obwohl oder vielleicht auch weil mit dem Untergang der Sowjetunion und ihrer sozialistischen Partnerstaaten die Protagonisten und stärksten Vertreter der sozialen und wirtschaftlichen Rechte verschwunden sind, haben diese Rechte immer noch nicht einen gleichwertigen Status der Verbindlichkeit erlangt wie die politischen und bürgerlichen Rechte. Zwar haben die sozialen Forderungen mit ihren Kollektivrechten, der Demonstrations- und Streikfreiheit Eingang in zahlreiche europäische (Spanien, Frankreich, Italien) und außereuropäische Verfassungen sowie in alle UN-Konventionen Eingang gefunden, dennoch verharren sie immer noch auf der unteren Stufe programmatischer Unverbindlichkeit, die letztlich mit ihrer Unverträglichkeit mit der kapitalistischen Wirtschaftsordnung begründet wird.

Desgleichen stehen kulturelle und religiöse Unterschiede in der Weltgesellschaft dem Anspruch auf Universalität im Wege (Paech/Stuby, 2013, S. 660f). Selbst wenn die UN-Generalversammlung in ihrer Resolution 57/204 v. 18. Dezember 2002 über »Menschenrechte und kulturelle Vielfalt« erwägt, dass »die Bedeutung nationaler und regionaler Besonderheiten und unterschiedlicher historischer, kultureller und religiöser Voraussetzungen im Auge zu behalten ist«, zugleich aber auch, »dass alle Kulturen und Zivilisationen einen gemeinsamen Katalog universeller Werte teilen«, sind die Vorbehalte gerade aus den westlichen Gesellschaften unübersehbar. Die Resolution in der Generalversammlung war ohne Abstimmung angenommen worden, eine Resolution des Menschenrechtsrats, die 2009 die Russische Föderation eingebracht hatte, stieß jedoch auf erklärten Widerstand. Die Resolution forderte lediglich die Anerkennung, »dass alle Kulturen und Zivilisationen in ihren Traditionen, Gebräuchen, Religionen und Glauben einen gemeinsamen Satz von Werten teilen, die zur Menschheit in ihrer Gesamtheit gehören, und dass diese Werte einen wichtigen Beitrag zur Entwicklung der Menschenrechtsnormen und -standards beigetragen haben« (Res. A/HRC/RES/12/21 v. 2. Oktober 2009, eigene Übersetzung). 15 vorwiegend westliche Staaten stimmten gegen die Mehrheit von 26 Staaten bei 6 Enthaltungen. Ihre Begründung, die von zahlreichen Nichtregierungsorganisationen geteilt wurde, war, dass anderen Wertesystemen als den internationalen Menschenrechtsnormen keine Legitimität zukomme, sie vielmehr die Universalität der Menschenrechte gefährdeten (Sandkühler, 2013, S. 170). Diese Befürchtungen sind durchaus berechtigt bei den sogenannten schädlichen kulturellen Praktiken, die die UNO seit den 1950er Jahren beschäftigen: Genitalverstümmelung, Kinderheirat, Ernährungstabus und traditionelle Geburtspraktiken, Kinderschwangerschaft und Kindstötung etc. Sie stehen ohne Frage in Widerspruch zu den internationalen Menschenrechtsnormen und können sich gegenüber deren Universalitätsanspruch nicht behaupten. Der Widerstand verstärkte sich zwei Jahre später bei der Verabschiedung eines Resolutionsentwurfes mit dem gleichen Titel »Förderung der Menschenrechte und fundamentalen Freiheiten durch das bessere Verständnis traditionaler Werte der Menschheit« (Res. A/HRC/16/L.6 vom 18. März 2011, eigene Übersetzung. 24 +, 21 –, 7 Enthaltungen) und schließlich 2012, als die Resolution (Res. A/HRC/21/.2 vom 12. September 2012, 25 +, 15 –, 7 Enthaltungen) zum dritten Mal zur Abstimmung gestellt wurde. Während Russland, unterstützt von China, Weißrussland, Bolivien, Singapur und Sri Lanka, maßgeblich die Resolutionen vertrat, kam der Widerstand regelmäßig von den USA, den EU-Staaten und der Schweiz.

Es ist unverkennbar, dass die Idee der Menschenrechte zunächst in Europa einen tiefgreifenden Transformationsprozess begleitet und gefördert hat, der ausgeschlossenen, unterdrückten und diskriminierten Gruppen erst nach langen Kämpfen Anerkennung und Gleichstellung verschafft hat. Ob es sich um die Arbeiter handelt, deren Menschenrechte erst in Folge der Russischen Revolution 1919 anerkannt und kodifiziert werden konnten, die Frauen oder stigmatisierte Minderheiten wie Juden, Zigeuner, Schwule bis zu Flüchtlingen und Asylbewerbern, die Ausdehnung und Erstreckung der Menschenrechte war immer mit der Überwindung und Zerstörung alter kultureller Bräuche und Traditionen verbunden.

Das Pochen auf die kulturelle Differenz führte nicht nur auf der europäischen und westlichen Seite zu den Vorbehalten gegen die Universalität. Vor allem in Afrika und Asien wenden sich immer wieder Stimmen gegen die ideologische Dominanz des Westens in den internationalen Erklärungen. So heißt es in der Erklärung des Iran zum 5. August, dem »Tag der Islamischen Menschenrechte und -würde«, vom 5. August 2012:

»Die Herausgabe der Menschenrechtserklärung von 1948 war ein Schritt des Menschen zur Einforderung seiner Rechte. Sie war ein Fortschritt, denn sie fasste viele Grundrechte und private und soziale Freiheitsrechte ins Auge. Die Völker hofften, dass durch Durchführung der Menschenrechtserklärung ihre Rechte und Freiheiten gewährleistet werden. Aber die Menschenrechtserklärung ist das Produkt der gemeinsamen Überlegung von Staaten, die deutlich den westlichen Liberalismus vertreten. Die Menschenrechtscharta bedeutet einen großen Schritt, aber sie enthält viele Mängel. Zum Beispiel entstehen Mängel durch das unterschiedliche Verständnis vom Menschen und seinen Bedürfnissen und hinsichtlich der Durchführung der Menschenrechtserklärung (…) Aber es ist eine Tatsache, dass die Werte, die für die Beachtung der Menschenrechte genannt werden, erst dann international begrüßt werden können, wenn alle Kulturen sowohl theoretisch als auch in der Praxis mitberücksichtigt und mitbeteiligt werden. Die internationale Menschenrechtserklärung richtet sich jedoch nach den westlichen Denkschulen. Die Menschenrechte basieren im Islam auf der Tauhid-Denkweise. Das heißt der Denkweise, die auf dem Prinzip des Glaubens an den einen Gott aufbaut. Durch diesen gedanklichen Ansatz kommt es, dass sich die islamischen Menschenrechte von den westlichen unterscheiden.« (Sandkühler, 2013, S. 185). Insbesondere die zentrale Rolle der Scharia in den konservativen Islam-Interpretationen hat auch hier zu dem Urteil geführt, dass der Islam generell nicht mit den Menschenrechten vereinbar sei (Tibi, 1994). Bei den Diskussionen um die Präambel zur »Allgemeinen Erklärung der Menschenrechte« von 1948, an denen immerhin zehn islamische Staaten, unter ihnen die Exponenten der Schiiten und Sunniten Iran und Saudi-Arabien, beteiligt waren, reduzierte sich der Dissens allerdings darauf, dass die Begriffe »Natur« und »Gott« keinen Konsens fanden. So heißt es dort lediglich, dass »die Völker der Vereinten Nationen ihren Glauben an die grundlegenden Menschenrechte bekräftigen« (Opitz, 2010, S. 284ff).

Dieser Glaubensvorbehalt bezieht sich insbesondere auf die Rechte und Stellung der Frau oder sexueller Minderheiten (LGBTI, d.h. Lesben, Schwule, Bi-, Trans-, und Intersexuelle), deren Diskriminierung nach westlichem Menschenrechtsverständnis nicht akzeptiert werden kann. Selbst das »Recht auf Leben« gehört nicht zu dem »gemeinsamen Katalog universeller Werte«, von denen die UN-Resolution von 2002 spricht. Die Todesstrafe, ob gegen Homosexuelle wie in manchen afrikanischen Staaten und Staaten des Mittleren Ostens oder wegen schwerer Verbrechen wie in den USA ist nicht einmal in den Ursprungsstaaten der Menschenrechte verboten. Nur in 102 Staaten ist sie abgeschafft und in 34 Staaten besteht ein Hinrichtungsverbot. Gleichwohl beansprucht das »Recht auf Leben« universale Geltung, ein universelles Verbot der Todesstrafe lässt sich daraus aktuell jedoch nicht ableiten. Damit relativiert sie jedoch den Anspruch auf universelle Geltung und dokumentiert die Brüchigkeit der Menschenrechtskonzeption. Anders das Folterverbot, das ebenfalls universellen und absoluten Anspruch erhebt, der seinen Ausdruck in verschiedenen internationalen Verträgen und Konventionen gefunden hat. Dennoch ist bis heute Folter eine Praxis in zahlreichen Staaten. Im Unterschied zur Todesstrafe vermag der Verstoß gegen das Folterverbot dieses jedoch nicht zu relativieren und seinen universellen Geltungsanspruch, welcher auch von den Staaten mit bezeugter Folterpraxis (z. B. USA, Israel) nicht bestritten wird, zu widerlegen. Letztere unternehmen alles, um ihre inkriminierte Praxis vor dem Foltervorwurf zu rechtfertigen und zu schützen. Israel geht dabei soweit, die Geltung der Anti-Folter-Konvention für die besetzten palästinensischen Gebiete zu bestreiten.

Den iranischen »Glaubensvorbehalt« finden wir mutatis mutandis auch in anderen Regionen, Kulturen und Zivilisationen. Allerdings hat seine Rezeption im Europa des 19. Jahrhunderts dazu beigetragen, dem östlichen Denken, Rückständigkeit und eine generelle philosophische Unterlegenheit gegenüber dem westlichen Denken zu unterstellen (Said, 2017; Mishra, 2015). Erfand Marx für Indien den Begriff des »orientalischen Despotismus« (Marx, 1960, MEW 9, S. 132), so war für Hegel der gesamte Orient statisch und für die Weltgeschichte uninteressant. Die Werke des Konfuzius deklassierte er als »ein Herumreden, eine Reflexion und ein sich Herumwenden darin, welches sich nicht über das Gewöhnliche erhebt« (Hegel, 1848, Bd. 9., S. 167). Herders Urteil über die »chinesische Sklavenhalterkultur« war nicht viel freundlicher. Er machte Konfuzius dafür verantwortlich, dass das »Volk, wie so manche andere Nation des Erdenkreises mitten in seiner Erziehung, gleichsam im Knabenalter, stehengeblieben« (Herder, 1952, S. 269) sei. Selbst Max Weber sieht in dem Werk des Konfuzius lediglich eine »Ethik der Anpassung« (Weber, 1989). Diese durchweg vom herrschenden Kolonialbewusstsein infizierte Geringschätzung wurde erst am Ende des 20. Jahrhunderts durch einzelne neue Studien durchbrochen (Roetz, 2015). In ihnen wird eine philosophische, politische und moralische Reife des konfuzianischen Denkens, wie es von Menzius weiterentwickelt wurde, aufgedeckt, die auf der gleichen Höhe der westlichen Menschenrechtskonzeption steht (Leuprecht, 2015, S. 15-42).

Unterstrichen wird dieser Befund durch die »Charta der Association of Southeast Asian Nations« (ASEAN), einer Organisation von 10 Staaten mit etwa 600 Millionen Menschen, die ihre Mitglieder ausdrücklich auf den Schutz der Menschenrechte verpflichtet und dazu 2009 eine ASEAN-Menschenrechts-Kommission eingerichtet hat (Fremuth, 2015, S. 764). Diese bereitete eine Menschenrechtserklärung vor, die 2012 von den Mitgliedsstaaten angenommen wurde. Das darin enthaltene Bekenntnis zu der »Allgemeinen Erklärung der Menschenrechte« von 1948 und den Ergebnissen der Wiener Menschenrechts-Konferenz von 1993 spiegelt sich in den bekannten Prinzipien, Grundsätzen und Rechten wider, die nun auch in der ASEAN-Erklärung zu finden sind. Ausdrücklich wird zudem eine besondere Pflichtenbindung der Menschen und die Berücksichtigung regionaler und nationaler Besonderheiten bei der Verwirklichung der Menschenrechte normiert. Das mag der Trennung von Rechten und Pflichten in der klassischen Menschenrechtskonzeption nicht entsprechen und als asiatisches Verständnis gelten, relativiert jedoch die Programmatik nicht. Ein bedeutsamer Unterschied zu den klassischen internationalen Menschenrechtserklärungen ist die

6. UNIVERSALITÄT DER MENSCHENRECHTE

Aufnahme sogenannter kollektiver Rechte der dritten Generation, das Recht auf sichere, saubere und nachhaltige Umwelt, das Recht auf Entwicklung und das Recht auf Frieden als subjektive Rechte der einzelnen Menschen.

Die widersprüchliche Rezeption fremder Philosophie in Europa gilt vor allem für den Islam, die stark durch die Erfahrung des islamistischen Terrors seit dem 11. September 2001 überlagert ist. Auch in Bezug auf ihn wird im 19. Jahrhundert die negative und geringschätzige Bewertung durch Autoren wie Chateaubriand und Ernest Renan vorbereitet (Leuprecht, 2015, S. 88f; Said, 2017, S. 199f, 149f). Entscheidenden Einfluss auf die geradezu feindliche Ablehnung des Islam hat aber die weit verbreitete Schrift Samuel Huntingtons »Der Kampf der Kulturen« (Huntington, 2015) ausgeübt. Darin wirft er dem Islam »Militarismus, Unverdaulichkeit« und »die muslimische Neigung zum Konflikt im Laufe der Geschichte« (Huntington, 2015, S. 264) vor. Dass an diesem Feindbild die katholische Kirche nicht unschuldig ist, hat Papst Benedikt XVI. in seiner Regensburger Vorlesung am 12. September 2006 gezeigt, als er die Vernunft zwar als Bestandteil des Christentums, nicht aber des Islam einstufte (Leuprecht, 2015, S. 91). Demgegenüber eröffnet das Studium der großen muslimischen Denker, Avicenna, Averroes und Ibn Khaldun »eine Welt des Humanismus, der Rationalität, der Mäßigung und der Toleranz«, wie es P. Leuprecht ausdrückt: »Was wir mitnehmen, ist das Bild eines humanistischen, aufgeklärten, rationalen und offenen Islam – eines Islam, der weit entfernt ist von einigen seiner im Westen verbreiteten Karikaturen (…), entfernt auch von zeitgenössischen fundamentalistischen Versionen des Islam.« (Leuprecht, 2015, S. 85).

Dennoch scheint der Vereinbarkeit des Islam mit den Menschenrechten der »Glaubensvorbehalt« entgegenzustehen, wie er auch 1990 in der Präambel der »Kairoer Erklärung der Menschenrechte im Islam« (Fremuth, 2015, S. 746) von der Organisation für Islamische Zusammenarbeit enthalten ist. Die Grundrechte und universellen Freiheiten werden als integraler Bestandteil des islamischen

Glaubens unter den Vorbehalt der Scharia als verbindliche Gesetze Gottes gesetzt. Zudem finden sich keine Bestimmungen zur Religions- und Glaubensfreiheit in ihr. Doch befindet sich die 2008 in Kraft getretene »Arabische Menschenrechtscharta« (Fremuth, 2015, S. 751) der Arabischen Liga nunmehr eindeutig auf dem Niveau der Allgemeinen Erklärung der Menschenrechte von 1948 und der beiden Pakte von 1976, auf die sie sich ausdrücklich in der Präambel bezieht (Fremuth, 2015, S. 194). Sie enthält alle klassischen bürgerlichen und politischen sowie verschiedene wirtschaftliche, soziale und kulturelle Rechte, wie das Recht auf Arbeit und Gewerkschaften, auf einen angemessenen Lebensstandard, auf Bildung und auf die eigene Kultur und Sprache. Zumindest auf programmatischer Ebene kann daher kein Zweifel mehr bestehen, dass der Islam mit der internationalen Menschenrechtskonzeption vereinbar ist (Leuprecht, 2013, S. 195ff). Nach Ansicht von Maxime Rodinson ist sogar der Raum, den die Religion der Vernunft einräumt, im Koran wesentlich größer als in den heiligen Schriften des Christen- und Judentums. Die Ideologie des Koran sei für Argumentation und Rationalität offener als die Ideologien des Alten und Neuen Testaments (Rodinson, 1971, S. 115ff).

Universalität der Programmatik und die Realität der Machtpolitik

Universalität der Programmatik ist allerdings weder Universalität der Realität noch rechtlich verbindliche Norm. Es ist Anspruch, allenfalls eine Konzeption mit dem Ziel, die Menschen aller Kontinente, Regionen, gesellschaftlicher Organisationen und Religionen die gleichen Standards der Freiheit, Gerechtigkeit, des Friedens und guten Lebens zu ermöglichen. Auf der internationalen Konferenz des Europarats 1989 über die »Universalität der Menschenrechte in einer pluralistischen Welt« (Council of Europe, 1990) waren sich die Teilnehmer weitgehend einig, dass »die Menschenrechte nur gedeihen können, wenn sie der Diversität der Kulturen Rechnung tragen«, wie es Robert Badinter in seinem Schlussbericht formulierte (Council of Europe, 1990, S. 170). Ein Blick in die jährlichen Berichte von Am-

6. UNIVERSALITÄT DER MENSCHENRECHTE

nesty International (ai) oder die zahlreichen Dokumente des Menschenrechtsrats und anderer UN-Organisationen zeigt jedoch den elenden Zustand der Menschenrechte in zahlreichen Staaten und Regionen, der bis zu den Protagonisten der Menschenrechtspropaganda, Europa und USA, reicht.

Daran hat auch der hohe Grad der Kodifizierung durch eine große Anzahl internationaler Verträge, UN-Konventionen und -Institutionen mit starker Beteiligung aller Staaten sowie bedeutender Nichtregierungsorganisationen (NGO) – stärkstes Argument der Universalität – nichts Entscheidendes ändern können. Die Erklärung der Wiener Menschenrechtskonferenz von 1993 verweist zwar auf diesen völkerrechtlichen Rückhalt, wenn sie feststellt: »Die Weltkonferenz bekräftigt das feierliche Bekenntnis aller Staaten zur Erfüllung ihrer Verpflichtungen zur Förderung der allseitigen Achtung, Einhaltung und Wahrung aller Menschenrechte und Grundfreiheiten für alle Menschen in Übereinstimmung mit der Satzung der Vereinten Nationen, den anderen auf die Menschenrechte bezüglichen Instrumente und dem Völkerrecht. Der universelle Charakter dieser Rechte und Freiheiten steht außer Frage.« So bemerkenswert die Fülle der Menschenrechtskodifikationen und die Entwicklung des Völkerrechts nach dem Zweiten Weltkrieg auch sind, die Realität der Menschenrechte ist jedoch weit von diesem »feierlichen Bekenntnis« entfernt.

Maos Nachfolger Deng Xiaoping hat auf den zentralen Widerspruch zwischen Anspruch und Realität der Menschenrechte hingewiesen, als er 2001 sagte: »Gegenwärtig ist die nationale Souveränität weitaus wichtiger als die Menschenrechte, aber die Gruppe der sieben (oder acht) verletzt oft die Souveränität armer, schwacher Länder der Dritten Welt. Ihr Gerede von Menschenrechten, Freiheit und Demokratie ist nur darauf angelegt, die Interessen der starken, reichen Länder zu wahren. Und die nutzen die Stärke dazu aus, um schwächere Länder zu drangsalieren, streben nach Hegemonie und betreiben Machtpolitik.« (Majie, 2002, S. 81). Keiner der Kriege, die die Staaten der NATO nach dem Untergang der Sowjetunion geführt haben, ist ohne Berufung auf die Menschenrechte begonnen oder im

Laufe der Kämpfe gerechtfertigt worden. Die Menschenrechte dienten nicht ihrer historischen Bestimmung, dem Schutz vor staatlicher Gewalt und Willkür, sondern den Staaten zum Vorwand der Intervention mit zweifelhafter und oft fehlender völkerrechtlicher Legitimation. Nicht das »Vergessen, die Missachtung oder gar die Unkenntnis der Rechte (sind) für das allgemeine Unglück der Menschen verantwortlich«, wie es noch die Menschenrechtserklärung von 1789 formuliert hatte. Verantwortlich sind heute die strategischen Interessen der Sicherung von Rohstoffen, Handelswegen und Investitionen, die »Führung in der Weltpolitik«, wie es Zbigniew Brzezinski schon 1977 schrieb und es immer noch Gültigkeit hat: »Wir glauben, dass die Menschenrechte eine Idee sind, deren Stunde gekommen ist (…), wenn wir entschlossen sind, die amerikanische Führung in der Weltpolitik zu kräftigen (…), dass sich in dem einen Wort ›Menschenrechte‹ die wahrhaft historische Forderung unserer Zeit verkörpert, (…) die tiefverwurzelten amerikanischen Werte« (Brzezinski, 1977). Die Instrumentalisierung der Menschenrechte für Weltmachtpolitik bedeutet jedoch ihre totale Perversion und den zynischen Verrat an ihren historischen Quellen.

Der von Deng Xiaoping hervorgehobene Widerspruch ist auch den Institutionen und Organisationen eingewoben, die in großer Anzahl von der UNO und der internationalen Zivilgesellschaft gerade mit Unterstützung und Beteiligung der armen und schwachen Länder eingerichtet wurden, also den Anspruch der Universalität einlösen sollen. Doch können auch diese Institutionen sich nicht aus dem hegemonialen System des Imperialismus befreien, in dem sich die internationalen Beziehungen der Staaten immer noch bewegen. Trotz weitgehender Beseitigung der alten kolonialen Herrschaftsverhältnisse und neuer Souveränität der ehemaligen Kolonien haben die Gesetze der Globalisierung die Dominanz und Suprematie der alten Mächte nicht beseitigt, sondern auf einer neuen Stufe verstärkt und gefestigt. An die Stelle des alten ist ein neuer Kolonialismus getreten, der die Abhängigkeit nicht aufgehoben, sondern nur verändert hat. So wenig sich die Kluft zwischen Armut und Reichtum in der Welt

6. UNIVERSALITÄT DER MENSCHENRECHTE

trotz zahlreicher Abkommen und Institutionen schließen konnte, so geringen Einfluss haben die internationalen Abkommen zum Minderheiten- und Flüchtlingsschutz die Katastrophe der weltweiten Flüchtlingsbewegungen verhindern können. So ist die einzige Institution, die schwere Menschenrechtsverletzungen wie Kriegsverbrechen, Verbrechen gegen die Menschlichkeit oder Völkermord verfolgen und sanktionieren kann, der seit 2002 in Den Haag arbeitende Internationale Strafgerichtshof (IStGH) auf einen »afrikanischen« Gerichtshof reduziert, der sich nicht an die schweren Menschenrechtsverletzungen der mächtigen atlantischen Staaten heranwagt. Das vollkommen ungleichgewichtige Sanktionspotenzial der Staaten gegen Menschenrechtsverletzungen transformiert sich in den internationalen Organisationen in eine ebenso ungleichgewichtige und asymmetrische Aufnahme der Menschenrechte in die politischen Beziehungen. Das Bewusstsein von der Überlegenheit der eigenen Sanktionsgewalt setzt sich zugleich um in die moralische Gewissheit von der Überlegenheit der eigenen Sache, die die Sache des Guten ist. Während die Menschenrechte zu einer permanenten Beanstandung der mächtigen Staaten geworden sind und nicht selten zu erpresserischen Zwecken eingesetzt werden, steht den schwachen Staaten dieses Menschenrechtsargument nicht zur Verfügung, es bleibt wirkungslos, sei es das Recht auf Selbstbestimmung, das Recht auf die eigenen Ressourcen, das Recht auf Entwicklung oder das Recht auf Frieden. Menschenrechte für sich kämpfen nicht, sie können allenfalls wie in den Kämpfen der Dekolonisation als emanzipatorische Perspektive und normatives Instrument die Kämpfe unterstützen. Menschenrechte sind auf Fortschritt und Veränderung angelegt. Dass sie in ihr Gegenteil gewendet werden können, zeigen die Kriege der Gegenwart. Der Kampf um ihre Verwirklichung ist seit ihrer ersten Proklamation vor über 200 Jahren kein juristischer, sondern ein politischer um die Veränderung der Welt. Mit anderen Worten: »Keine wirkliche Installierung der Menschenrechte ohne Ende der Ausbeutung, kein wirkliches Ende der Ausbeutung ohne Menschenrechte.« (Bloch, 1961, S. 13).

7.
Menschenrechte im Dienste des Krieges

Als die NATO im Frühjahr 1999 ohne Mandat des UN-Sicherheitsrats und ohne völkerrechtliche Legitimation ihren Krieg gegen Jugoslawien begann, bedurfte es dringend einer anderen Rechtfertigung. Am Ende ihres Krieges hatte sie eine neue Formel für den gerechten Krieg durchgesetzt, die »humanitäre Intervention«. Der Begriff war nicht neu, er diente bereits im neunzehnten Jahrhundert der Begründung imperialistischer Überfälle. Doch im zwanzigsten Jahrhundert schien seine Legitimationskraft unter dem Druck der UN-Charta endgültig zu versiegen. Kriegs- und Gewaltverbot sollten dem *ius ad bellum* der Staaten ein Ende bereiten und die zwischenstaatliche Gewalt im Monopol der UNO aufheben. Die Botschaft des neuen Krieges lautet allerdings anders. Die Koppelung von Menschenrechten und Krieg wird zur Erlösung von der Fessel genutzt, mit der die Staaten an den Frieden gebunden und zum Verzicht auf den Krieg gezwungen werden sollten. Damit soll das Ende einer Epoche eingeleitet werden, die nach geschichtlichen Maßstäben kaum erst begonnen hatte.

Als Ende August 1928 in Paris der »Vertrag über die Ächtung des Krieges« von den Präsidenten und Majestäten der 15 mächtigsten Staaten zwischen Washington und Tokio unterzeichnet wurde, ging die klassische Epoche des Völkerrechts, die Epoche des Rechts auf Krieg (*ius ad bellum*) zu Ende. Was weder den beiden Haager Friedenskonferenzen von 1899 und 1907 noch dem Versailler Friedensvertrag von 1919 und dem Völkerbund gelungen war, den Krieg als »Fortsetzung des politischen Verkehrs mit Einmischung anderer

Mittel« (Clausewitz 1832) außerhalb des Rechts zu stellen, sollte nun eine Initiative des französischen Außenministers Aristide Briand zu einem erfolgreichen Abschluss bringen. Es war ein knapper Vertrag, den er mit dem US-amerikanischen Staatssekretär Frank B. Kellogg schloss, und der nach seinen Protagonisten der Briand-Kellogg-Pakt genannt wurde.

Die Ächtung des Krieges

»In der Überzeugung,« heißt es u. a. in der Präambel, sei der Pakt geschlossen worden, »dass die Zeit gekommen ist, einen offenen Verzicht auf den Krieg als Werkzeug nationaler Politik auszusprechen, um die jetzt zwischen ihren Völkern bestehenden friedlichen und freundschaftlichen Beziehungen dauernd aufrechtzuerhalten.« In Artikel I erklären die »Hohen Vertragschließenden Parteien feierlich im Namen ihrer Völker, dass sie den Krieg als Mittel für die Lösung internationaler Streitfälle verurteilen und auf ihn als Werkzeug nationaler Politik in ihren gegenseitigen Beziehungen verzichten.« In Artikel II vereinbaren sie, »dass die Regelung und Entscheidung aller Streitigkeiten oder Konflikte, die zwischen ihnen entstehen könnten, welcher Art oder welchen Ursprungs sie auch sein mögen, niemals anders als durch friedliche Mittel angestrebt werden soll.«

Mit diesem Vertrag sollte der Angriffskrieg – nicht die militärische Verteidigung – endgültig aus dem politischen Arsenal der Staaten entfernt werden. Vergeblich natürlich, aber damit doch kein derart sinnloses Verbot, dass man angesichts der friedlosen Rivalität der Staaten vom Verbot Abstand nehmen sollte. Einerseits führt auch im nationalen Recht der tägliche Verstoß gegen die Verbote des Strafgesetzbuches nicht zu ihrer Aufhebung und zur Erlaubnis des Verbotenen. Andererseits hatten die Vereinten Nationen 1945 das Kriegsverbot in der UN-Charta zu einem allgemeinen Gewalt- und Interventionsverbot ausgeweitet, d. h. dem offensichtlichen Scheitern des Kriegsverbots nicht etwa nachgegeben, sondern waren ihm offensiv mit einer Verschärfung des Verbots entgegengetreten.

Die nachfolgenden Zeiten waren wahrlich keine friedlichen Zeiten, außer dass die großen Mächte nicht mehr übereinander herfielen. Sie waren allerdings an fast jedem der Kriege auf dem afrikanischen und asiatischen Kontinent beteiligt und ließen eine Reihe von Stellvertreterkriegen führen. Dennoch bremste sie der Antagonismus der Supermachtstruktur, der einen direkten Einsatz der NATO verhinderte und noch einige Schutzzonen vor dem ungehinderten Zugriff der militärischen Globalisierung reservierte – ob sie das glücklicher und unabhängiger machte, sei dahingestellt. Dieses bremsende Machtgleichgewicht ist mit dem Zerfall der Sowjetunion und dem zumindest zeitweiligen Verschwinden des sozialistischen Modells ebenfalls untergegangen. Was wir seitdem erleben, ist nicht nur der ideologische Siegeszug des neoliberalen Globalisierungsanspruchs zur Beherrschung der Finanz- und Warenmärkte, sondern auch die ideologische Erneuerung des alten Hegemonialanspruchs mit den Mitteln des Krieges.

Der alte Ost-West-Antagonismus hatte sich im nuklearen Wettrüsten und dem direkten Gegenüber der beiden Militärallianzen NATO und Warschauer Pakt auf den Kalten Krieg fixiert. Es blieb bei Kriegsvorbereitungen, die ideologisch mit dem Antikommunismus und juristisch mit dem Selbstverteidigungsrecht (Art. 51 UN-Charta, Art. 5 NATO-Vertrag) ausreichend legitimiert waren. Es bedurfte gesellschaftlich keiner zusätzlichen Funktion zu dem allgemein anerkannten Ziel, den Kommunismus zumindest einzudämmen, um jede Form und jeden Umfang der Rüstung aber auch die Unterstützung fremder Kriege und gelegentliche eigene militärische Interventionen zu rechtfertigen. Notfalls wurde das auch gegen das Völkerrecht unternommen, wie im Vietnamkrieg, dem Interventionsversuch in der Schweinebucht Kubas oder der Unterstützung Pol Pots nach seiner Vertreibung durch die Vietnamesen. Keine der zahlreichen US-Interventionen in Latein- und Mittelamerika war mit den anerkannten völkerrechtlichen Standards vereinbar, aber überall spielte die Berufung auf die Menschenrechte eine Rolle. Die oft mühsamen Rechtfertigungsversuche (erbetene oder humanitäre

7. MENSCHENRECHTE IM DIENSTE DES KRIEGES 131

Intervention) konnten nur schlecht die imperialen Ordnungsinteressen verdecken, die dem ungehinderten Zugriff auf die Ressourcen – von Bananen bis Kupfer und Märkte – dieser Länder galten.

Das geht zurück bis auf die sogenannte Monroe-Doktrin, mit der der damalige Präsident der USA, James Monroe, am 2. Dezember 1823 die Prinzipien der US-amerikanischen Außenpolitik formulierte und allen kolonialen Ambitionen der europäischen Mächte auf den amerikanischen Kontinenten eine deutliche Absage erteilte. Der Völkerrechtler Friedrich von Martens hat bereits in seinem 1883 in Berlin erschienenen Buch »Völkerrecht. Das internationale Recht der civilisierten Nationen« auf die Umfunktionierung der Doktrin als Interventionsinstrument der USA in Lateinamerika hingewiesen. Hier diente der Schutz vor den europäischen Kolonialinteressen als Camouflage des eigenen Hegemonieanspruchs. Zu dieser Zeit war bereits der alte Missionsauftrag zur Rechtfertigung der Conquista abgelöst worden durch den angeblichen Zivilisationsauftrag, mit dem die Aufteilung der für unzivilisiert erklärten Welt auf die christlichen Staaten und die fortdauernde Kolonialausbeutung begründet wurde.

Mission und Krieg

Verfolgen wir diesen Begründungskanon historisch zurück, so stoßen wir auf die päpstlichen Bullen und Edikte aus der zweiten Hälfte des 15. Jahrhunderts. Bereits 1455 hatte der Papst in der Bulle »Pontifex Maximus« den portugiesischen Unternehmungen an der Westküste Afrikas das Recht zuerkannt, Moslems wie Heiden zu bekämpfen, zu unterwerfen und zu versklaven. Allen anderen Fürsten, selbst dem Kaiser, verbot er auf dieser Route die Seefahrt, den Fischfang, Handel oder Eroberung bei Gefahr der Exkommunikation. Es ging um das portugiesische Monopol. Ein Jahr später erhielt der Christusorden, dem Heinrich »der Seefahrer« vorstand und der zur Finanzierung der Reisen beitrug, den entsprechenden kirchlichen Auftrag zur Christianisierung über alle portugiesischen Besitzungen. Das sollte sich auch finanziell auszahlen. Nicht umsonst hieß die damals eingeführte Goldmünze »cruzado«. Als Kolumbus im März 1493 von seiner Reise zurückkam, hatte er nach allgemeiner Meinung die Ostküste Asiens entdeckt und war somit in das Monopol der Portugiesen eingedrungen. Dies machte die Abgrenzung der spanischen von den portugiesischen Kolonialeroberungen nötig. Papst Alexander VI., ein Spanier, zog mit seinem Edikt *Inter cetera* am 4. Mai 1493 die Grenzlinie 100 Meilen westlich der Azoren und Kapverdischen Inseln und sprach alle Inseln und Gebiete westlich dieser Linie der ausschließlich spanischen Eroberung zu und verband sie mit der Missionierungspflicht in diesen Ländern. Die päpstlichen Entscheidungen waren die christlich-moralische Legitimation des spanischen Expansionismus und damit zweifellos mehr als nur völkerrechtliche Schiedssprüche in einer Territorialauseinandersetzung. Der mit ihnen verbundene Missionsauftrag bildete gleichsam die erste als völkerrechtlich geltende Legitimation von Entdeckung, Landnahme und Kolonisation. Aber nicht nur das. Lehnten die Ureinwohner Amerikas die Aufforderung der Spanier ab, die Kirche als Herrin und Gebieterin der ganzen Welt anzuerkennen und die gottgewollte Ordnung aus der Hand der im unmittelbaren Auftrag Gottes handelnden Kirche zu empfangen, bedeutete das Krieg. Die Zurückweisung des Missionsangebotes war die Begründung für den gerechten Krieg. Die Proklamation, mit der der indigenen Bevölkerung das Angebot unterbreitet wurde, machte dabei unmissverständlich klar, dass nur sie selbst »an dem dann vergossenen Blute schuldig sind, nicht aber die spanische Majestät oder die Ritter, die in ihrem Auftrag gekommen sind« (Engel, 1985, S. 96).

Es ist gewiss nicht nur eine Frage der Interpretation, ob der christliche Kreuzzugsgedanke die »tiefste Begründung« für die Entdeckungsfahrten und die anschließende Kolonisation war und diese »nichts anderes als ein Triumph der abendländischen Christenheit über ihre muslimischen Widersacher« (Engel, 1985, S. 89). Plausibler erscheint es, den Missionierungsauftrag als »die ideologische und rituelle Begleitseite des spanischen Expansionismus« (Gründer, 1992, S. 9), als juristischen Titel für Eroberung, Landnahme und Plünderung zu interpretieren. Die tieferen Gründe lagen in der Suche nach Möglichkeiten zur Erweiterung der ökonomischen Reproduktionsbasis des in die Krise geratenen Feudalsystems (Wolf, 1986, S. 162ff) – oder wie es Horst Gründer treffend ausdrückt: »Missionswille und Kreuzzugsgedanke sind zwar nicht vom iberischen Expansionismus zu trennen. Sie stellen aber nicht – wie man früher gemeint hat – die Hauptantriebskräfte der *Conquista* dar. Wenn auch die Kirche zu den treibenden Kräften des spanischen Kolonialexpansionismus gehörte, war es doch primär der aufstrebende europäische Handelskapitalismus, der hinter dem ›Zeitalter der Entdeckungen‹, der frühneuzeitlichen Expansion Europas nach Übersee, stand. Alle Entdeckungszüge, Handels- und Kolonisationsunternehmungen besaßen denn auch einen direkten oder indirekten staatlichen Charakter und sollten nach merkantilistischen Grundsätzen vorzugsweise den staatlichen Reichtum nähren/mehren.« (Gründer, 1992, S. 4). Zitieren wir noch die berühmten Sätze von Karl Marx und es wird gänzlich deutlich, dass der Krieg, die militärische Gewalt, bei aller missionarischen Verklärung in jener Epoche eine ökonomische Wurzel hat: »Die Entdeckung der Gold- und Silberländer in Amerika, die Ausrottung, Versklavung, und Begrabung der eingeborenen Bevölkerung in die Bergwerke, die Eroberung und Ausplünderung von Ostindien, die Verwandlung von Africa in ein Geheg zur Handelsjagd auf Schwarzhäute, bezeichnen die Morgenröthe der kapitalistischen Produktionsära. Diese idyllischen Prozesse sind Hauptmomente der ursprünglichen Akkumulation. Auf dem Fuß folgt der Handelskrieg der europäischen Nationen, mit dem Erdrund als Schauplatz (…) Alle benutzen sie die Staatsmacht, die koncentrirte und organisirte Gewalt der Gesellschaft, um den Verwandlungsproceß der feudalen in die kapitalistische Produktionsweise treibhausmäßig zu beschleunigen und die Übergänge abzukürzen.« (Marx, 1972, MEW 23, S. 779 sowie in MEGA II/5, S. 601).

Je mehr die weltliche Macht des Papstes schwand und die Säkularisierung die Juristen von den Theologen trennte, desto mehr verlor die Mission an legitimatorischer Kraft für den fortdauernden Eroberungszug um die Welt. Die Niederländer, die sich Mitte des 17. Jahrhunderts in der ersten erfolgreichen bürgerlichen Revolution von Kaiser und Papst trennten, konnten bereits nichts mehr mit einem Missionstitel für ihre Kolonialeroberungen im fernen Asien anfangen. Ihr Jurist Hugo Grotius, der die Freiheit der Meere begründete, brauchte schon nicht mehr nach einem »gerechten Grund« (*iusta causa*) für den Krieg zu suchen. Spätestens mit dem Westfälischen Frieden von 1648 genügte die schlichte Souveränität eines Fürsten zur Begründung des Krieges. Dies galt fortan für alle Händel unter den europäischen Staaten, reichte aber dem ideologischen Bedürfnis zur Rechtfertigung der außereuropäischen Kolonialkriege nicht aus. An die Stelle der christlichen Mission trat der Zivilisationsgedanke, der zunächst nicht minder christlich war.

Zivilisation und Krieg

Dies wird in der Übergangszeit des 18. Jahrhunderts, in der die hegemonialen Mächte in Europa ihre rivalisierenden Positionen in einem mehr oder weniger friedlichen Gleichgewichtssystem suchten, deutlich. Die Friedensverträge von Utrecht (1713), Rastatt und Baden-Baden (1714) verteilten zum einen das spanische Erbe, wobei England nicht nur mit Gibraltar, dem ehemaligen französischen Neufundland und Neuschottland in Amerika den Löwenanteil erhielt, sondern auch noch das wertvolle Monopol über den Sklavenhandel zwischen Afrika und Amerika. Zum anderen wurde die globale englisch-französische Konfrontation vorgezeichnet, die sich alsbald in zwei großen Kolonialkriegen entlud (1740-48 und 1756-63) und zur entscheidenden Schwächung Frankreichs führte: Verlust der Kolonien in Amerika und Indien, Verlust der Seeherrschaft mit der Vernichtung der Flotte vor der bretonischen Küste. Der Friedensvertrag von Utrecht hatte davon gesprochen, »den Frieden und die Ruhe der Christenheit durch ein gerechtes Gleichgewicht der Macht wieder herzustellen«. Damit war das Gleichgewichtssystem zu einem grundlegenden völkerrechtlichen Prinzip bei allen zukünftigen Friedensbemühungen noch lange vor dem Wiener Kongress von

7. MENSCHENRECHTE IM DIENSTE DES KRIEGES

1815 erhoben worden. Diesem Prinzip lag damals zum ersten Mal die Vision einer europäischen Zivilisationsgemeinschaft zugrunde, die der Göttinger Professor Georg Friedrich von Martens 1788 mit den Worten umschrieb: »Indessen, das Interesse, das jede der europäischen Mächte an den Vorgängen bei allen anderen nimmt, das System der Aufrechterhaltung eines Gleichgewichts (…), die Ähnlichkeit der Sitten im christlichen Europa, zusammen mit den besonderen Banden, die mehrere von ihnen miteinander verknüpfen – sei es durch die Person desselben Monarchen, sei es durch ein System der Föderation, sei es durch gemeinsame politische oder religiöse Interessen – alles dies gestattet, Europa als ein von der übrigen Welt geschiedenes Ganzes anzusehen; und zwar nicht nur unter geographischen Gesichtspunkten, sondern als eine besondere Vereinigung von Staaten, die – ohne jemals ausdrücklich eine allgemeine und positive Gesellschaft vertraglich begründet zu haben – ihre Gesetze, Sitten und Gebräuche hat, und deren Lage in mancher Hinsicht derjenigen eines Volkes ähnelt, das sich noch keine Verfassung gegeben hat.« (Martens, 1788, S. 817).

Martens umriss hiermit die allgemeine Vorstellung von der Völkergemeinschaft, die im Kern eine europäische war und nur die christlichen Staaten umfasste. Im 19. Jahrhundert sollte daraus die Zivilisationsgemeinschaft werden, die auf jegliche christliche Anspielung verzichten konnte und ihre Kolonialeroberungen nur noch damit rechtfertigte, den »Eingeborenen« die »Vorteile der Zivilisation verständlich und wert zu machen«, wie es in der Kongo-Akte der Berliner Konferenz von 1885 hieß (Umozurike, 1979, S. 24ff). Bei der Zerrissenheit des religiösen Bekenntnisses im Europa des 17. und 18. Jahrhunderts war die Berufung auf die »Ähnlichkeit der Sitten im christlichen Europa« eine treffende Umschreibung für die sich immer mehr durchsetzende kapitalistische Gesellschaftsordnung. Denn diese – in die Schale der Nationalstaaten gefasst – ergab erst die Grundlage für die Anerkennung der staatlichen Souveränität, der Unverletzlichkeit des Territoriums, der Gleichberechtigung, der Nichteinmischung in die inneren Angelegenheiten, der Freiheit der

Meere und des Rechts auf Krieg als völkerrechtliche Prinzipien, die die internationalen Beziehungen zwischen diesen Staaten regeln sollten. Jene Staaten, die nicht zu dieser »Gemeinschaft des christlichen Europas« gehörten – und das waren alle Kolonien, auch wenn sie wie Äthiopien oder Liberia christlich waren –, standen außerhalb des Völkerrechts und waren nicht als Völkerrechtssubjekte anerkannt. Waren sie jedoch unentbehrliche Handelspartner und konnten sich dem kolonialen Zugriff der europäischen Mächte entziehen, wie etliche osmanische und arabische Herrscher, so erhielten auch diese Staaten einen besonderen völkerrechtlichen Status, obwohl sie nicht zu der »Gemeinschaft des christlichen Europas« gehörten.

Europäisches und koloniales Völkerrecht
Der Missionsanspruch hatte sich endgültig zur Zivilisationsaufgabe gewandelt. Für die europäischen Autoren des 19. Jahrhunderts war es das Recht, mitunter die Pflicht zur »Zivilisierung« der gesamten Welt, dem jedes fremde Souveränitätsrecht zu weichen hatte. Die Ausführungen des in Deutschland lebenden Schweizer Völkerrechtlers Bluntschli aus dem Jahre 1868 waren durchaus repräsentativ für die damalige Völkerrechtslehre und das allgemeine Zivilisationsbewusstsein: »Zum Schutze der Ansiedlung und Ausbreitung der Cultur darf der colonisierende Staat seine Staatshoheit auch über das von Wilden besessene Gebiet erstrecken. Es ist die Bestimmung der Erdoberfläche, der menschlichen Cultur zu dienen und die Bestimmung der fortschreitenden Menschheit, die Zivilisation über die Erde zu verbreiten. Diese Bestimmung ist aber nicht anders zu erfüllen, als indem die zivilisierten Nationen die Erziehung und Leitung der wilden Stämme übernehmen. Dazu ist die Ausbreitung der zivilisierten Staatsautorität notwendig.« (Bluntschli 1881, § 280). Die Spaltung des Völkerrechts in ein europäisches und ein koloniales bedeutete in der Frage des Krieges die Einrichtung eines Doppelstandards. Das Recht auf Krieg (*ius ad bellum*) war Ausfluss der Souveränität aller Staaten. Wurde den außereuropäischen Staaten aber der Staatscharakter und damit die Souveränität abgesprochen,

7. MENSCHENRECHTE IM DIENSTE DES KRIEGES

erweiterte sich das Kriegs- zum Okkupationsrecht – ein Recht, welches die europäischen Staaten nicht mehr aufeinander anwandten. Die Grundmaxime des kolonialen Völkerrechts war die Bindung der Souveränität an die Zivilisation, deren Definition die europäischen Staaten sich vorbehielten und die schließlich über das Schicksal der nichteuropäischen Völker entschied. Die Barbaren waren das Raubgut der Zivilisation, was sich in den juristischen Formulierungen des Rechtswissenschaftlers Franz von Holtzendorff zwei Jahre nach der endgültigen Aufteilung Afrikas in Berlin nicht weniger deutlich las: »Gegenstand der Occupation ist nur ein herrenloses, d. h. staatenloses, der Herrschaft und Aneignung fähiges Gebiet, also regelmäßig Landgebiet (...) Anwesenheit einzelner fremder Staatsangehöriger oder gar wilder, nomadisierender Barbaren darf als Hindernis der (völkerrechtlichen) Occupation nicht gesehen werden (...) Für das positive Völkerrecht entscheidet bei der Occupation staatenloser Gebiete nicht das Bedenken einzelner Philanthropen zugunsten der Barbarei, sondern die welthistorische Tatsache, dass Europäische Nationen im auswärtigen Verkehr wechselseitig sich niemals das Recht der Occupation an staatenlosen Gebieten bestritten haben.« (Holtzendorff, 1885-89, S. 256f.).

Die Spaltung des Völkerrechts entlang der Trennung der Welt in Zivilisation und Barbarei hat lange fortgewirkt und ist auch heute noch uneingestanden im Diskurs um die Europäische Wertegemeinschaft und die Reformbedürftigkeit des Völkerrechts lebendig. Es mag paradox klingen, aber die Spaltung der Welt in zwei machtgleiche Blöcke und der Kampf der Kolonien um ihre politische Unabhängigkeit haben sich auf das Völkerrecht segensreich ausgewirkt und zu seiner Demokratisierung beigetragen. Vorschriften wie die des Art. 38 Abs. 1 c des Statuts des Internationalen Gerichtshofs, nach dem auch »die von den Kulturvölkern anerkannten allgemeinen Rechtsgrundsätze« zu den Grundlagen seiner Rechtsprechung gehören, erinnern nur noch an die Zivilisationsgrenze, die zur Zeit der Entstehung des Statuts im Jahre 1919 noch bestanden hat. Seit der Dekolonisation nach 1945 mag sie zwar noch in den Köpfen vieler Europäer, nicht aber mehr im Völkerrecht bestehen. Die Souveränität wird an objektive Kriterien der Staatlichkeit geknüpft und das Selbstbestimmungsrecht der Völker hat sich spätestens Mitte der 1970er Jahre mit dem erfolgreichen Kampf der großen afrikanischen Befreiungsbewegungen einschließlich der palästinensischen als zwingendes Recht durchgesetzt. Es wurde an prominenter Stelle, im jeweiligen Artikel 1 der beiden Internationalen Pakte für bürgerliche und politische sowie für wirtschaftliche, soziale und kulturell Rechte verankert, die 1976 in Kraft traten. Die formale Gleichheit der Staaten macht nicht mehr Halt vor den ökonomisch wie auch politisch schwachen ehemaligen Kolonien und das in Art. 2 Ziff. 4 und 7 der UN-Charta zum Gewalt- und Einmischungsverbot erweiterte Kriegsverbot bietet zumindest rechtlich allen Staaten den gleichen Schutz. Die Antikriegsallianz der Alliierten schuf nach dem Zweiten Weltkrieg mit der UN-Charta eine Völkerrechtsordnung, die zwar das schon einmal gescheiterte Projekt eines Systems kollektiver Sicherheit (Völkerbund) nicht einlösen konnte, aber doch die alte Spaltung des Völkerrechts überwunden und die Voraussetzung für eine allgemeine Friedensordnung geschaffen hat.

Seit dem Untergang der Sowjetunion und der Verkündung der neuen Weltordnung durch US-Präsident Bush am Vorabend des zweiten Golfkrieges (1991) müssen wir allerdings davon ausgehen, dass sich die Machtkoordinaten dieses Friedenssystems grundlegend verändert haben. Dem atlantischen Bündnis fehlt der stabilisierende Gegenpart und die alten hegemonialen Ansprüche kommen wieder ungezähmter zum Vorschein. In den vergangenen etwa dreißig Jahren seit der Verkündung der neuen Weltordnung wurde die UNO in ihrer zentralen Funktion der Friedenssicherung immer mehr geschwächt und zurückgedrängt und wurde versucht, das zentrale Gewaltverbot des Völkerrechts mit überkommenen Institutionen des klassischen Völkerrechts zu reformieren, d.h. zu relativieren, wobei der alte Zivilisationsanspruch in ein modernes moralisch-humanitäres Globalisierungsgewand gekleidet wurde. Der Krieg der NATO gegen Jugoslawien um das Kosovo ist ein leider treffendes Beispiel

7. MENSCHENRECHTE IM DIENSTE DES KRIEGES

für alle drei Entwicklungen. Es entspricht der hier sehr verkürzt aufgezeigten Tradition, wenn beide Kirchen den Krieg der NATO als »humanitär begründete militärische Nothilfe« rechtfertigen. In den übereinstimmenden Erklärungen des Ständigen Rates der Deutschen Bischofskonferenz zum Kosovo vom 19. April 1999 und der Erklärung des Ratsvorsitzenden der Evangelischen Kirche Deutschlands, Manfred Kock, vom 25. März 1999 heißt es: »Nach dem Scheitern der Friedensverhandlungen gilt militärische Gewalt als einzig wirksames letztes Mittel, um den Verbrechen gegen die Menschlichkeit ein Ende zu bereiten und das Leben bedrohter Menschen zu retten.«

Menschenrechte und Krieg

Bereits im zweiten Golfkrieg wurde der UN-Sicherheitsrat nach seiner Ermächtigung zur militärischen Intervention nach Art. 42 UN-Charta im November 1990 (UNSR-Res. 678) in dem weiteren Geschehen übergangen, was den damaligen Generalsekretär Perez de Cuellar bei Beginn des dritten Golfkrieges mit den Raketenangriffen auf Bagdad im März 2003 zu dem bekannten Satz veranlasste: »Dies ist eine dunkle Stunde für die UNO.« Die Einrichtung einer Schutzzone für die Kurden im Norden des Irak zur Sicherung ihrer Menschenrechte durch den UN-Sicherheitsrat (UNSR-Res. 688 v. 5.4.1991) hatten die USA und Großbritannien sofort genutzt, um ohne jegliche völkerrechtliche Legitimation die Souveränität des Irak durch die Einrichtung sogenannter Flugverbotszonen weiter einzuschränken und die selbstdefinierten Gebiete bis zum endgültigen Angriff auf Bagdad regelmäßig zu bombardieren. Ob es um die Bombardierung von Tripolis als Vergeltungsakt für das Attentat auf die Berliner Diskothek »La Belle« 1986 oder die Bombardierung ausgewählter Ziele im Sudan und Afghanistan zur Bestrafung des mutmaßlichen Verantwortlichen Bin Laden für die Attentate auf die US-Botschaften in Kenia und Tansania 1998 ging, gemeinsam ist diesen Akten des Faustrechts die Missachtung der zuständigen Organe der UNO, des völkerrechtlichen Gewaltverbots und des Gebots der friedlichen Streitbeilegung. Die Umgehung der UNO im Falle des Angriffs auf Jugoslawien droht zum Modellfall für den Umgang mit dieser Organisation zu werden. Die Unterstellung, dass zwei Veto-Inhaber den Maßnahmen der drei anderen nicht zustimmen würden – für diesen Fall hat die UNO nicht ohne Grund die Undurchführbarkeit der Maßnahmen bestimmt –, musste als Grund dafür herhalten, die UNO vollkommen zu übergehen. Erst für die Beseitigung der Schäden des illegalen Einsatzes der NATO wurde die UNO wieder herangezogen – eine groteske Umkehrung der UNO-Friedensfunktion.

Es ist schon erstaunlich, mit welcher Chuzpe in den öffentlichen Reden der kriegführenden Politiker die Bedeutung des Völkerrechts und der rule of law für die internationalen Beziehungen betont wird. Noch im Dezember 1998 beschwor die damalige US-Außenministerin Madeleine Albright in ihrer großen außenpolitischen Rede allein vier Mal die Notwendigkeit der Beachtung der rule of law für die Beziehungen der Staaten untereinander (Albright 1998, S. 50ff), um ein Jahr später auf dem Balkan mit der NATO dem Völkerrecht den Rücken zu kehren (Deiseroth, 1999, S. 3084ff; Paech, 1999, S. 82ff; Paech/Stuby, 1999, S. 36ff). Unter dem zunehmenden Legitimationsdruck der Öffentlichkeit entrollten die NATO-Minister ein Szenario der Menschenrechtsverletzungen als »humanitäre Katastrophe« im Kosovo, das die »humanitäre Intervention« als völkerrechtlichen Ausweg wie auch als moralisches Gebot der europäischen Wertegemeinschaft als zwingend erscheinen ließ. An dieser »Begründungsschlacht« beteiligten sich Philosophen, Soziologen, Theologen, Publizisten, Juristen und Moralisten, die auch die immer brüchiger werdende Faktenlage über die serbischen Massenverbrechen im Kosovo nicht zur Revision bzw. Einschränkung ihrer interventionistischen Moral- und Menschenrechtsrhetorik bewegen konnte. Es kann kein Anstoß an der nachdrücklichen Betonung der Menschenrechte als Grundlage jeder Politik genommen werden. Wenn diese jedoch zum Hebel gegen Gewaltverbot und Selbstbestimmungsrecht eingesetzt werden, die mittlerweile als absolut zwingendes Völkerrecht (ius cogens) gelten, ist der Schaden für Frieden und Menschenrechte

7. MENSCHENRECHTE IM DIENSTE DES KRIEGES 141

größer als der eventuelle Nutzen für die Menschenrechte. Das Ausmaß der Zerstörungen in Jugoslawien wird durch keinen abstrakten Gewinn an Menschenrechten kompensiert, wo der konkrete Gewinn sowieso nicht mehr sichtbar ist (Wohlrapp, 2000, S. 107ff).

Ein Beispiel dafür, wie man zwischen den Mühlsteinen von Recht und Moral, von Verfassungsstaat und Wertegemeinschaft argumentativ zerrieben werden kann, lieferte Jürgen Habermas mit seiner Intervention »Bestialität und Humanität« noch vor dem Ende des NATO-Angriffs auf Jugoslawien (Habermas, 1999). Er rechtfertigte den Angriff als Ausdruck notwendiger Menschenrechtspolitik und Vorgriff auf ein allerdings erst noch zu schaffendes Weltbürgerrecht mit der »terroristischen Zweckentfremdung staatlicher Gewalt« und den Massenverbrechen der Serben. Gegenüber der Gefährlichkeit moralisierender Werte-Politik betont er zunächst und überzeugend den kulturellen Fortschritt der Rechtssicherheit: »Der demokratische Verfassungsstaat hat die große zivilisatorische Leistung einer rechtlichen Zähmung der politischen Gewalt auf der Grundlage der Souveränität völkerrechtlich anerkannter Subjekte erreicht (…) Eine durchgreifende Verrechtlichung internationaler Beziehungen ist nicht ohne etablierte Verfahren der Konfliktlösung möglich. Gerade die Institutionalisierung dieser Verfahren wird den juristisch gezähmten Umgang mit Menschenrechtsverletzungen vor einer moralischen Entdifferenzierung des Rechts schützen und eine unvermittelt durchschlagende Diskriminierung von ›Feinden‹ verhindern.«

Doch kaum hat er die rechtliche Domestizierung politischer Gewalt gepriesen, verfällt er jener »neuen Mischform von humanitärer Selbstlosigkeit und imperialer Machtlogik« der US-amerikanischen Machtpolitik, aus deren Sicht »es heute plausibel erscheinen (muss), den Kampf gegen Jugoslawien, unangesehen aller Komplikationen, geradlinig und kompromisslos fortzusetzen, nötigenfalls auch mit dem Einsatz von Bodentruppen«. Sein Versuch, diese militante Menschenrechtspolitik mit dem Hinweis auf ein weder in der UN-Charta noch im Völkergewohnheitsrecht verankertes Nothilferecht sowie mit einem erst noch zu erschaffenden Weltbürgerrecht doch noch irgendwie rechtlich zu rechtfertigen, zeigt die Begründungsohnmacht, in dem die Politik aus dem Geist der Werteorientierung steckt. Was nützt es, wenn er den Kern dieser Politik erkennt: »Die USA betreiben die globale Durchsetzung der Menschenrechte als nationale Mission einer Weltmacht, die diese Ziele unter den Prämissen der Machtpolitik verfolgt«, um im nächsten Satz jedoch wie ein Regierungssprecher festzustellen: »Die meisten Regierungen der EU verstehen unter einer Politik der Menschenrechte eher ein Projekt der durchgreifenden Verrechtlichung internationaler Beziehungen, das die Parameter der Machtpolitik schon heute verändert.«

Besonders irritierend ist, dass der Autor seinen *ZEIT*-Artikel nach der weitgehenden Aufklärung zahlreicher Verbrechen (z. B. von Racak) und Vernichtungspläne (z. B. Hufeisenplan) als propagandistische Konstruktionen sowie der Hinterlassenschaft von 31.000 Geschossen mit ca. 10 Tonnen abgereichertem Uran auf den Bombenfeldern ein Jahr später ohne jegliche Einschränkung und Annotation erneut publizieren ließ (Merkel, 2000). Nicht überzeugender klingt der Beschluss des Auswärtigen Ausschusses des britischen Unterhauses, mit dem er die NATO-Bombardierung zwar als eindeutig völkerrechtswidrig, aber als moralisch gerechtfertigt erklärte (The Guardian v. 7. Juni 2000).

»Humanitäres Völkerrecht«

Es gibt jedoch ein Feld des Völkerrechts, auf dem den Menschenrechten eine besondere, den Krieg und seine Mittel begrenzende und humanisierende Bedeutung eingeräumt wird: das humanitäre Völkerrecht, genauer das Kriegsvölkerrecht, welches die erlaubten und verbotenen Mittel und Methoden der Kriegsführung regelt. Dies war das Verständnis des alten Kriegsvölkerrechts, welches weitgehend durch die beiden ersten Genfer Rot-Kreuz-Konventionen von 1864 und 1906, die St. Petersburger Erklärung von 1868 und die Haager Abkommen von 1899 und 1907 bestimmt wurde. Doch war es den Autoren dieser Abkommen schon zu der damaligen Zeit klar, dass das von ihnen formulierte Recht nicht mit der Entwicklung der Waf-

7. MENSCHENRECHTE IM DIENSTE DES KRIEGES

fen Schritt halten konnte. Zu langwierig und umständlich war der Rechtsetzungsprozess, der immer an den Konsens der Staaten gebunden ist. Deshalb entwickelte der russische Delegierte Friedrich von Martens eine Klausel, mit der diese Schwäche des Rechts überwunden werden sollte. Sie wurde als sogenannte Martens'sche Klausel in die Präambel der IV. Haager Konvention eingeführt: »Solange, bis ein vollständigeres Kriegsgesetzbuch festgestellt werden kann, halten es die hohen vertragsschließenden Teile für zweckmäßig, festzusetzen, dass in den Fällen, die in den Bestimmungen der von ihnen angenommenen Ordnung nicht einbegriffen sind, die Bevölkerung und die Kriegführenden unter dem Schutz und der Herrschaft der Grundsätze des Völkerrechts bleiben, wie sie sich ergeben aus den unter den gesitteten Völkern feststehenden Gebräuchen, aus den Gesetzen der Menschlichkeit und aus den Forderungen des öffentlichen Gewissens.«

Mit dieser Klausel sollten zweifellos nicht die »Grundsätze der Menschlichkeit« oder die »Forderungen des öffentlichen Gewissens« als neue Quellen des Völkerrechts eingeführt werden. Sie ist für die Interpretation internationaler Regeln des humanitären Völkerrechts von Bedeutung, um den Schutz der Betroffenen auch gegenüber neuen Entwicklungen der Kriegsführung zu sichern (Paech/Stuby, 2013, S. 609ff).

Auch die nächste Etappe der völkerrechtlichen Kodifizierung, die nach dem Zweiten Weltkrieg das Internationale Komitee vom Roten Kreuz (IKRK) mit den Vier Genfer Konventionen vom 12. August 1949 einläutete, konnte diese grundsätzliche Verspätung des Kriegsvölkerrechts nicht aufholen. Es gestaltete zwar den humanitären Schutz der Zivilbevölkerung, der Kriegsgefangenen und Verwundeten neu, machte aber die Martens'sche Klausel nicht überflüssig, weil das Nachkriegs-Kriegsgeschehen insbesondere in den kolonialen Befreiungskriegen die Entwicklung zu weiteren Kriegstechniken und Waffen vorantrieb. Das bewog das IKRK Mitte der siebziger Jahre zur Einberufung einer »Diplomatischen Konferenz zur Neubestätigung und Weiterentwicklung des in bewaffneten Konflikten anwendbaren humanitären Völkerrechts« in Genf, welche in vier Sessionen von 1974-1977 zu den Abkommen von 1949 zwei Zusatzprotokolle erarbeitete. Sie verbinden das Haager mit dem Genfer Recht und finden sowohl auf internationale wie auch innerstaatliche bewaffnete Konflikte Anwendung.

Doch auch diese neuen Regeln haben weder die Entwicklung neuer Waffen noch neuer Kriegsmethoden behindert, und der Schutz für die Betroffenen in Afghanistan, Irak, Gaza, Kongo, Libyen oder Syrien hat sich dadurch auch nicht erhöht. Zwar gelang es, in der Folgezeit bestimmte besonders gefährliche Waffenarten zu ächten, von Antipersonenminen (1997) und Laserwaffen (2005) bis zu sogenannten Streubomben (2008). Aber schon warten neue Waffen mit unkontrollierbaren Langzeitwirkungen wie Geschosse aus abgereichertem Uran oder der Krieg mit Drohnenwaffen (Becker, 2019, S. 86ff) auf eine rechtliche Regelung. Völkerrecht und Menschenrechte zum Schutz der Menschen werden weiter hinter der Dynamik der Kriegstechniken hinterherlaufen, jedoch den Staaten und ihren Kriegsherren als ständige Mahnung vor Augen bleiben.

8.
In der Wüste der Menschenrechte: Apartheid

»Das besetzte palästinensische Territorium ist von besonderer Bedeutung für die Zukunft der Menschenrechte in der Welt. Die Menschenrechte in Palästina sind über sechzig Jahre auf der Tagesordnung der Vereinten Nationen gewesen und besonders in den letzten 40 Jahren seit der Besetzung von Ost-Jerusalem, der Westbank und des Gazastreifens im Jahr 1967. Über Jahre hinweg konkurrierten die Besatzung von Palästina und die Apartheid in Südafrika um die Aufmerksamkeit der Internationalen Gemeinschaft. 1994 endete die Apartheid und Palästina verblieb als einziges Entwicklungsland in der Welt unter der Unterdrückung durch ein dem Westen verbundenes Regime. Hierin liegt seine Bedeutung für die Zukunft der Menschenrechte. Es gibt andere Regime, vor allem in der Dritten Welt, die die Menschenrechte unterdrücken, aber es gibt keinen anderen Fall eines mit dem Westen verbundenen Regimes, welches die Menschenrechte eines Entwicklungsvolkes unterdrückt und dieses schon so lange.« (Dugard, 2007).

Mit diesen Sätzen schloss John Dugard seinen Bericht über die besetzten palästinensischen Territorien, den er im Januar 2007 dem Menschenrechtsrat der UNO erstattet hatte. Es war sein letzter Bericht über die verzweifelte Situation der palästinensischen Bevölkerung. Denn Dugard, südafrikanischer jüdischer Juraprofessor, der 2001 von dem Menschenrechtsrat zum besonderen Berichterstatter über die Situation der Menschenrechte ernannt worden war, erntete harsche Kritik von Israel und den USA an seiner Einseitigkeit und wurde 2009 auf Druck Israels durch den US-amerikanischen Kollegen Richard A. Falk abgelöst. Er bekannte in jenem Jahr, »ich bin Südafrikaner, der in der Apartheid gelebt hat. Ich zögere nicht zu sagen, dass Israels Verbrechen unendlich viel schlimmer sind als die Verbrechen, die Südafrika mit seinem Apartheid-Regime begangen hat« (Dugard, 2016).

Doch Israel hatte auch nicht viel Glück mit dem nächsten Sonderberichterstatter Falk, der ebenfalls Jude ist. Auch er wurde nach Ablauf seines Mandats 2014 nicht wiedergewählt, weil er John Dugard an Schärfe der Kritik an Israels Politik nicht nachstand. Schon in seinem ersten Bericht an die Generalversammlung im Oktober 2010 schrieb er: »Es ist die Meinung des gegenwärtigen Sonderberichterstatters, dass die Natur der Besatzung im Jahr 2010 die früheren Vorwürfe des Kolonialismus und der Apartheid noch deutlicher faktisch und rechtlich beweist als drei Jahre zuvor. Die kolonialistischen und Apartheid-Züge der israelischen Besatzung haben sich in einem kumulativen Prozess eingegraben. Je länger das dauert, desto schwieriger sind sie zu überwinden und desto ernster ist die Verkürzung der fundamentalen palästinensischen Rechte.« (Falk, 2010).

In seinem letzten Bericht als Sonderberichterstatter an den Menschenrechtsrat im Jahr 2014 bestätigt er, dass die verlängerte Besatzung mit der faktischen Annexion palästinensischen Landes durch die permanente Ausdehnung der Siedlungen und den Bau der Mauer sowie die Verweigerung des Selbstbestimmungsrechts für die Palästinenserinnen und Palästinenser alle Merkmale der Apartheid haben. Hinzu kommt der durch die Genfer Konventionen verbotene Transfer großer Teile der eigenen Bevölkerung in die besetzten Gebiete und die Errichtung eines gespaltenen und die palästinensische Bevölkerung stark diskriminierenden, administrativen und gesetzlichen Systems. Er empfiehlt der UN-Generalversammlung, beim Internationalen Gerichtshof (IGH) in Den Haag ein Gutachten über den rechtlichen Status dieser verlängerten Besatzung einzuholen, in dem »der rechtlich unakzeptable Charakter von ›Kolonialismus‹, ›Apartheid‹ und ›ethnischer Säuberung‹« festgestellt wird (Falk, 2014).

8. IN DER WÜSTE DER MENSCHENRECHTE: APARTHEID

Er wiederholte und bestärkte diesen Vorwurf in einem neuen Gutachten, welches er gemeinsam mit Virginia Tilley für die Wirtschafts- und Sozialkommission für Westasien der UNO (United Nations Economic and Social Commission for Western Asia – ESCWA) verfasste und welches im März 2017 veröffentlicht wurde. In ihm kommen die Autoren zu dem Schluss, »dass die israelische Politik als rassistisch zu beurteilen ist und zum Zwecke der Unterdrückung der Palästinenserinnen und Palästinenser in Israel ein Apartheid-System errichtet hat« (Falk/Tilley, 2017). Der Vorwurf des Rassismus und der Apartheid rief eine derartige Empörung bei einflussreichen Mitgliedern der UNO hervor, dass UN-Generalsekretär António Guterres den Bericht von allen offiziellen UN-Webseiten entfernen ließ. Die ESCWA-Exekutivsekretärin Rima Khalaf trat aus Protest gegen diesen beispiellosen Vorgang von allen ihren Ämtern zurück und erklärte, dass sie weiterhin zu diesem Bericht stehe. Als Guterres Virginia Tilley aufforderte, sich von ihrem Bericht zu distanzieren, legte auch sie ihr Mandat nieder und bekannte sich weiterhin zu dem Bericht.

Man kann darüber streiten, was einen mehr erstaunt an diesem Vorgang, der politische Einfluss Israels bis in die höchsten Spitzen der UNO oder die Schwäche bzw. Feigheit des Generalsekretärs. Denn die zusammengetragenen Fakten des Gutachtens waren nicht zu bestreiten oder zu widerlegen. Die Wertung mit den Attributen »rassistisch« und »Apartheid« hat jedoch nicht nur einen moralisch vernichtenden Effekt, sondern einen durchaus juristisch schwerwiegenden Gehalt: Es handelt sich um ein »Verbrechen gegen die Menschlichkeit« (Art. 7 Römisches Statut des Internationalen Strafgerichtshofs von 1998). Nach der »Internationalen Konvention über die Bekämpfung und Bestrafung der Apartheid« von 1973 »bezeichnet der Ausdruck ›Verbrechen der Apartheid‹, der die damit verbundene Politik und Praxis der Rassentrennung und -diskriminierung, wie sie im Südlichen Afrika betrieben wurden, mit einschließt, (...) unmenschliche(n) Handlungen, die zu dem Zwecke begangen werden, die Herrschaft einer rassischen Gruppe über eine andere rassische Gruppe zu errichten und aufrechtzuerhalten und diese systematisch zu unterdrücken.« Wurde der Begriff »Apartheid« ursprünglich mit der rassistischen Trennungspolitik der weißen südafrikanischen Regierung identifiziert, so ist er mit ihrer Überwindung jedoch nicht überholt und überflüssig geworden. So definiert Art. 7, Abs. 2, Lit. h des Römischen Statuts das »Verbrechen der Apartheid« als »unmenschliche Handlungen (…), die von einer rassischen Gruppe im Zusammengang mit einem institutionalisierten Regime der systematischen Unterdrückung und Beherrschung einer oder mehrerer anderer rassischer Gruppen in der Absicht begangen werden, dieses Regime aufrechtzuerhalten.« Schon 2008 hatte der Human Sciences Research Council (HSRC) ein Team internationaler Juristen aus Europa, Israel, Palästina und Südafrika zusammengestellt, um zu prüfen, ob Israel die internationalen rechtlichen Verbote des Kolonialismus und der Apartheid verletze. Die im Jahre 2012 veröffentlichte Studie kam u. a. zu dem Ergebnis, dass es in den besetzten Gebieten ein institutionalisiertes System israelischer Herrschaft und Unterdrückung der Palästinenser als einer Gruppe gibt – ein System der Apartheid (Tilley, 2012). Auch das Russell-Tribunal zu Palästina hatte auf seiner Sitzung im November 2011 in Kapstadt befunden, dass »Israel das palästinensische Volk einem institutionalisierten Regime der Herrschaft unterwirft, welches nach internationalem Recht auf Apartheid hinausläuft. Palästinenser in den besetzten Gebieten seien »einer besonders schweren Form der Apartheid unterworfen«. Das Tribunal schließt mit dem Urteil, »dass Israels Herrschaft über das palästinensische Volk, wo immer es lebt, auf ein einziges integriertes System der Apartheid hinausläuft.« (Russell-Tribunal, 2011, paras. 5.44, 5.45).

Obwohl der Begriff der Rasse zur Einteilung der Menschheit heute wissenschaftlich nicht mehr haltbar ist, da veraltet, wird er in bestimmten Zusammenhängen wie Gesetzestexten, UN-Konventionen aber auch in der bio-medizinischen Forschung und von manchen lateinamerikanischen Ländern und in amtlichen Fragebögen in den USA immer noch verwendet. Dabei besteht Einigkeit, dass der Begriff nicht zur Diskriminierung bestimmter Bevölkerungsgruppen verwendet werden darf und jede Assoziation an vergangene Rassetheorien strikt zu vermeiden hat. Die Kritik an dem Rassebegriff ist alt und geht bis auf Johann Gottfried Herder zurück, der in seinen »Ideen zur Philosophie der Geschichte der Menschheit« (1784-1791) die Rassentheorien Linnés und Kants kritisierte und eine Einteilung der Menschheit in Rassen ablehnte. Die Erklärung über »Rassen« und rassistische Vorurteile der UNESCO vom 27. November 1978 sagt denn auch in ihrem Art. 2 Abs. 1: »Jede Theorie, welche die Behauptung enthält, dass bestimmte ›Rassen‹ oder Volksgruppen von Natur aus anderen überlegen oder unterlegen sind, und somit impliziert, dass einige das Recht hätten, andere als unterlegen angesehene zu beherrschen oder zu beseitigen, oder welche Werturteile auf Rassenunterschiede gründet, entbehrt jeder wissenschaftlichen Grundlage und widerspricht den moralischen und ethischen Grundsätzen der Menschheit.« Es ist damit klar, dass die Verwendung eines wissenschaftlich nicht mehr haltbaren Begriffs nicht die Übernahme seiner alten rassentheoretischen Inhalte und Implikationen bedeutet. Das gilt natürlich auch für Art. 3 Abs. 3 des Grundgesetzes von 1949, in dem der Begriff der Rasse ebenfalls noch zu finden ist.

Apartheid ist ein Verbrechen

Der Begriff der Apartheid hat über seine politisch-moralisch abwertende Bestimmung hinaus einen klaren juristischen Rahmen. Er orientiert sich an der Anti-Apartheid-Konvention von 1973, die 1976 in Kraft getreten ist. Nach ihr besteht das Verbrechen der Apartheid aus einzelnen unmenschlichen Handlungen. Diese müssen zudem auf die Errichtung einer Rassenherrschaft zielen, dies muss ihr Kernzweck sein. Dementsprechend spricht das Römische Statut von einem »institutionalisierten Regime«, das »in der Absicht (…) der systematischen Unterdrückung und Beherrschung« die Taten begeht. Weder die Anzahl noch die Schwere der Taten genügen, um ein Verbrechen der Apartheid zu begehen. Diese Taten müssen mit dem subjektiven Element einer qualifizierten Absicht und in einem bestimmten institutionalisierten Rahmen begangen werden.

Bezeichnend ist, dass die meisten der alten Kolonial- und jetzigen NATO-Staaten, von den USA bis Deutschland, das Übereinkommen nicht unterzeichnet oder ratifiziert haben. Sie befürchten, dass ihre eigenen Bürger und Organisationen einer Strafverfolgung wegen Unterstützung und Begünstigung der Apartheid ausgesetzt werden könnten.

Falk und Tilley sehen die systematische und institutionalisierte Unterdrückung in der Doktrin der jüdischen Staatlichkeit im israelischen Regime verwirklicht. Die israelische Gesetzgebung und der Aufbau der israelischen Staats- und Verwaltungsinstitutionen kulminieren in der zionistischen Ideologie vom jüdischen Staat und dem damit verbundenen Ausschluss der arabischen Bevölkerung. Sie sind eindeutig auf die »systematische Unterdrückung und Beherrschung« der Palästinenserinnen und Palästinenser gerichtet. Dass diese Politik auch noch auf einer rassistischen Einstellung basiert, verstärkt den Charakter eines Apartheidverbrechens, ist dafür jedoch keine Voraussetzung.

Das südafrikanische System der Apartheid, welches immer noch als Prototyp dieser Herrschaftsform gilt, beruhte auf drei Pfeilern: Diskriminierung, territoriale Aufteilung und politische Repression. Es war ein durch Gesetz institutionalisiertes System, welches durch gesetzliche Normen durchgesetzt wurde. Die UN-Generalversammlung hat schon frühzeitig im Rahmen ihrer Beschlüsse zum Selbstbestimmungsrecht der Völker die enge Verwandtschaft des südafrikanischen und palästinensischen Falles betont. So bestätigte sie z. B. in ihrer berühmten Resolution 2649 (XXV) vom 30. November 1970 »die Legitimität des Kampfes der Völker unter kolonialer und rassistischer Herrschaft, denen das Recht auf Selbstbestimmung zuerkannt wird, um ihre Rechte mit allen ihnen zur Verfügung stehenden Mitteln wiederherzustellen«. Bemerkenswert an dieser Resolution ist vor allem die Feststellung, dass die Völker »mit allen ihnen zur Verfügung stehenden Mitteln« um ihre Rechte kämpfen können – die klassische Formulierung für die Ermächtigung, auch mit militärischen Mitteln zu kämpfen. Sie verurteilte zugleich »die Regierungen, die das Recht auf Selbstbestimmung den Völkern, denen es zustand, vorenthielten, insbesondere den Völkern Südafrikas und Palästinas«. In zahlreichen weiteren Resolutionen bestätigte die Generalversammlung diese enge Verbindung zwischen Südafrika und Palästina.

Die Anti-Apartheid-Konvention hat in ihrem Artikel 2 eine sehr detaillierte Liste von Menschenrechtsverletzungen erfasst, die den Tatbestand der Apartheid erfüllen, wenn sie mit dem Ziel begangen werden, systematisch die Herrschaft »einer rassischen Gruppe« über eine andere auszuüben.

Anti-Apartheid-Konvention

Artikel 2

a) Verweigerung des Rechts auf Leben und Freiheit der Person an Angehörigen einer oder mehrerer rassischen Gruppen:
   (i) durch Ermordung von Angehörigen einer oder mehrerer rassischer Gruppen;
   (ii) dadurch, dass den Angehörigen einer oder mehrerer rassischer Gruppen ernsthafter körperlicher oder geistiger Schaden zugefügt, ihre Freiheit und Würde verletzt wird oder sie gefoltert oder grausamer, unmenschlicher oder erniedrigender Behandlung und Bestrafung ausgesetzt werden;
   (iii) durch willkürliche Verhaftung oder unrechtmäßige Inhaftierung von Angehörigen einer oder mehrerer rassischer Gruppen;

b) Die vorsätzliche Belastung einer oder mehrerer rassischer Gruppen mit Lebensbedingungen, die ihre vollständige oder teilweise Vernichtung herbeiführen sollen;

c) Jede gesetzliche oder andere Maßnahme, die eine oder mehrere rassische Gruppen daran hindern sollen, am politischen, sozialen, ökonomischen und kulturellen Leben des Landes teilzunehmen, und die vorsätzliche Erzeugung von Bedingungen, die die volle Entwicklung einer oder mehrerer solcher rassischer Gruppen verhindern, insbesondere dadurch, dass einer oder mehrerer rassischer Gruppen grundlegende Menschen- und Freiheitsrechte verweigert werden, einschließlich des Rechts auf Arbeit, des Rechts auf anerkannte Gewerkschaften, des Rechts auf Bildung, das Recht, ihr Land zu verlassen und wieder zurückzukehren, des Rechts auf eine Staatsangehörigkeit, des Rechts auf Freizügigkeit und die Wahl des Wohnsitzes, des Rechts auf Meinungsfreiheit und der freien Meinungsäußerung, des Rechts, sich friedlich zu versammeln, und der Vereinigungsfreiheit.

d) Jede Maßnahme, gesetzliche eingeschlossen, die darauf abzielt, die Bevölkerung nach rassischen Gesichtspunkten durch die Einrichtung getrennter Reservate und Ghettos für die Angehörigen einer oder mehrerer rassischer Gruppen zu spalten, das Verbot von Mischehen zwischen Angehörigen unterschiedlicher rassischer Gruppen, die Enteignung von Grundbesitz, der einer oder mehreren rassischen Gruppen oder einem ihrer Angehörigen gehört;

e) Ausbeutung der Arbeit von Angehörigen einer oder mehrerer rassischer Gruppen, insbesondere durch Zwangsarbeit;

f) Die Verfolgung von Organisationen und Personen durch den Entzug fundamentaler Rechte und Freiheiten, weil sie gegen Apartheid sind.

(eigene Übersetzung)

8. IN DER WÜSTE DER MENSCHENRECHTE: APARTHEID

Die verschiedenen Untersuchungen der UN-Sonderberichterstatter, aber auch die wöchentlichen Berichte des »United Nations Office for the Coordination of Humanitarian Affairs« (OCHA) präsentieren eine Fülle deprimierender Zeugnisse, die das Verbrechen der Apartheid in den besetzten Gebieten, ob Ost-Jerusalem, dem Westjordanland oder Gaza dokumentieren. Neben den fast täglichen Überfällen und Angriffen von Siedlern, den Schikanen und Zerstörungen durch die Armee, sind es vor allem die staatlich sanktionierten außergerichtlichen Exekutionen politisch aktiver und militanter Palästinenser, die jedoch nicht an Feindseligkeiten beteiligt und daher vom humanitären Völkerrecht geschützt sind, die den Tatbestand des Art. 2 Anti-Apartheid-Konvention erfüllen. Die gezielte Tötung von 179 und die Verletzung von 18.739 Demonstranten des sogenannten Rückkehrer-Marsches im Gazastreifen während der Monate März bis August 2018 sind nur ein exzessives Beispiel dieser willkürlichen Praxis. Dazu gehören auch die regelmäßigen Razzien des Militärs in den besetzten Gebieten, bei denen nicht nur Erwachsene, sondern oft auch Kinder getötet werden. Die Polizei ist zugleich für die massenhafte Entführung und Inhaftierung verantwortlich. Die Menschenrechtsorganisation Addameer geht von über 650.000 Verhaftungen seit 1967 aus (Addameer). Das sind an die 40 % der männlichen Bevölkerung. Dabei sind Folter und Schlechtbehandlung immer noch an der Tagesordnung. Israel hat das absolute Folterverbot im internationalen Recht nicht in sein nationales Recht übernommen (UN Committee Against Torture, 2009, para. 21). 1999 hat Israels Höchstes Gericht »brutale oder unmenschliche Mittel« bei der Befragung von Gefangenen zwar untersagt, sie aber im Falle äußerster Notwendigkeit und bei »Sicherheits«-Gefangenen ausdrücklich erlaubt (The Public Committee Against Torture, 1999). Willkürliche Inhaftierungen und »Administrativhaft« ohne Anklage oder Prozess gehören ebenfalls zu den Mitteln der Bekämpfung der palästinensischen Opposition. Israel hat die Administrativhaft 1967 von den Briten aus deren Mandatszeit durch mehrere Militärverordnungen übernommen. Eine derartige militärische Gesetzgebung durch ein

Militärgerichtssystem ist unvereinbar mit fundamentalen internationalen Standards rechtsstaatlicher Gerichtsbarkeit. Es dient aber bis heute massenhafter unkontrollierter Verhaftung, die vom lokalen Kommandeur bis zu sechs Monaten ohne Anklage oder Prozess verhängt werden darf und verlängert werden kann. Der hohe Anteil an Kindern in den Gefängnissen resultiert aus der Militärverordnung Nr. 132, welche eine Bestrafung nach Erwachsenenstrafrecht schon ab 12 Jahren ermöglicht, in Israel dagegen erst ab 18 Jahren. So erwartet die Kinder nach der Militärverordnung Nr. 378 10 Jahre Haft, wenn sie Steine gegen Objekte wie z. B. die Mauer werfen, und 18 Jahre Haft, wenn sie Steine auf ein fahrendes Auto werfen. Kinder von Siedlern können erst ab 14 Jahren für die gleichen Taten und dann nur vor einem israelischen Zivilgericht angeklagt werden. Während zehntausende Palästinenserinnen und Palästinenser in Administrativhaft von sechs Monaten bis oft mehrere Jahre genommen wurden, kamen gerade neun jüdische Siedler in der ganzen Besatzungszeit in Haft, jeweils nicht länger als 40 bis 60 Tage (B'Tselem, 2013).

Unmittelbar nach dem Rückzug aus dem Gazastreifen erließ Israel 2006 ein Gesetz zum Strafprozessrecht, welches es ermöglicht, sogenannte Sicherheitsgefährder (›security suspects‹) in Israel zu inhaftieren und dort auch vor die Zivilgerichte zu stellen. Dieses Gesetz galt vornehmlich Personen aus Gaza und nach Angaben israelischer Behörden waren 90 % der Inhaftierten aus dem Gazastreifen. Zur gleichen Zeit wurde die Administrativhaft ohne Anklage und Verfahren auch für Bewohner des Gazastreifens durch eine weitere Militärverordnung eingeführt.

In Südafrika zur Zeit der Apartheid wurde ebenfalls eine »Administrativhaft«, allerdings in geringerem Umfang, praktiziert. Sie diente vor allem dazu, vor dem Widerstand gegen die Apartheidgesetze abzuschrecken. So ist auch das Ziel dieser selektiven und diskriminierenden Justiz Israels, die sich allein gegen die palästinensischen Bewohner der besetzten Gebiete richtet, die Abschreckung vor jedem Widerstand gegen die Besatzung. Jüdische Siedler in den besetzten Gebieten unterliegen separaten israelischen Gesetzen und

8. IN DER WÜSTE DER MENSCHENRECHTE: APARTHEID

einer Rechtsprechung mit weitaus großzügigeren Standards der Beweisführung und Bestrafung (Dugard, 2013).

Ein Gesetz, das in jüngster Zeit von der Knesset verabschiedet wurde, bestätigt und verfestigt diesen aggressiven Willen zu Diskriminierung und Ausgrenzung. Am 19. Juli 2018 hat das Parlament nach langer kontroverser Diskussion mit knapper Mehrheit das Grundgesetz »Israel: der Nationalstaat des jüdischen Volkes« verabschiedet. Es beginnt mit den Worten: »Das Land Israel ist die historische Heimat des jüdischen Volkes, in dem der Staat Israel entstand.« Kein Wort von dem Volk, das die jüdischen Siedler dort vorfanden und dem sie sein Land wegnahmen. Hinter dem Gesetz stehen im Wesentlichen die nationalreligiöse Partei »Jüdisches Heim«, Teile des konservativen »Likud« Netanjahus und der säkular-nationalistischen Partei »Israel Beitanu«. Sie konnten sich gegen den breiten öffentlichen Widerstand von Opposition und Zivilgesellschaft, sogar des Staatspräsidenten Reuven Rivlin, durchsetzen. Darin sind sich Kritiker wie Unterstützer einig, es handelt sich wohl um eines der wichtigsten Gesetze, das je erlassen wurde. Denn ab jetzt ist auch gesetzlich festgelegt, dass der Staat jüdisch ist, kein Staat aller seiner Staatsbürger, er gewährt nur den Juden alle Rechte. In der Unabhängigkeitserklärung von 1948 hatte es noch geheißen: »Der Staat Israel wird sich der Entwicklung zum Wohl aller seiner Bewohner widmen.« Nun hat nur noch der jüdische Charakter des Staates Israel Verfassungsrang. Gideon Levy weist in der Zeitung *Haaretz* ernüchtert darauf hin: »Das Nationalstaat-Gesetz setzt dem vagen Nationalismus und dem gegenwärtigen Zionismus, wie er heute existiert, ein Ende. Das Gesetz beendigt die bisherige Farce, Israel sei ›jüdisch und demokratisch‹ – eine Kombination, die nie existierte und nie existieren konnte. Denn der Widerspruch ist dieser Kombination inhärent. Die beiden Werte sind nie unter einen Hut zu bringen, außer mit Betrug (…) Es ist ein Gesetz voller Wahrheit.« (Levy, 2018). Dieser Widerspruch zwischen jüdisch und demokratisch bestand seit der Gründung Israels, wurde aber verdrängt. Als jedoch in den neunziger Jahren in einer sogenannten »konstitutionellen Revolution«

(Lintl, 2018) die Menschenrechte Verfassungsrang erhielten, drohte das liberale und demokratische Gewicht in der Gesellschaft den jüdischen Charakter des Staates zurückzudrängen. Kritik und Widerstand sammelten sich gegen diese unerwünschte Liberalisierung, und Justizministerin Ayelet Shaked (Jüdisches Heim) wird mit der Bemerkung zitiert: »Wir müssen den jüdischen Charakter des Staates schützen, auch wenn das bedeutet, Menschenrechte zu opfern.« (Lintl, 2018, S. 2). Zwar konnte eine Klausel, nach der die Bildung von national und religiös homogenen Gemeinden gefördert werden soll, zur Absicht einer allgemeinen Stärkung jüdischer Besiedlung abgeschwächt werden. Aber die Zurückstufung des Arabischen von einer offiziellen Sprache neben dem Hebräischen zu einem speziellen, dem Hebräischen untergeordneten Status, ist nicht nur symbolisch bedeutsam. Es verbannt Arabisch faktisch aus der Öffentlichkeit. Das demokratische Prinzip der Gleichheit, welches bisher in keinem der Verfassungsgesetze verankert werden konnte, hat auch in diesem Gesetz keinen Platz gefunden. Die »einzige Demokratie« im Nahen Osten hat sich nun auch gesetzlich von der Demokratie verabschiedet, da ein jüdischer Staat ohne Gleichberechtigung nicht demokratisch sein kann. Gideon Levy hat Recht, wenn er sagt, dass das Gesetz nicht viel Neues erklärt, denn schon lange geht es der israelischen Politik nicht mehr einfach um das Existenzrecht Israels, sondern um das Existenzrecht des jüdischen Israel, in dem die palästinensischen Israelis (20 % der Bevölkerung) nur Bürger zweiter Klasse sind. Ohne das Wort Apartheid zu benutzen, stellte der Goldstone-Report in seinen Untersuchungen jedoch alle Merkmale der Apartheid fest: »Die systematische Diskriminierung der Palästinenser sowohl durch die Gesetzgebung (einschließlich der Existenz eines vollkommen getrennten gesetzlichen und Gerichtssystem, welches systematisch schlechtere Bedingungen gegenüber denen für die Israelis bietet) als auch die Praxis während der Haft, der Festnahme, des Prozesses und des Urteils, verglichen mit der Praxis bei den israelischen Bürgern, verletzen Artikel 2 des Internationalen Paktes über bürgerliche und politische Rechte und verletzen möglicherweise das Verbot der Ver-

8. IN DER WÜSTE DER MENSCHENRECHTE: APARTHEID

folgung als Verbrechen gegen die Menschheit.« (Goldstone, 2009, paras 113, 206, 208, 938, 1427, 1534, 1577, 1579, 1616).

Artikel 2c der Anti-Apartheid-Konvention sieht einen Akt der Apartheid in gesetzlichen oder anderen Maßnahmen, »die eine oder mehrere rassische Gruppen daran hindern sollen, am politischen, sozialen, ökonomischen und kulturellen Leben des Landes teilzunehmen, und vorsätzlich Bedingungen erzeugen, die die volle Entwicklung einer oder mehrerer solcher rassischer Gruppen verhindern, insbesondere dadurch, dass einer oder mehreren rassischen Gruppen grundlegende Menschen- und Freiheitsrechte verweigert werden (…)«. Bewirkt das diskriminierende Justizsystem bereits eine derartige Verweigerung grundlegender Freiheitsrechte, so sind die tägliche Beschränkung der Bewegungsfreiheit durch allgegenwärtige Checkpoints, separate Straßen in der Westbank, die Mauer und den Grenzzaun auf palästinensischem Territorium sowie die weitgehenden Restriktionen und Verbote, den dringend benötigten Wohnraum zu schaffen, eine zusätzliche Behinderung der persönlichen und geschäftlichen Entfaltung. Während alle Juden in der Diaspora unbegrenzten Zuzug nach Israel haben, ist es palästinensischen Flüchtlingen, die derzeit in den besetzten Gebieten leben (ca. 1,8 Mio.), nicht erlaubt, in ihre Heimatorte in Israel zurückzukehren. Flüchtlinge, die im Ausland leben (ca. 4,5 Mio.) dürfen ebenfalls nicht in ihre Heimat, ob in Israel oder in den besetzten Gebieten, zurückkehren. Die Restriktionen und Diskriminierungen in allen Lebensbereichen, ob bei der Arbeit, der gewerkschaftlichen Vertretung, der Erziehung oder des Rechts auf Meinungsäußerung und Versammlung sind so allgegenwärtig und einschneidend, dass sie alle Voraussetzungen des Artikels 2 der Anti-Apartheid-Konvention erfüllen. Und noch einmal der Goldstone-Report: »Die Anwendung israelischen innerstaatlichen Rechts hat zu einer institutionalisierten Diskriminierung der Palästinenser in den besetzten Gebieten zugunsten der jüdischen Siedler geführt, wobei jüdische Siedler, ob mit israelischem Pass oder ohne, bevorzugt werden (…) Personen jüdischer Rasse oder Abstammung genießen nach den Grundgesetzen Vorrechte und Privilegien, insbesondere was Landnutzung, Versorgung mit Unterkunft, Entwicklung, Einwanderung und Zugang zu natürlichen Ressourcen angeht. Administrative Verfahren klassifizieren einheimische Bewohner der besetzten palästinensischen Gebiete zu ›fremden Personen‹, sie dürfen deshalb auf den Flächen, die die israelische Regierung zu ›Staatsland‹ erklärt hat und die einen Großteil des Landes ausmachen, weder bauen noch Land pachten.« (Goldstone, 2009, para. 206).

9.
Soziale Menschenrechte

Hatte Robespierre in seiner letzten Rede am 26. Juli 1794 die Französische Revolution als »die erste, die auf die Lehre der Menschenrechte und auf die Prinzipien der Gerechtigkeit begründet worden ist«, bezeichnet, so kann sich die Russische Revolution von 1917 als die erste rühmen, die auch diejenigen unter den Schutz der Menschenrechte stellen wollte, die die bürgerliche Revolution noch nicht berücksichtigt hatte, die Arbeiterklasse. Sie tat es, indem sie den Katalog der politischen und bürgerlichen Rechte um die sozialen erweiterte. Es war nicht so, dass es in den revolutionären Bewegungen Mitte des 19. Jahrhunderts nicht auch schon Stimmen gegeben hätte, die das eine oder andere soziale Recht einforderten. Das galt vor allem für die Arbeiterbewegung, die ihren politischen Kampf auch immer als Kampf um Rechtsforderungen geführt hat, um ihren Ansprüchen allgemeine Geltung in Form von Gesetzen zu verschaffen. Wie z. B. die Vereinigungsfreiheit für Gewerkschaften und Parteien, die allgemeine Publikationsfreiheit auch für die Arbeiterpresse, allgemeines Wahlrecht für alle Deutschen über 21 Jahre, das Recht auf Arbeit, auf Unentgeltlichkeit des Bildungswesens und der Rechtspflege oder – wie in den Forderungen der »Kommunistischen Partei in Deutschland« von 1848 – auf entschädigungslose Abschaffung aller Feudallasten, die Verstaatlichung aller Transportmittel und den Nulltarif für die mittellose Klasse. Dieses waren keine Forderungen mit dem Anspruch universaler Menschenrechte, sondern klassenbestimmte Forderungen aus der eigenen geschichtlichen Erfahrung. Sie unterschieden sich damit grundlegend von den auch aus dem bürgerlichen Milieu erhobenen Forderungen, wie z. B. das von Anton Menger propagierte »Recht auf den vollen Arbeitsertrag« (Menger, 1886, S. 491ff), das von Friedrich Engels als »Juristen-Sozialismus« verspottet wurde (Engels/Kautsky, 1972; Mollnau, 1974, S. 38ff). Denn es ging den proletarischen Forderungen um die soziale Revolution, die Umwälzung der bürgerlichen Gesellschaft in eine Gesellschaft, in der Anspruch und Realität der Menschenrechte miteinander versöhnt sind. Das heißt konkret, dass z. b. das bürgerliche Recht auf Eigentum nicht mehr die Spaltung in Besitzende und Besitzlose zu bewirken vermag und damit die Menschen- auf Klassenrechte reduzieren kann. Am deutlichsten wird der juristische Ausdruck der sozialen Revolution in Lenins »Deklaration der Rechte des werktätigen und ausgebeuteten Volkes« (Lenin, 1961, S. 422f). Sie wurde vom III. Gesamtrussischen Sowjetkongress der Arbeiter- und Soldatendeputierten am 12. Januar 1918 bestätigt und in die erste Verfassung der Russischen Sozialistischen Föderativen Sowjetrepublik vom 10. Juli 1918 übertragen. Diese »proletarische Menschenrechtserklärung« (Klenner, 1982, S. 114) war das Ergebnis der Oktoberrevolution, der juristische Ausdruck einer sozialen Revolution. Eine Deklaration, die Lenin zum »Programm der Sowjetmacht« erklärte, mit dem der Weg zur »völligen Aufhebung der Teilung der Gesellschaft in Klassen«, »zur Errichtung einer sozialistischen Gesellschaft« und zum »Sieg des Sozialismus in allen Ländern« (Lenin, 1961, S. 435) betreten werden sollte. Doch dieser Weg endete offensichtlich nicht erst 1989 im Untergang der Sowjetunion, sondern erwies sich schon mit der Regierung seines Nachfolgers Josef Wissarionowitsch Dschughaschwili, genannt Stalin, als Holzweg, auf dem nicht einmal das deklarierte Ziel des Aufbaus »des Sozialismus in einem Lande« erreicht werden konnte. Damit war der gesellschaftliche Druck, dem bürgerlichen Menschenrechtskatalog auch soziale, ökonomische und kulturelle Rechte hinzuzufügen, erloschen. Selbst die revolutionäre Situation, die nach dem Ersten Weltkrieg in Deutschland eine sozialistische Perspektive auf die Tagesordnung setzte, versandete in den zwar ausführlichen, aber den bürgerlichen Rahmen nicht überschreitenden »Grundrechten und Grundpflichten der Deutschen« der Weimarer Verfassung von 1919. Die Garantie des Eigentums (Art. 53) wurde zwar flankiert von Vorschriften zum Schutz der Arbeitskraft (Art. 157), zur Unverletzlichkeit der Wohnung (Art. 115), zur Freiheit sowie zum Schutz und Pflege der Kunst, Wissenschaft und Lehre (Art. 143) und zur Sorge für die Bildung der Jugend (Art. 144), doch weiter als das Bekenntnis, dass das »Wirtschaftsleben (...) den Grundätzen der Gerechtigkeit mit dem Ziele der Gewährleistung eines menschenwürdigen Daseins für alle entsprechen« muss (Art. 151), wagte sich auch diese erste republikanisch-demokratische Verfassung nicht über den bürgerlichen Horizont hinaus.

Die ein Jahr später verabschiedete Satzung des Völkerbundes war Teil des Versailler Vertrages und widmete sich vor allem der Sicherung und dem Schutz des Friedens zwischen den Staaten. Dem diente auch das Bekenntnis zum Schutz der Minderheiten, das nicht als Element menschenrechtlicher Verpflichtung, sondern zur Sicherung friedlicher Beziehungen zwischen den Nationalstaaten in die Satzung übernommen wurde. So war es auch mit der Verpflichtung, angemessene und menschliche Arbeitsbedingungen zu schaffen und den eingeborenen Bevölkerungen eine gerechte Behandlung in den jeweiligen Staatsgebieten zu garantieren (Art. 23 Völkerbundsatzung). Der Friedensbegriff des Völkerbundes war noch auf den äußeren Frieden zwischen den Staaten fixiert und umfasste nicht den inneren Frieden, wie dann 1945 die Vereinten Nationen in ihrer Charta, Kapitel IX Art. 55ff.

Soziale Menschenrechte in der UNO
Da die Alliierten aber ihre grundverschiedenen Auffassungen über Inhalt und normativen Gehalt von Menschenrechten nicht überwinden konnten, finden sich in der UN-Charta keine konkreten Bestimmungen. Die Charta beschränkt sich auf die allgemeine Forderung nach »Achtung und Verwirklichung der Menschenrechte und Grundfreiheiten für alle ohne Unterschied der Rasse, des Geschlechts, der

Sprache oder der Religion« (Art. 55c, 2 Z. 3, Art. 76c). Allerdings fand der Konsens der Anti-Hitler-Koalition über den gemeinsamen wirtschaftlichen Wiederaufbau Europas in dem Auftrag an die Vereinten Nationen Ausdruck, »die Verbesserung des Lebensstandards, die Vollbeschäftigung und die Voraussetzungen für wirtschaftlichen und sozialen Fortschritt und Aufstieg« zu fördern (Art. 55a UN-Charta). Entsprechend schwach sind die ökonomischen und sozialen Rechte in der Allgemeinen Menschenrechtserklärung vom 10. Dezember 1948 repräsentiert, die die Menschenrechtskommission im Auftrag des »Wirtschafts- und Sozialrats« entwickelte. Die Erklärung entspricht weitgehend den klassischen, sprich bürgerlichen Vorstellungen, von Menschenrechten, wie sie in den Staaten des westlichen Kulturkreises vorherrschten und immer noch vorherrschen. Dort sind alle traditionellen liberalen Grundrechte einschließlich des harten Kerns der bürgerlichen Freiheitsrechte zu finden. Erst im zweiten Teil, der allerdings nicht übersehen werden sollte, folgt eine Reihe von ökonomischen, sozialen und kulturellen Menschenrechten: das Recht auf soziale Sicherheit (Art. 22), das Recht auf Arbeit, gleichen Lohn, Koalitionsfreiheit (Art. 23), Erholung und Freizeit (Art. 24), soziale Betreuung, d.h. einen angemessenen Lebensstandard bezüglich Bekleidung, Wohnung, ärztlicher Versorgung etc. (Art. 25), Bildung und kulturelle Betreuung (Art. 26) und Freiheit des Kulturlebens (Art. 27).

So sparsam die ökonomischen und sozialen Rechte in der Erklärung auch aufgelistet worden sind, ihre Erwähnung war bereits ein Kompromiss mit den sozialistischen Ländern, die auf einen viel umfangreicheren Katalog gedrängt hatten. Auf ihn waren die westlichen kapitalistischen Staaten auch nur deshalb eingeschwenkt, weil man sich darin einig war, dass die Erklärung keine rechtliche Verbindlichkeit, sondern nur programmatischen Charakter erhalten sollte. Die sozialistischen Staaten enthielten sich wegen des unzureichenden Kompromisses bei der Abstimmung aber der Stimme.

Sie hatten allerdings gemeinsam mit den Entwicklungsländern auf internationaler Ebene ein solches Gewicht, dass sie den Beratungen in der UNO über eine Menschenrechtskonvention zu stärkerer Beachtung verhelfen konnte. Es dauerte 18 Jahre, bis der UN-Generalversammlung zwei getrennte Vertragsentwürfe vorgelegt wurden: der Internationale Pakt über bürgerliche und politische Rechte und der Internationale Pakt über wirtschaftliche, soziale und kulturelle Rechte, beide am 19. November 1966 von der UN-Generalversammlung verabschiedet und 1976 in Kraft getreten. Die Trennung der Menschenrechte in zwei Pakte entsprach einem Vorschlag Indiens in der Menschenrechtskommission, da wirtschaftliche, soziale und kulturelle Menschenrechte eines anderen Realisierungssystems bedürften als die bürgerlichen und politischen Rechte. Die Abtrennung der sozialen Recht in einen separaten Sozialpakt ermöglichte es den ohnehin unwilligen kapitalistischen Staaten, so sie denn überhaupt eine Ratifizierung der Pakte erwogen[5], auch die rechtliche Verbindlichkeit zu trennen und sie dem Sozialpakt vorzuenthalten.

Der politische Pakt normiert alle klassischen bürgerlichen politischen Rechte, verzichtet allerdings auf die Garantie des Eigentums, wie sie noch in Art. 17 der Allgemeinen Erklärung von 1948 enthalten war. Er ist umfangreicher als der Sozialpakt, da er in seinem Teil IV detaillierte Vorschriften über die Errichtung, das Verfahren und die Aufgaben eines Ausschusses für Menschenrechte enthält, der die Mitteilungen und Berichte der Staaten entgegennimmt und prüft. Erst 1987 wurde ein dem Menschenrechtsausschuss vergleichbarer Sachverständigenausschuss für wirtschaftliche, soziale und kulturelle Rechte zur Überprüfung der Staatenberichte (Art. 16 Abs. I Sozialpakt) geschaffen, ohne dass er im Sozialpakt Erwähnung gefunden hat.

Der Sozialpakt widmet sich sehr umfang- und detailreich der materiellen Sicherung der Menschen und ist mit seinen Bestimmungen weitgehend der Europäischen Sozialcharta von 1961 vergleichbar, die 1966 in Kraft getreten ist. Vom Recht auf Arbeit (Art. 6) und

---

5   Den Zivilpakt haben 168 Staaten, den Sozialpakt 164 Staaten ratifiziert. Während die VR China zwar den Sozialpakt, nicht jedoch den Zivilpakt ratifiziert hat, haben umgekehrt die USA den Zivilpakt, nicht aber den Sozialpakt ratifiziert.

gerechte Arbeitsbedingungen (Art. 7), dem Recht auf Bildung von Gewerkschaften (Art. 8) und auf soziale Sicherheit (Art. 9) bis zu den Rechten auf ausreichende Ernährung, Bekleidung und Wohnung (Art. 11), auf staatliche Gesundheitsfürsorge (Art. 12) und Bildung (Art. 13) und Teilnahme am kulturellen Leben (Art. 15) knüpft der Sozialpakt ein Netz von Menschenrechten zur Sicherung des menschlichen Lebens, um dem Begriff der menschlichen Würde eine materielle Basis zu geben. Viele Artikel überschneiden sich mit Formulierungen aus dem Zivilpakt, was die inhaltliche Einheit politischer und sozialer Menschenrechte belegen soll. Beide Pakte erheben jeweils zu Anfang in Art. 1 das Selbstbestimmungsrecht der Völker zu einem Menschenrecht. »Kraft dieses Rechts entscheiden sie frei über den politischen Status und gestalten in Freiheit ihre wirtschaftliche, soziale und kulturelle Entwicklung«, heißt es weiter in Absatz 1. Der identische Beginn beider Pakte unterstreicht nicht nur die inhaltliche Verklammerung der Pakte, sondern vor allem die Untrenn- und Unteilbarkeit der verschiedenen Rechte voneinander für die gesellschaftliche Entwicklung.

Allerdings sind die Pakte unterschiedlich verpflichtend. Während der Zivilpakt von jedem Mitgliedsstaat die Garantie verlangt, »die in diesem Pakt anerkannten Rechte zu achten und sie allen in seinem Gebiet befindlichen und seiner Herrschaftsgewalt unterstehenden Personen (…) zu gewährleisten« (Art. 2 I Zivilpakt), verpflichten sich die Vertragsstaaten im Sozialpakt, »unter Ausschöpfung aller ihrer Möglichkeiten Maßnahmen zu treffen, um nach und nach mit allen geeigneten Mitteln, vor allem durch gesetzgeberische Maßnahmen, die volle Verwirklichung der in diesem Pakt anerkannten Rechte zu erreichen« (Art. 2 I Sozialpakt). Anstoß wird vor allem an Art. 2 Abs. 3 Sozialpakt genommen, der eine Ausnahme von dem Handelsdogma der Inländergleichbehandlung gewährt. Entwicklungsländer haben danach die Möglichkeit, die im Pakt anerkannten wirtschaftlichen Rechte nur den eigenen Staatsangehörigen zuzugestehen, also Ausländer von ihrem Genuss auszunehmen. In der Realität der internationalen Wirtschafts- und Handelsbeziehungen nützt diese

9. SOZIALE MENSCHENRECHTE

Ausnahme den Ländern aber nicht viel, da sie den Grundprinzipien der Welthandelsordnung (gemäß WTO, World Trade Organization), vor allem des Allgemeinen Zoll- und Handelsabkommens (GATT, General Agreement on Trade and Tariffs), widerspricht. In den internationalen und bilateralen Freihandelsabkommen ist die Inländergleichbehandlung zum Schutz ausländischer Investitionen vor Enteignung und Diskriminierung unabdingbarer Standard.

Die beiden Pakte definieren gemeinsam mit der Menschenrechtserklärung von 1948 den derzeitigen Kernbestand an Menschenrechten. Um sie gruppiert sich ein normatives Netzwerk zahlreicher Konventionen, das mittlerweile das UNO-System mit einem beachtlichen Kodex zum Menschenrechtsschutz ausgestattet hat. Fast alle Bereiche besonders intensiver Gefährdungen (Völkermord, Folter), der Bedrohung besonders schwacher und gefährdeter Gruppen (Kinder- und Zwangsarbeit, Mädchen- und Frauenhandel, Flüchtlinge) oder allgemeiner Diskriminierung (Frauen, Rassen) wurden in einzelnen Abkommen kodifiziert. Das Internationale Übereinkommen zur Beseitigung jeder Form von Rassendiskriminierung vom 7.3.1966, das Übereinkommen zur Beseitigung jeder Form von Diskriminierung der Frau vom 18.12.1979, das Übereinkommen gegen Folter und andere grausame, unmenschliche oder erniedrigende Behandlung oder Strafe vom 10.12.1984 und das Übereinkommen über die Rechte des Kindes vom 20.11.1989 haben eigene Vertragsüberwachungsorgane zur Kontrolle der nationalen Umsetzung. Keine Überwachungsorgane haben wichtige Menschenrechtskonventionen wie die Konvention über die Verhütung und Bestrafung des Völkermordes vom 9.12.1948, das Übereinkommen über die Bekämpfung und Bestrafung des Verbrechens der Apartheid vom 30.11.1973, das Protokoll v. 7.12.1953 zum Genfer Übereinkommen über die Sklaverei v. 25.9.1926, die Internationale Übereinkunft zur Unterdrückung des Frauen- und Kinderhandels in der Fassung vom 12.11.1947, das Internationale Übereinkommen zur Gewährung wirksamen Schutzes gegen den Mädchenhandel in der Fassung vom 4.5.1949 oder das »Zusatzprotokoll zur Verhütung, Bekämpfung und Bestrafung des

Menschenhandels, insbesondere des Frauen- und Kinderhandels zum Übereinkommen der Vereinten Nationen gegen die grenzüberschreitende organisierte Kriminalität« vom 15. November 2000, das am 25. Dezember 2003 in Kraft getreten ist. Alle diese Übereinkommen kennzeichnet jedoch eine durchweg hohe Anzahl an Ratifikationen. Ihre weite Akzeptanz hat sie mit universeller Verbindlichkeit ausgestattet, die auch durch zahlreiche Einzelvorbehalte nicht eingeschränkt worden ist.

Der Kampf der Internationalen Arbeitsorganisation (ILO) um Sozialstandards

Einen besonderen Beitrag zum sozialen Menschenrechtsschutz hat die ILO (International Labour Organization) mit ihren inzwischen 188 bindenden Übereinkommen und 198 Empfehlungen auf dem Gebiet der Arbeitsbeziehungen geleistet (Krennerich, 2013, S. 50f). Während die Übereinkommen kraft Ratifikation für die 187 Mitgliedsstaaten verbindlich werden, fehlt den Empfehlungen jegliche Verbindlichkeit. Sie werden jedoch häufig zur näheren Ausgestaltung und Konkretisierung der Übereinkommen mit ihnen verbunden, sodass auch sie den beliebigen Charakter der bloßen Empfehlung verlieren. Sie sind unter dem Begriff der »international labour standards« zusammengefasst und differenzieren und konkretisieren als Grundrechte der Arbeitskraft zunächst die allgemeinen politischen Freiheitsrechte zum Schutz der Koalitionsfreiheit, Tarifvertragsfreiheit, Freiheit von Sklaven-, Zwangs- und Kinderarbeit, Freiheit von Diskriminierung in der Arbeitswelt. Sie überschneiden sich häufig mit den Bestimmungen der beiden Pakte und anderer Menschenrechtskonventionen. Auch die ökonomischen und sozialen Rechte der Arbeitskraft, die sogenannten Sozialstandards, sind im Wesentlichen eine Konkretisierung der allgemeinen Sozialpaktrechte wie die Regeln über Beschäftigung und Ausbildung, Sicherheit und Gesundheit am Arbeitsplatz, Mindestlohn, Höchstdauer der Tages- und Wochenarbeitszeit, Mindestpausen und bezahlten Urlaub, Mutterschutz, Lohnfortzahlung im Krankheitsfall, Entlassung, Behinderung und

9. SOZIALE MENSCHENRECHTE

Alter sowie Regeln zur Lösung von Streitfällen, Personalvertretung etc. – insgesamt ein Kodex hochdifferenzierter Regeln, der kaum einen Bereich der Arbeitsbeziehungen mehr ausspart.

Mit den Forderungen des ILO-Generalsekretärs von 1994, Sozialklauseln in dem Welthandelskodex GATT zu verankern, sind einige fundamentale Sozialstandards definiert worden, die seitdem als Kernbereich sozialer Arbeitsrechte (core labour laws) gelten. Auf ihrer 86. Sitzung in Genf verabschiedete die ILO 1998 die »Erklärung über grundlegende Rechte bei der Arbeit« mit vier fundamentalen Rechten: (1) die Koalitionsfreiheit und die Freiheit zu Kollektivvereinbarungen, (2) die Beseitigung aller Formen der Sklaven- und Zwangsarbeit, (3) die vollständige Beseitigung der Kinderarbeit und (4) die Beseitigung der Diskriminierung in Beruf und Beschäftigung. Diese fundamentalen Sozialstandards sind in acht zentralen ILO-Übereinkommen enthalten, die auf Grund ihrer hohen Anzahl an Ratifikationen weitestgehende Verbindlichkeit beanspruchen können:

ILO-Übereinkommen Nr. 29 über Zwangs- und Pflichtarbeit vom 28.6.1930. Art. 2 Abs. 1 definiert die Zwangs- oder Pflichtarbeit als »jede Art von Arbeit oder Dienstleistung, die von einer Person unter Androhung irgendeiner Strafe verlangt wird und für die sie sich nicht freiwillig zur Verfügung gestellt hat«. Allerdings werden einige Ausnahmen wie Militärdienst, Notdienste oder auf Grund von gerichtlichen Urteilen gestattet.

ILO-Übereinkommen Nr. 87 über die Vereinigungsfreiheit und den Schutz des Vereinigungsrechts vom 9.7.1948. Es garantiert das Recht, ohne vorherige Erlaubnis Organisationen zu gründen oder ihnen beizutreten, deren Arbeit ohne behördliche Einmischung durch eine Reihe von Garantien gewährleistet wird.

ILO-Übereinkommen Nr. 98 über die Anwendung der Grundsätze des Vereinigungsrechtes und des Rechtes zu Kollektivverhandlungen vom 1.7.1949. Es schützt vor Diskriminierung von Arbeitsorganisationen und wechselseitiger Einmischung durch Gewerkschaften und Arbeitgeberverbände und fördert Kollektivvereinbarungen.

ILO-Übereinkommen Nr. 100 über die Gleichheit des Entgelts männlicher und weiblicher Arbeitskräfte für gleichwertige Arbeit vom 29.6.1951. Indem es in Art. 1 Lit. b die Gleichheit auf »Entgeltsätze, die ohne Unterschied des Geschlechtes festgesetzt sind«, bezieht, schließt es geschlechtsspezifische Differenzierungen nicht vollkommen aus.

ILO-Übereinkommen Nr. 105 über die Abschaffung der Zwangsarbeit vom 25.6.1957. Es erweitert den Schutzbereich gegenüber der Zwangsarbeiter-Konvention von 1930, indem es Zwangs- oder Pflichtarbeit als Mittel politischen Zwangs oder Erziehung, Bestrafung für politische oder ideologische Ansichten, Verwendung für wirtschaftliche Entwicklung, Maßnahme der Arbeitsdisziplin, Strafe für die Teilnahme an Streiks oder als Diskriminierung verbietet.

ILO-Übereinkommen Nr. 111 über die Diskriminierung in Beschäftigung und Beruf vom 25.6.1958. Es verpflichtet die nationale Politik zur Beseitigung der Diskriminierung beim Zugang zu Beschäftigungsverhältnissen, Fortbildung und Arbeitsbedingungen aus Gründen der Rasse, Geschlechts, Religion, politischer Meinung, sozialer Herkunft etc.

ILO-Übereinkommen Nr. 138 über das Mindestalter für die Zulassung der Beschäftigung vom 26.6.1973. Ziel ist die Beseitigung der Kinderarbeit. Das Mindestalter soll nicht unter dem Alter liegen, welches für den Abschluss der Grundschule vorgesehen ist.

ILO-Übereinkommen Nr. 182 über die schlimmsten Arten von Kinderarbeit vom 17.6.1999. In Erweiterung der ILO-Konvention Nr. 138 zielt es auf die Beseitigung von Sklaverei, Prostitution, Pornografie, unerlaubten Tätigkeiten, Arbeit, die die Gesundheit, die Sicherheit und die Moral der Kinder schädigen.

Bisher haben 141 Staaten alle acht Konventionen ratifiziert und damit für sich als verpflichtend anerkannt. Etliche Staaten zögern weiter mit der Ratifizierung und sparen insbesondere die beiden Übereinkommen Nr. 87 und 98 zur Vereinigungsfreiheit aus. Je kleiner die Staaten, desto geringer die Anzahl der Ratifikationen, mit einer Ausnahme. Die USA finden sich gemeinsam mit den Cook Islands und Brunei Darussalam am Ende der Skala, weit hinter dem Iran und der VR China, die besonders im Fokus der westlichen Menschenrechtskritik stehen. Sie haben lediglich die beiden Abkommen Nr. 105 gegen Zwangsarbeit und Nr. 182 gegen Kinderarbeit ratifiziert, die Russische Föderation hingegen alle acht.

Die Aufnahme dieser Sozialstandards als Sozialklauseln in Handelsverträge sowie die Einrichtung eines Komitees zur Einhaltung von Sozialstandards im Rahmen der WTO-Gründung (ähnlich dem Komitee zur Überwachung von Umweltfragen) wurde insbesondere von den USA gefordert und vom Europaparlament unterstützt, ist aber international nicht nur zwischen Industrie- und Entwicklungsstaaten, sondern auch zwischen Gewerkschaften, NGOs und lange Zeit auch innerhalb der ILO stark umstritten. Beide Initiativen sind auf der Ministerkonferenz der Welthandelsorganisation (WTO) in Singapur 1996 vorerst gestoppt worden: nicht nur weil die Entwicklungsländer befürchteten, dass ein Verstoß gegen die Sozialklauseln (z. B. Kinderarbeit) zu Handelssanktionen oder protektionistischen Maßnahmen der Industrieländer ihnen gegenüber benutzt werden könnte, sondern auch, weil die WTO sich für die Arbeiterrechte nicht zuständig erklärte und eine institutionalisierte Zusammenarbeit mit der ILO auf den Austausch von Informationen beschränkte.

Der Streit um die Sozialstandards

Das Ziel der Verbesserung der Arbeits- und Lebensbedingungen der Arbeitskraft ist heute weltweit anerkannt, niemand wird sich gegen sie aussprechen. Dennoch sieht die Realität ganz anders aus, und Wege wie Mittel der Verwirklichung und Umsetzung sind nach wie vor äußerst strittig. Insbesondere ist die Frage, ob dies auf rechtlichem Wege mit den Internationalen Sozialstandards verfolgt werden sollte, wie es das Konzept der ILO ist, seit den Anfängen ihrer Tätigkeit umstritten. Die herrschende ökonomische Theorie hat sich mit wechselnden Argumenten gegen die Vereinbarkeit eines politischen Programms zum Schutze der Arbeitskraft und ihrer Rechte mit den Gesetzen der Marktökonomie ausgesprochen (Sengenberger, 2002, S. 21ff). Vor allem behindere die Durchsetzung von Arbeitsschutzprogrammen die ungehinderte Entfaltung der Konkurrenz, die die wesentlichste Voraussetzung ökonomischer Entwicklung und damit der automatischen Anhebung der Arbeitsstandards sei. Das klassische ökonomische Dogma, das die Verbesserung und Garantie der Arbeitsbedingungen durch die ungehinderte Entfaltung der Marktökonomie gewährleistet sieht, ist immer noch herrschend. Die ILO hingegen als Exponent gewerkschaftlicher Vertretung von Arbeitsinteressen glaubt, den Arbeitsschutz nur mit Hilfe korrigierender Eingriffe auf der Basis gesetzlicher Rechte und internationaler Abkommen durchsetzen zu können. Seit den zwanziger Jahren hat sich die ILO trotz erheblich veränderter ökonomischer Rahmenbedingungen mit dieser Kontroverse, die sich in der Debatte um den Umgang mit der ökonomischen Krise wiederholt, herumgeschlagen und gegen den Widerstand ankämpfen müssen, der hartnäckig gegen Programme zum Arbeitsschutz und für Arbeitsrechte vorgebracht wird.

So hielt der Direktor des Harvard-Instituts für ökonomische Entwicklung, Jeffrey Sachs, der ILO entgegen: »Der größte Schaden für das Wachstum liegt in grenzüberschreitenden Sozialstandards, die entweder Minimumstandards oder Minimumverpflichtungen für höhere und faire Löhne diktieren, oder, noch schlimmer, die Erstreckung der Löhne auf die gesamte Wirtschaft fordern; kurz, das deutsche System angewandt auf Südafrika oder einige andere Entwicklungsländer.« Stattdessen »müssen wir für bessere Steuersysteme oder Null-Steuersysteme oder andere Mechanismen sorgen, aber nicht (...) Mindestbedingungen der Arbeit oder institutionelle Strategien für Kollektivverhandlungen den Entwicklungsländern aufzwingen. Meiner Meinung nach können die Kosten solcher Bedingungen und Strategien erheblich für die Entwicklungsländer sein und nur bescheidene, wenn überhaupt, Gewinne für die entwickelten Länder bringen.« (Sachs, 1966, S. 23f).

Dieser schon lange nicht mehr zeitgemäße Glaube an die freie Konkurrenz des Marktes verweist direkt auf Friedrich August von Hayek, »den bedeutendsten Theoretiker der liberalen Gesellschaft dieses Jahrhunderts«, wie ihn die *Wirtschaftswoche* 1981 anlässlich seines Artikels »Ungleichheit ist nötig« nannte: »Daher ist der Begriff der sozialen Gerechtigkeit in einer marktwirtschaftlichen Ordnung mit freier Berufswahl völlig sinnlos. Soziale Gerechtigkeit kann es nur in Befehlswirtschaften geben, wo der Staat über die relativen Einkommen der einzelnen Bürger bestimmt (...) Die gegenwärtige Tendenz, dass überall dort, wo sich Völker vermehren, eine Pflicht für den Rest der Menschheit entsteht, diese zusätzlichen Menschen notfalls auch noch zu ernähren, führt zu einem ganz unmöglichen Zustand.« (Hayek, 1981).

Dahinter lauert immer noch das Gespenst des Sozialismus, das nach wie vor die Wirtschaftsteile der großen Presse, hier der *Frankfurter Allgemeinen Sonntagszeitung*, beherrscht: »Von ›sozialer Gerechtigkeit‹ zu reden, hört sich irgendwie gut an. Doch sie ist unvereinbar mit den Prinzipien einer liberalen Gesellschaft. (...) Aber was bedeutet es denn, die Gesellschaft auf mehr ›soziale Gerechtigkeit‹ zu verpflichten? Dieses Konzept ist dem liberalen Rechtsstaat wesensfremd. Denn die Definition und Durchsetzung von sozialer Gerechtigkeit durch die Staatsgewalt ist mit dem vom liberalen Rechtsstaat hochgehaltenen Prinzip der Freiheit des Einzelnen unvereinbar. Wer das Ergebnis individueller wirtschaftlicher Entscheidungen einer von ihm entworfenen Schablone der ›sozialen Gerechtigkeit‹ anpassen will, muss Zwang ausüben und die von Natur her ungleichen Einzelnen zur Herstellung sozialer Gleichheit ungleich vor dem Gesetz behandeln. Die konsequente Verfolgung des Ziels der ›sozialen Gerechtigkeit‹ führte daher im Sozialismus zwingend zur totalitären Herrschaft weniger über viele.« (Mayer, 2017).

Es gibt immer wieder Auflagen für internationale Kreditaufnahme oder andere Hilfe, die die Beseitigung »exzessiver« und »schädlicher« Regulierungen des Arbeitsmarktes fordern. Zudem gibt es Stimmen aus den Staaten der sogenannten Dritten Welt, die in der Durchsetzung von Arbeitsschutzrechten in ihren Ländern eine Form verschleierten Protektionismus der hochindustrialisierten Länder sehen, die mit solchen Maßnahmen oder Auflagen die Entwicklungsländer ihrer komparativen Wettbewerbsvorteile berauben wollen. So ist selbst das fundamentale Recht auf Koalitionsfreiheit nicht vor dem Vorwurf der Schädigung der Marktgesetzlichkeiten sicher.

Zusätzlich zur Marktschädigung wird der ILO vorgeworfen, mit ihren »falschen« Schutzprogrammen kontraproduktiv zu handeln. Sie behindere den sozialen Fortschritt und die zügige Verbesserung der Arbeitsbedingungen eher, als dass sie ihn fördere, und das gleichzeitige Bemühen um mehr Beschäftigung und bessere Arbeitsplätze sei miteinander unvereinbar. In der Tat wirkt ein regulierter Arbeitsmarkt mit starken Elementen der sozialen Wohlfahrt weniger attraktiv für das internationale Kapital, dort zu investieren, als auf einem deregulierten freien Markt. Allerdings hängt das mit der unleugbaren Realität zusammen, dass die Löhne eben nicht unbedingt bei Arbeitsknappheit steigen, Arbeitslosigkeit nicht automatisch mit steigender Nachfrage nach Arbeit verschwindet und dauernde Armut durchaus mit ökonomischem Wachstum vereinbar ist. Das heißt: Die Realität überführt das Marktmodell der orthodoxen Theorie immer wieder seiner eigenen Widersprüche und Anomalien hinsichtlich der angeblichen Selbstregulierung und -anpassung, die weder den ökonomischen noch den sozialen Fortschritt automatisch garantieren.

Ein besonders wirkungsvolles Argument gegen die Vereinbarung und Einführung sozialer Arbeitsstandards ist, dass sie zu kostspielig für den Produktionsprozess seien. Sie würden bei weitem die Vorteile übersteigen, die von ihnen für die Arbeiterschaft erwartet würden. Vor allem in den Ländern, die auf einen raschen ökonomischen Fortschritt angewiesen sind, würde die mit den Sozialstandards verbundene Verteuerung der Arbeitskraft deren natürliche Konkurrenzvorteile beseitigen. In anderen Worten, bevor ein Land nicht einen höheren ökonomischen Standard erreicht habe, seien soziale Arbeitsstandards ein unverantwortlicher Luxus, der entwicklungshemmend und nicht fördernd sei, sie seien nicht Teil der Entwicklung, sondern allenfalls eine Folge von ihr, oder wie es die *Financial Times* ausdrückt: »Die Menschen in den Entwicklungsländern brauchen Jobs und Einkommen, aber nicht Menschenrechte.« (Financial Times, 2000).

Letztlich liegt der akademisch-theoretischen wie politisch-praktischen Abwehr der Arbeitsstandards und -rechte die Trennung des gesellschaftlichen Produktionsprozesses in einen ökonomischen und einen sozialen Teil zugrunde. Beide werden als voneinander unabhängig betrachtet. Die ökonomische Entwicklung könne nicht nur ohne soziale Rechte und Fortschritt verwirklicht, sondern der Entwicklungsbegriff dürfe auch nicht von einer sozialen Komponente »verunreinigt« werden. Die bedenkliche Konsequenz dieses unzeitgemäßen Entwicklungsbegriffs ist, dass die Separierung und Marginalisierung des Sozialen entscheidenden Einfluss auf die juristische Durchsetzung der Rechte haben muss, die gerade den sozialen Teil stärken sollen.

Der »Ausschuss für ökonomische, soziale und kulturelle Rechte« und die Durchsetzung der sozialen Menschenrechte

Von den über 100 bi- und multilateralen Verträgen zum Schutz von Menschenrechten haben die wichtigsten Verträge Ausschüsse zugeordnet bekommen, die der Effektivierung der Rechte dienen sollen. Unter ihnen auch der »Ausschuss für ökonomische, soziale und kulturelle Rechte« (Ausschuss) mit 18 vom »Wirtschafts- und Sozialrat« (ECOSOC) gewählten unabhängigen Experten. Sie haben die alle fünf Jahre fälligen Staatenbericht zu prüfen und zu kommentieren. Alle Vertragsausschüsse haben derartige Berichts- und Beobachtungsrechte, sie entwickeln Interpretations- und Kontrollstandards zur Überprüfung der Staatenpraxis und geben allgemeinere Kommentare zur inhaltlichen Konkretisierung und Umsetzung von Menschenrechten. So hat der Sozialpaktausschuss allgemeine Kommentare zum Recht auf Wohnung und zum Recht auf Nahrung, zum Recht der Älteren und Behinderten und zum Einfluss von Sanktionen auf die ökonomischen, sozialen und kulturellen Rechte der betroffenen Bevölkerung herausgegeben. Dies zeigt die besondere politische aber auch rechtliche Bedeutung, die die Staatengemeinschaft gerade diesen Menschenrechten beimisst.

Doch das Hauptproblem der ökonomischen und sozialen Menschenrechte ist nicht die lückenlose Erfassung schutzbedürftiger Lebenssituationen, sondern die Frage der rechtlichen Verbindlichkeit und damit Durchsetzbarkeit der menschenrechtlichen Forderungen. Diese wird zumeist mit dem Hinweis auf mangelnde Bestimmtheit oder fehlende Ressourcen verneint und die Menschenrechte der sogenannten zweiten Generation werden rechtsdogmatisch als eher politische Programmsätze unter den direkt und unmittelbar verpflichtenden bürgerlichen und politischen Menschenrechten der ersten Generation angesiedelt. So scheiterte z. B. die Klage des Verbandes der Studierenden der Universität Zürich gegen den Kanton Zürich mit dem Ziel, die Erhöhung der Kollegiengeldpauschale rückgängig zu machen. Die Klage stützte sich u. a. auch auf das in Art. 13 Sozialpakt garantierte Recht auf Bildung. Die Ablehnung der Klage begründete das Bundesgericht mit dem lediglich programmatischen Charakter dieser Vorschriften, die dem Einzelnen von wenigen Ausnahmen abgesehen grundsätzlich keine subjektiven und justiziablen Rechte gewährten. Zudem fehle der Bestimmung des Art. 13 Abs. 2 lit. c Sozialpakt die nötige Bestimmtheit (BGE 120 Ia 1). Damit wird nicht nur dem Einzelnen die Möglichkeit verwehrt, sich auf diese Rechte zu berufen, sondern auch Regierungen und Parlamente fühlen sich in keiner Weise verpflichtet, die Anwendbarkeit und Effektivität des Paktes zu erhöhen. So begründete der US-Botschafter bei der damaligen UN-Menschenrechtskommission die Nichtratifikation des Sozialpaktes durch die USA mit der Befürchtung, dass die Bürger die Regierung auf Durchsetzung ihrer Rechte verklagen könnten (Economist, 2013). So ist das Fakultativprotokoll zum UN-Sozialpakt, welches dem Einzelnen ein Recht auf eine Individualbeschwerde und auch Staaten ein Beschwerderecht gegen andere Staaten gibt, zwar seit 2013 in Kraft, aber erst von 21 Staaten ratifiziert worden. Deutschland, obwohl immer an der Front der Unterstützer des Fakultativprotokolls, hat sich bisher nicht für eine Ratifikation entschließen können (Krennerich, 2017, S. 17f). Dem entspricht die Weigerung der britischen Regierung im EU-Konvent, einklagbare europäische Sozialstandards in die neue EU-Charta aufzunehmen. Eine Weigerung, der sich der Vertreter der Bundesregierung im Konvent angeschlossen hat, aus Befürchtung, dass Deutschland als größter Nettozahler auch für bessere Sozialstandards in den Nachbarländern zur Kasse gebeten werden könnte, wie es 2002 in der Tagespresse hieß. Der Ausschuss des Sozialpaktes hat schon 2001 in den abschließenden Bemerkungen über den dritten Staatenbericht Deutschlands seiner Besorgnis darüber Ausdruck gegeben, »dass es (in Deutschland) kein umfassendes System gibt, das sicherstellt, dass das Übereinkommen sowohl bei der Formulierung wie bei der Durchsetzung der Gesetzgebung und Politik im Hinblick auf wirtschaftliche, soziale und kulturelle Rechte berücksichtigt wird.« (UN ECOSOC, 2001) Eine vorsichtig diplomatische Umschreibung eines grundsätzlichen Mangels in der Menschenrechtspolitik der Bundesregierung.

Bei der jüngsten Überprüfung des sechsten deutschen Staatenberichts von 2018 (UN ECOSOC, 2018) nehmen die »Positiven Aspekte« in den abschließenden Bemerkungen des Ausschusses nur vier Zeilen ein, während die »Bedenken und Empfehlungen« insgesamt 30 Themen auf 10 Seiten füllen. Neben der erneuten Mahnung, die Ratifikation nun endlich vorzunehmen und nicht die föderale Struktur der Bundesrepublik als Grund für die Verzögerung vorzuschieben, rügen sie u. a.:
- die Unverbindlichkeit der Sorgfaltspflichten im »Nationalen Aktionsplan für Unternehmen und Menschenrechte«;
- die Hindernisse bei der gerichtlichen Verfolgung von Menschenrechtsverletzungen;
- die Verfehlung der Klimaziele für 2020;

- die mangelnde Berücksichtigung der Folgen für die Menschenrechte, die der Agrarexport in die armen Länder mit sich bringt;
- die unzureichende Bereitschaft, die Familienzusammenführung von Flüchtlingen zu ermöglichen;
- den hohen Anteil von 14 Mio. prekär Beschäftigten und das Verfehlen der 5%-Quote bei der Beschäftigung von Menschen mit schwerer Behinderung sowie die hohe Arbeitslosigkeit unter ihnen;
- den immer noch hohen Unterschied von 21% in der Entlohnung von Frauen und Männern;
- die faktische Ausbeutung von ca. 163.000 Pflegerinnen, vor allem Migrantinnen, in Privathaushalten;
- das Verbot des Streiks im öffentlichen Dienst;
- das unzureichende Niveau sozialer Leistungen zur Grundsicherung;
- die Kinderarmut, dass 19,7% (2,55 Mio.) Kinder unter 18 Jahren in Armut leben;
- die unzureichende Garantie des Rechts auf Wohnung durch den akuten Mangel an erschwinglichen Wohnungen;
- die Kappung der Versorgung mit Elektrizität bei 328.000 Haushalten, die 2016 die Rechnungen nicht bezahlten;
- die Beschränkung der Gesundheitsversorgung von Asylbewerbern auf akute und schmerzvolle Beschwerden in den ersten 15 Monaten ihres Aufenthaltes in Deutschland;
- den akuten Mangel an Lehrerinnen und Lehrern;
- den hohen Anteil von Schülern mit Behinderung, die nicht in die normalen Schulen integriert sind, sondern in Sonderschulen unterrichtet werden;
- die Hindernisse, die Flüchtlings- und asylsuchenden Kindern den Zugang zur Bildung erschweren.

Eine lange Liste schwerer Defizite, die die Situation der Menschenrechte in der Bundesrepublik bei weitem nicht so makellos erscheinen lässt, wie in offiziellen Verlautbarungen immer wieder verkündet. Die Bundesregierung hat sich bisher nicht zu dem Bericht des Ausschusses geäußert. Die gängige Entschuldigung, dass die Haushaltsmittel zur Beseitigung dieser offensichtlichen Mängel nicht ausreichen, ist angesichts der jährlich steigenden Steuereinnahmen wenig überzeugend. Sie vermag auch nicht davon abzulenken, dass Haushaltspolitik nach einer Agenda politischer Prioritäten die Steuergelder verteilt.

So wenig die Weigerung hinsichtlich der Effektivierung der sozialen Rechte politisch akzeptabel ist, so wenig ist sie rechtlich begründbar. Beide Menschenrechtspakte haben für die ratifizierenden Staaten die gleiche rechtliche Verbindlichkeit und unterscheiden sich in dieser Hinsicht nicht voneinander. Es handelt sich um Völkervertragsrecht, welches für alle Staaten verbindlich ist, die es ratifiziert haben. Inhalt und Modalitäten der Erfüllung sind durchaus unterschiedlich, wie es aus der klassischen Unterscheidung zwischen Abwehrrechten, die staatliches Eingreifen in die private Sphäre untersagen, und Leistungsrechten, die den Staat zu bestimmten Leistungen verpflichten, bekannt ist. Die Bestimmungen des Sozialpaktes sind in der Tat programmatisch, was allerdings nicht die Verbindlichkeit ihrer Verpflichtung beeinträchtigt. Der vertraglich gebundene Staat wird völkerrechtlich verpflichtet, Programme im Sinne des Art. 2 Abs. 1 Sozialpakt zu entwickeln und »unter Ausschöpfung aller seiner Möglichkeiten Maßnahmen zu treffen, um nach und nach mit allen geeigneten Mitteln, vor allem durch gesetzgeberische Maßnahmen, die volle Verwirklichung der in diesem Pakt anerkannten Rechte zu erreichen«. Diese Verpflichtung ist unmittelbar und bindend, wie es der Menschenrechtsausschuss des Sozialpaktes immer wieder betont hat, er erfüllt sich allerdings anders als durch Richterspruch wie bei den klassischen Abwehrrechten der ersten Generation.

Die Staaten sind verpflichtet, detaillierte Programme für die sukzessive Durchsetzung der Rechte zu entwickeln. Da es sich um eine unmittelbare und aktuelle Verpflichtung handelt, haben sie dem Ausschuss in regelmäßigen Perioden ein Programm mit einem realistischen Zeitplan vorzulegen, innerhalb dessen sie die Verwirklichung der Maßnahmen vorhaben. Der Ausschuss ist in der Lage, für die inhaltliche Gestaltung des Programms mittels Experten-Studien und Evaluationen Hilfestellung zu geben. Natürlich gibt es für die Bestimmung der Basisversorgung mit Nahrung, Wasser, Wohnung, Gesundheit oder Bildung und ihre Verwirklichung allgemeine Maßstäbe, die aber je nach Land und Entwicklungsstand sehr unterschiedliche Anforderungen an die einzelnen Regierungen ergeben können. Auch gibt es Leitvorstellungen der ILO für Minimalstandards von Arbeitsbedingungen, die mit Hilfe der ILO in konkrete Programme für die Umsetzung in den einzelnen Ländern gefasst werden können.

Zudem ist die Trennung in Abwehr-, Leistungs- und Kollektivrechte nicht derart konsequent, dass daraus rechtliche Folgerungen über ihre Geltungskraft gezogen werden können. Etliche Freiheitsrechte sind ohne staatliche (Vor)Leistungen gar nicht wahrnehmbar, wie wiederum Leistungsrechte von Abwehrrechten notwendig begleitet werden. Der Menschenrechtsausschuss des Zivilpaktes hat selber darauf hingewiesen, dass es für die effektive Garantie der Freiheitsrechte sehr oft für den Staat notwendig sei, positive Maßnahmen zu ergreifen. So fordert der in Artikel 17 des Zivilpaktes garantierte Schutz der Privatheit vom Staat, dass er sich eines Eingriffs in Privatleben, Familie, Wohnung und Schriftverkehr der Bürgerinnen und Bürger enthält. Doch ist das nicht genug. Denn der Ausschuss hat darauf hingewiesen, dass es in der immer komplizierter werdenden Welt für den Schutz und die Effektivität des Rechts notwendig sei, gesetzgeberische, verwaltungs- und justiztechnische Instrumente und Prozeduren zu schaffen, die die Grenzen des Rechts und der Eingriffsbefugnis identifizieren und ihren Missbrauch kontrollieren. Der Menschenrechtsausschuss hat die Staaten aufgefordert, Informationen über die Maßnahmen zu geben, die sie zur Sicherung des Rechts auf Privatheit unternommen haben. Selbst das Verbot der Folter und unmenschlicher Behandlung erfordert sehr oft positive Maßnahmen: Gefängniswärter und Polizisten müssen instruiert und ausgebildet werden, Programme müssen entwickelt werden, um sicherzustellen, dass sie mit den Regeln des internationalen Rechts und den Minimum-Standards zur Behandlung von Gefangenen vertraut sind, ferner müssen die justiziellen Einrichtungen für eine eventuelle Verfolgung von Verstößen geschaffen werden.

Der Europarat hat auf einer Konsultation über Armut in Europa 1986 sehr dezidiert auf diesen Zusammenhang der Menschenrechte hingewiesen: »Menschenrechte, die der Europarat hochhält, können nicht selektiv betrachtet werden. Sie sind alle von gleicher Bedeutung. Es müssen daher Anstrengungen unternommen werden, Respekt für die fundamentalen Rechte im Ganzen zu erreichen, ob soziale, kulturelle und wirtschaftliche oder zivile und politische (…) Das erste Recht ist das Recht, sein eigenes Schicksal zu bestimmen, was zuerst und vor allem meint, den Menschen eine echte Möglichkeit zu geben, sich von den Restriktionen zu befreien, die ihnen durch ihre Umgebung auferlegt werden, und an der Gestaltung ihres eigenen Lebens teilzuhaben.« (Council of Europe, 1986).

Es gibt eine weitere Reihe von Einwänden gegen die rechtliche Qualität der Sozialrechte, die vor allem deren Vagheit und die Schwierigkeit, einen Verstoß festzustellen, ins Feld führen. Letztlich laufen sie in dem zentralen Einwand angeblich mangelnder Justiziabilität, d.h. mangelnder Einklagbarkeit vor Gericht, zusammen. So bestreitet z.B. die Richterin am Bundesverfassungsgericht Susanne Baer die Einklagbarkeit des Rechts auf Arbeit, sie mache »eine Verfassung zum leeren Versprechen«. Das Gleiche gelte für alle sozialen Grundrechte, ihre Einklagbarkeit würde »die Gerichte überfordern, den Gesetzgeber strangulieren und die politische Debatte lähmen« (Kutscha, 2017, S. 6).

Die Fixierung auf die Justiziabilität der Menschenrechte wird jedoch dem Schutzcharakter nicht gerecht. Der erschöpft sich nicht allein in der Abwehr vor dem Staat, er schützt nicht nur gegen Eingriffe, sondern er muss überhaupt erst durch Leistung geschaffen werden. Das gilt gerade auch für die klassischen politischen Abwehrrechte. Die Menschenrechte auf Meinungs- und Versammlungsfreiheit werden nicht erst durch Zensur und Verbot verletzt. Sie existieren schon gar nicht für diejenigen, die durch Hunger, Elend, Armut oder Krieg diese Freiheitsrechte generell nicht wahrnehmen können. Wer in Armut, Hunger und Krieg um sein Leben kämpft, kennt diese Rechte kaum, zumindest interessieren sie ihn nicht. Soziale Grundrechte sind daher ebenso Freiheitsrechte wie die politischen Abwehrrechte (Krennerich, 2007, S. 57). Die unterschiedliche Garantie von politischen und sozialen Menschenrechten schlägt sich zwar in unterschiedlichen Schutzverfahren nieder, darf aber nicht zu unterschiedlichen Graden ihrer Verbindlichkeit führen.

Allerdings ist die Garantie eines Freiheitsraumes durch gerichtliche Entscheidung im Allgemeinen billiger als seine Herstellung durch die Versorgung mit ausreichend Nahrung und Wohnung, durch die Einrichtung eines funktionierenden Gesundheitssystems oder die Durchführung einer Landreform für weite Teile der Bevölkerung. Auch ist die Definition der Rechte, in die der Staat nicht eingreifen darf, im Allgemeinen präziser möglich als die Bestimmung der Programme und Maßnahmen, die der Staat für die Gewährleistung sozialer, ökonomischer oder kultureller Rechte durchzuführen hat. Umgekehrt: Der Eingriff in den Schutzbereich der bürgerlichen und politischen Rechte ist genauer feststellbar, als die Frage zu entscheiden, wann eine Maßnahme oder ein Unterlassen soweit die Lebenssituation der Menschen beeinflusst, dass darin eine Verletzung ihrer Menschenrechte zu sehen ist. Doch auch diese Unsicherheit hat auf die rechtliche Verbindlichkeit aller Menschenrechte keinen Einfluss und stuft sie nicht in Rechte erster und zweiter Klasse ein. Viele Bestimmungen der sozialen Menschenrechte sind zudem direkt umsetzbar, wie z. B. alle Diskriminierungsverbote, zu denen u. a. auch der Schutz der Koalitionsfreiheit gehört.

Seit der Verabschiedung des Sozialpaktes in der Generalversammlung der Vereinten Nationen am 19. Dezember 1966 hat es eine lebhafte Diskussion darum gegeben, wie die sozialen, ökonomischen und kulturellen Rechte zu interpretieren, zu konkretisieren und zu verwirklichen sind. Um diesen weitläufigen Diskussionsprozess zu bündeln und in einen internationalen Konsens zu überführen, haben sich 1986 in Maastricht Experten zu einer internationalen Konferenz getroffen, auf der sie Richtlinien für die Umsetzung des Sozialpaktes vereinbarten, die als Limburg Principles (Limburg, 1987) bekannt geworden sind. Elf Jahre später trafen sich am selben Ort wiederum internationale Experten auf Einladung der Internationalen Juristenkommission, des Urban Morgan Institutes und des Centre for Human Rights der Universität Maastricht, um auf der Basis der Limburg Principles über Inhalt und Ausmaß der Verletzungen der Sozialrechte zu beraten und geeignete Antworten und Rechtsmittel vorzuschlagen. Das Ergebnis reflektiert die völkerrechtliche Entwicklung des vergangenen Jahrzehnts und ist als Maastricht Guidelines (Maastricht, 1999) veröffentlicht worden. Von ihrem Inhalt her handelt es sich bei den beiden Erklärungen um eine authentische Interpretation des Sozialpaktes, die den repräsentativen Meinungsstand aus Wissenschaft und Praxis widerspiegelt. Allerdings haben die beiden Gremien nicht die autoritative Position wie z. B. der Internationale Gerichtshof in Den Haag besessen, um den Richtlinien mehr als die Darstellung des allgemeinen Meinungsstandes und Rechtsqualität beimessen zu können. Doch ist die in Ziffer 4 der Maastricht Guidelines festgestellte rechtliche Gleichwertigkeit beider Pakte mehr als nur eine individuelle Meinung einiger Experten: »Es ist jetzt unbestritten, dass alle Menschenrechte unteilbar, voneinander abhängig, zusammenhängend und von gleicher Bedeutung für die menschliche Würde sind. Deswegen sind Staaten für die Verletzung ökonomischer, sozialer und kultureller Rechte ebenso verantwortlich wie für die Verletzung bürgerlicher und politischer Rechte.«

Anders ist die Situation aber immer noch in Europa, wo sich die Staaten, die sich auch in der UNO ständig gegen die verpflichtende Kraft der sozialen Menschenrechte gewandt haben, bis jetzt nicht zu einer rechtlichen Verbindlichkeit ihrer Erklärungen zu sozialen Rechten durchringen konnten. So bleibt die gemeinsame Erklärung zur »Europäischen Säule sozialer Rechte«, die die 28 Mitgliedsstaaten am 17. November 2017 in Göteborg verabschiedet haben, ebenso unverbindlich wie die »Europäische Sozialcharta« von 1966 – von

Deutschland ebenfalls nicht ratifiziert – und die »Gemeinschaftscharta der sozialen Grundrechte der Arbeitnehmer« von 1989. Soziale Rechte bleiben faktisch den wirtschaftlichen Grundfreiheiten des europäischen Binnenmarktes untergeordnet. Die »Europäische Säule sozialer Rechte« schützt nicht einmal vor dem Abbau von Sozialleistungen und der Unterwanderung von kollektiven Arbeitnehmerrechten. Bestrebungen in Deutschland schon in den siebziger Jahren, soziale Grundrechte oder auch nur konkrete soziale Ziele im Grundgesetz zu verankern, blieben erfolglos (Bericht, 1993). Auch die von der Partei DIE LINKE in den Jahren 2009 und 2017 vorgelegten Gesetzentwürfe zur Aufnahme sozialer Menschenrechte in das Grundgesetz hatten keine Chance im Deutschen Bundestag (BT-Drs. 18/10860). Alles bleibt bei einem schön klingenden Bekenntnis ohne die Möglichkeit seiner Durchsetzung und von Sanktionen.

Unterschiedliche Verpflichtungsebenen des Staates
In der völkerrechtlichen Diskussion hat sich inzwischen ein Verständnis von der Justiziabilität der Menschenrechte durchgesetzt, welches nicht zwischen den Generationen und den verschiedenen Typen der Abwehr-, Leistungs- oder kollektiven Rechte unterscheidet, sondern unterschiedliche Verpflichtungsebenen des Staates gegenüber allen Menschenrechten insgesamt herausgearbeitet hat. Dieses Modell geht auf den norwegischen Wissenschaftler Asbjörn Eide zurück, welcher es erstmals in einem Report über das Recht auf Nahrung im Auftrag der Sub-Commission on Prevention of Discrimination and Protection of Minorities vorgelegt hat (Eide, 1987; Eide, 1989, S. 2ff). In ihm definiert er drei Ebenen der Staatenverpflichtung auf Grund der Menschenrechte, die Ebene des »Respektierens« (respect), des »Schützens« (protect) und des »Erfüllens« (fulfil) von Menschenrechten (Eide, 1989, S. 35ff; Paech, 2016, S. 26ff). Diese Unterscheidung in drei Ebenen der Verpflichtung ist von den Maastricht Guidelines von 1997 in Ziffer 6 übernommen worden. Obwohl an einem Sozialrecht, dem Recht auf Nahrung, entwickelt, beansprucht das Modell Gültigkeit für alle Menschenrechte.

9. SOZIALE MENSCHENRECHTE

Auf der Ebene der »obligation to respect« wird die Zurückhaltung des Staates gegenüber der Integrität des Einzelnen gefordert. Er hat sich jeglicher Intervention in die Initiativen und Aktivitäten seiner Bürger zur Entfaltung und Sicherung ihrer materiellen Existenz zu enthalten. Damit werden unmittelbar die klassischen Freiheitsrechte gesichert, die eben auch Vorbedingung für die Realisierung der sozialen Forderungen, wie das Recht auf Nahrung oder die Kernarbeitsrechte sind.

Die »obligation to protect« fordert vom Staat und seinen Organen Schutzmaßnahmen gegenüber Aktivitäten Dritter, ob Einzelne oder Gruppen, die die Entfaltung des Einzelnen gefährden können. Diese Verpflichtung belässt die Verantwortung für die Verwirklichung der Menschenrechte bei dem Individuum, soll ihn aber vor möglichen Beeinträchtigungen und Eingriffen schützen. Diese Ebene operiert auf der Grenze zwischen der klassischen Einteilung in Freiheits- und Leistungsrechte. Die Abwehr gesellschaftlicher Hindernisse durch den Staat bedeutet zugleich die »Leistung«, aktiv Bedingungen herzustellen, unter denen überhaupt Freiheitsrechte ausgeübt werden können. Er wird verpflichtet, seine Hoheitsgewalt gegen die Aktivitäten anderer privater gesellschaftlicher Kräfte einzusetzen, sofern sie auf Kosten der Rechte Dritter gehen. Hier zeigt sich in besonderem Maße die Janusköpfigkeit, d. h. die Interdependenz und Unteilbarkeit der Menschenrechte, deren Verwirklichung nicht entweder auf Abwehr oder auf Leistung staatlicher Tätigkeit reduziert werden kann.

Erst auf der dritten Ebene, der »obligation to fulfil«, tritt die Leistungsverpflichtung des Staates eindeutig in den Vordergrund. Dort wo der Einzelne durch eigene Initiativen nicht in der Lage ist, sich selbst seine Menschenrechte zu sichern, ihm insbesondere die materiellen Ressourcen fehlen, seine Basisbedürfnisse zu befriedigen, ergibt sich die Pflicht des Staates, helfend und vorsorgend einzugreifen. Wenn auch im Einzelnen unklar sein mag, welchen Umfang diese »obligation to fulfil« annehmen kann, d. h. welche Leistungen ein Recht auf Nahrung, Gesundheit, Wasser oder Arbeit vom Staat mindestens fordert, um von der Verwirklichung der Rechte sprechen zu können, so besteht doch kein Zweifel daran, dass es sich um verpflichtende, also einklagbare Rechte handelt.

Auch spielt die Verfügbarkeit der Ressourcen für jeden Staat eine weitere Voraussetzung für die Erfüllung seiner Verpflichtung, ohne dass sie dadurch allerdings in ihrer unmittelbaren Rechtsqualität beeinträchtigt würde. In den Worten der Maastricht Guidelines von 1997: »In vielen Fällen werden die meisten Staaten solche Verpflichtungen relativ leicht und ohne erheblichen Aufwand an Ressourcen erfüllen können. In anderen Fällen allerdings mag die volle Verwirklichung der Rechte von der Verfügbarkeit adäquater finanzieller und materieller Ressourcen abhängen. Dennoch, wie es in den Limburg Prinzipien 25-28 steht und von der sich entwickelnden Rechtsprechung des Ausschusses für wirtschaftliche, soziale und kulturelle Rechte bestätigt wird, entlastet der Mangel an Ressourcen die Staaten nicht von gewissen Mindestverpflichtungen zur Erfüllung wirtschaftlicher, sozialer und kultureller Rechte.«

Um die Justiziabilität weiter zu operationalisieren, unterscheidet Eide zwischen einer Verbindlichkeit zum Handeln und Verhalten (conduct) und einer Verpflichtung zu einem Ergebnis (result). Auch diese Unterscheidung ist von den Maastricht Guidelines in Zif. 7 übernommen worden. Während das Verhalten in einem positiven oder auch negativen Handeln besteht, wie etwa die Verpflichtung des Staates, nicht zu foltern oder die gewerkschaftliche Organisierung nicht zu verhindern, ist die Verpflichtung zu einem Ergebnis weniger an dem Mittel und der Aktivität als an dem Zustand interessiert, der erreicht werden soll, wie z. B. die Beseitigung des Hungers, einer medizinischen Unterversorgung oder die Sicherung des Zugangs zu Trinkwasser. Regelmäßig wird die »obligation to respect« bei den Freiheitsrechten der Individuen in einer Verbindlichkeit zum Handeln bestehen, aber daraus folgt nicht, dass die Verpflichtung zu einem Ergebnis nur durch eine Leistung in der Bereitstellung materieller Güter eingelöst werden kann. Denn es kann gut sein, dass der Staat in besonderen Fällen den Hunger besser dadurch vermeiden kann, dass er sich der Intervention enthält und nicht in die Freiheit seiner Bürger und ihre Kontrolle der Ressourcen eingreift. Das Recht auf Wohnung verwirklicht sich nicht nur in der Versorgung mit einem Minimumstandard an Wohnraum, es verbietet dem Staat darüber hinaus, Bürger willkürlich aus ihren Wohnungen zu vertreiben oder sie zu zerstören.

Wir können also davon ausgehen, dass es keinen normativen Unterschied in der rechtlichen Verbindlichkeit von Rechten des Zivil- und des Sozialpaktes gibt, und sich dies auch in der Literatur und Wissenschaft allmählich durchgesetzt hat (Higgins, 1994, S. 100ff; Maastricht, Zif. 4). Dies gilt auch für das Recht auf Selbstbestimmung. Nach wie vor umstritten sind allerdings das Recht auf Entwicklung und das Recht auf Frieden. Unabhängig von den unterschiedlichen Umsetzungsprozessen und Garantieformen binden und verpflichten die sozialen und ökonomischen und kulturellen Rechte die Staaten ebenso wie die politischen und bürgerlichen Rechte. Wir müssen allerdings auch davon ausgehen, dass es unter dem Regime des neoliberalen Kapitalismus zwar immer noch Reformen in Richtung auf die Verwirklichung der sozialen Rechte gibt, es aber keine endgültige Durchsetzung und Verwirklichung geben kann.

10.
Menschenrechte und Weltwirtschaftsordnung

Alles Reden über den Zustand dieser Welt beginnt und endet mit dem Begriff der Globalisierung. Sei es als Prozess, Zustand oder Bestimmung wird ihm die ganze Dialektik von Reichtum und Armut, Frieden und Krieg, Freiheit und Zwang, Recht und Chaos aufgeladen, um sich einem genaueren Urteil über seine Dynamik zu entziehen. Nur über die Unentrinnbarkeit der Globalisierung, sprich ihre Schicksalhaftigkeit für jede Gesellschaft dieser Erde, herrscht Einmütigkeit, nicht aber über ihre Beeinflussbarkeit und ihren Segen für die Menschheit. Zwischen den extremen Positionen, die die Globalisierung entweder selbst für ein Menschenrecht halten (Pendleton, S. 2052-2095) oder sie für den »Einbruch der Barbarei und den Zerfall der Welt« (Ramonet, 2002, S. 13ff) verantwortlich machen, hat sich eine »differenzierte Betrachtung« eingespielt, bei der die Abwägung all der Positiva und Negativa der Globalisierung dennoch keinen Zweifel an der letztlich optimistischen Einschätzung ihrer Dynamik lässt.

Menschenrechte gegen das neoliberale Konzept
Das liegt im Wesentlichen daran, dass die Opfer der Entfesselung des Marktes – ob auf der Flucht vor Krieg, Verfolgung oder dem Hungertod, ob mit dem nackten Überleben in ihren zusammenbrechenden Ökonomien und Staaten oder mit der Plünderung ihrer Staatshaushalte zur Bedienung der exorbitanten Schuldendienste beschäftigt – keine Möglichkeit haben, ihren Protest und ihre Kri-

tik dort vorzubringen, wo die Gewinne der Globalisierung gemacht werden. Ihre Sprachlosigkeit ist die kalkulierte Kehrseite der Revolutionierung der Informatik und Telekommunikation. Sie müssen sich vertreten lassen, ihre Stimme einzelnen Kritikern und Gruppen in den Zentren leihen, wo der Begriff der Zivilgesellschaft ein Synonym für Wohlstand und die sichere Distanz zu den Katastrophen der Peripherie ist. Mehr noch, sie haben sich, um sich verständlich zu machen, der Begriffe zu bedienen, die in den herrschenden Staaten der Globalisierung entstanden und dort ihre ideologische Prägung gefunden haben. Diese Begriffe, wie Menschenrechte und Welthandelsordnung, sind nicht etwa nur programmlose Bezeichnungen historischer oder technokratischer Institutionen, sondern politisch hochbesetzte Instrumente mit globalem Ordnungsanspruch.

Das ist vor allem bei den Menschenrechten in den letzten Jahren deutlich geworden, in denen sie von den kapitalistischen Staaten sowohl zur Legitimation ihres eigenen, weltweit nun konkurrenzlosen Gesellschafts- und Wirtschaftsmodells eingesetzt werden als auch zur Begründung »humanitärer«, d. h. militärischer Interventionen in Randgebieten, die sich ihrem Herrschaftsanspruch bislang widersetzt haben. Das hat natürlich eine Definition der Menschenrechte zur Voraussetzung, die nicht nur aus deren europäischem Ursprung der Aufklärung schöpft und zu wahrer Universalität strebt, sondern sie an die Errungenschaften der westlichen Zivilisation koppelt und sie somit auf die Lebensweise des kapitalistischen Wirtschafts- und Gesellschaftsmodell reduziert.

Es ist ein altes Gesetz der Dialektik, dass die Widersprüche dieser Herrschaft ihre eigenen Gegenkräfte aus sich selbst hervorbringen. Allerdings gehört es nicht zu dem Gesetz, dass diese Kräfte von gleicher Stärke sind. Und so sind es im Wesentlichen nur freie Forschungsinstitutionen und NGO, die die Kritik an der Ausdehnung des neoliberalen Konzeptes auf die Menschenrechte und ihre Identifizierung mit den Marktfreiheiten formulieren sowie den Widerstand gegen die Auswirkungen der Globalisierung ganz allgemein organisieren. Ihre Öffentlichkeitswirksamkeit sollte jedoch nicht mit ihrem tatsächlichen politischen Einfluss verwechselt werden. Auch ist ihr theoretisches Potenzial beträchtlich größer als die Chance ihrer Durchsetzung, wie das Beispiel der Menschenrechte angesichts der Dynamik der Welthandelsordnung bei der Verteilung des Reichtums beweist.

Ausgangspunkt der Kritik hat die Auflösung der ausschließlichen Identifizierung von Menschenrechten mit den Freiheitspostulaten der Welthandelsordnung zu sein. Nur unter Beschränkung auf ihren bürgerlich-liberalen Ursprung ist eine derartige Verbindung überhaupt zu begründen. Sie klammert aber die ganze von tiefen Auseinandersetzungen geprägte Entwicklung zu weiteren Generationen sozialer und kollektiver Menschenrechte aus.

Die Frage zunächst also lautet, welche Menschenrechte sind gemeint, die zur Korrektur der Welthandelsordnung und gegen ihre desaströsen Auswirkungen in zahlreichen Ländern Afrikas, Asiens und Lateinamerikas ins Feld geführt werden können. Gibt es Rechte, die die Erziehung der 130 Mio. Kinder zwischen 6 und 12 Jahren fordern, die keine Schule besuchen, die die Versorgung mit billigen Medikamenten für 25 Mio. AIDS-Opfer in Afrika sowie die Behandlung jener 35.000 Kinder, die täglich an heilbaren Krankheiten sterben, ermöglichen? Gibt es ein Recht auf Nahrung und einen angemessenen Lebensstandard für die 1,2 Mrd. Menschen, die über weniger als einen Dollar pro Tag verfügen?

Diese Fragen offenbaren zugleich, dass der Mangel oder die Schwäche derartiger Menschenrechte in den entwickelten und reichen Industrieländern noch vergleichsweise geringe und bislang weitgehend kompensierbare Rückwirkungen auf die einheimische Bevölkerung haben. Anders die Konsequenzen im Prozess der Globalisierung für die Menschen der ökonomisch unterprivilegierten und politisch schwachen Länder. Die dramatischen Verschlechterungen, die die zunehmende Radikalisierung des Freihandelskonzepts nicht nur für die am wenigsten entwickelten Länder am äußersten Rande des Weltmarktes zeitigen, sondern auch für sogenannte Schwellenländer, die die Vorgaben und Bedingungen des IWF peinlich erfüllen wie seinerzeit Argentinien, senken die Lebensbedingungen für große Teile der Bevölkerung weit unter die Schwelle des westeuropäischen Menschenrechtsstandards. Trotzdem agieren die Institutionen der Welthandelsordnung, die für die polarisierenden und destruktiven Kräfte der Globalisierung verantwortlich sind, wie IWF, Weltbank und WTO sowie die vertraglichen Katechismen ihrer Kredit- und Handelspolitik, GATT, GATS, TRIPS etc., unangefochten als unersetzbare Garanten ökonomischer Entwicklung und gesellschaftlichen Fortschritts. Nur wenige Politiker sind so unbefangen wie Zbigniew Brzezinski, sie freimütig als das zu bezeichnen, was sie real sind, »ein Teil des amerikanischen Systems (...) Als Teil des amerikanischen Systems muss außerdem das weltweite Netz von Sonderorganisationen, allen voran die internationalen Finanzorganisationen, betrachtet werden. Offiziell vertreten der Internationale Währungsfonds (IWF) und die Weltbank globale Interessen und tragen weltweit Verantwortung. In Wirklichkeit werden sie jedoch von den USA dominiert, die sie mit der Konferenz von Bretton Woods im Jahre 1944 aus der Taufe hoben.« (Brzezinski, 1999, S. 49). Ihre Stellung wird auch nicht dadurch in Frage gestellt, dass sie immer mehr Mittel und Ressourcen ihres Instrumentariums auf die Beseitigung der Katastrophen und Ruinen verwenden müssen, die ihre Politik hinterlassen hat.

Man ist sich allgemein einig darin, dass die Globalisierung kein ausschließlich naturwüchsiger Prozess, sondern weitgehend der politischen Steuerung zugänglich ist. Deshalb ist die Deregulierung staatlichen, d. h. auch gesetzlichen Einflusses auf die Dynamik der Globalisierung und die Verlagerung politischer Entscheidungen vom Staat zu den Märkten als Mechanismen der Koordination und Steuerung ein bewusster Schritt zur Entpolitisierung der gesellschaftlichen Entwicklung und ihrer Überantwortung an die Kräfte des Marktes. Diesen wiederum ist das Konzept der Menschenrechte vollkommen fremd. Zaghafte Ansätze, menschenrechtliche Vorschriften in die Vertragswerke aufzunehmen, stoßen nur dort auf Interesse, wo es um die Garantie und Verstärkung der Freiheitsrechte für Handel, Investitionen und Kapitalverkehr geht (Petersmann, 2001). Und es ist sehr fraglich, ob der seit langer Zeit betriebene Einsatz der Politik zur Entpolitisierung, d. h. Entfesselung der Märkte mit einem Menschenrechtskonzept aufgefangen und umgesteuert werden kann. Die Globalisierung der Menschenrechte gegen die Globalisierung der Märkte?

Transnationale Unternehmen sind keine Völkerrechtssubjekte und daher weder zur Förderung des internationalen Gemeinwohls noch zum Schutz oder Durchsetzung der Menschenrechte verpflichtet. Alle bisherigen Versuche, dieses zu ändern und die Unternehmen auf die Einhaltung der Menschenrechte zu verpflichten, sind bisher gescheitert. Es begann schon 1974 mit Verhandlungen im Rahmen des UN-Wirtschafts- und Sozialrats (Economic and Social Council – ECOSOC), die zu einem Verhaltenskodex (code of conduct) für internationale Wirtschaftsunternehmen führen sollten. Obwohl nicht beabsichtigt war, mit ihm eine rechtliche Verpflichtung zu schaffen, stieß er auf den geschlossenen Widerstand von Vertretern der Regierungen und der Wirtschaft. Er wurde schon 1990 begraben. Die Unternehmen verwiesen auf die steigende Anzahl eigener Kodizes, die jedoch alle unverbindlich und ohne Kontrollmöglichkeit waren. Im Jahr 2000 gelang es den Vereinten Nationen dann, einen globalen Pakt (UN Global Compact) mit unabhängigen Kontrollmechanismen für das Verhalten transnationaler Unternehmen abzuschließen. In diesem Vertragswerk verpflichten sich die Teilnehmer zur Einhaltung von insgesamt 10 Prinzipien, allerdings ebenfalls ohne rechtlich durchsetzbare Kontrolle und ohne Sanktionsmöglichkeiten. Als die Vereinten Nationen dann 2003 mit ihrem Versuch, rechtsverbindliche »Normen für die Verantwortlichkeit transnationaler Unternehmen und anderer Wirtschaftsunternehmen im Hinblick auf Menschenrechte« (UN Norms on the Responsibility of Transnational Corporations and other Business Enterprises with Regard to Human Rights) zu schaffen, an dem Streit über ihre Rechtsverbindlichkeit scheiterten, berief UN-Generalsekretär Kofi Annan den Harvard-Professor John Ruggie zum Sonderbeauftragten für

10. MENSCHENRECHTE UND WELTWIRTSCHAFTSORDNUNG

Menschenrechte und transnationale und andere Wirtschaftsunternehmen. Er sollte ein Konzept entwickeln, in dem insbesondere die Einflussmöglichkeiten des Staates bei der Sicherung der Menschenrechte untersucht werden sollten. Ruggie schuf ein Rahmenmodell, in dem drei Säulen, bestehend aus dem Schutz (protect), der Achtung (respect) und der Wiedergutmachung (remedy), den stärkeren Schutz der Menschenrechte ermöglichen sollen. Der UN-Menschenrechtsrat (Human Rights Council – HRC) verabschiedete das ausgearbeitete Konzept 2011 einstimmig als UN-Leitprinzipien (Report UN-DOC, 2011). Auch sie sind unverbindlich und haben nicht die Aufgabe, menschenrechtliche Verpflichtungen für die Unternehmen zu begründen. Dagegen stand die alte Phalanx von Regierungs- und Wirtschaftsvertretern, die die Leitlinien eher als ein »Governance-Konzept in einem horizontalen und vertikalen Mehrebenensystem unterschiedlicher Steuerungsakteure und -mechanismen« einordnet. Verständlich ihre Begeisterung über »die fortschrittlichste konzeptionelle Ausarbeitung zu Wirtschaft und Menschenrechten, die in einer zwischenstaatlichen Organisation entstanden ist«, und die der Europarat als die »weltweit akzeptierte Ausgangsbasis« im Bereich Wirtschaft und Menschenrechte lobte (Klimke/Escobar/Tietje, 2016). Auf sie hat sich auch die OECD bei der Neufassung ihrer Leitsätze für multinationale Unternehmen 2011 gestützt, als sie ein neues Kapitel zu Menschenrechten einfügte und mit den »Nationalen Kontaktstellen« (NKS) eine eigenständige Anlaufstelle für Beschwerden schuf (Krajewski, 2012). Allerdings macht die Einrichtung der NKS beim Bundeswirtschaftsministerium schon deutlich, dass es hier nicht um eine Streitbeilegung, sondern um eine Streitmoderation zwischen den Beschwerdeführern und den internationalen Konzernen geht. Auch dieses bleibt alles unverbindlich dem ungleichen Kräfteverhältnis überlassen. Es gibt auch seitdem keine Hinweise darauf, dass sich an der Menschenrechtssituation in den Ländern der Billigproduktion und des Rohstoffabbaus etwas grundsätzlich geändert hätte. Human Rights Watch liegt wohl richtig mit der Einschätzung, dass die Leitprinzipien aufgrund ihrer Freiwilligkeit und Unverbindlichkeit sowie der mangelnden Konkretheit und Tiefe des Menschenrechtsschutzes »absolut unzureichend« sind (Human Rights Watch, 2013). Denn die zahlreichen Verstöße gegen grundlegende Arbeits- und Menschenrechtsstandards, wie sie z. B. das sogenannte Monsanto-Tribunal im Oktober 2016 dem Agrarkonzern nachweisen konnte (Monsanto, 2016), hat einige Staaten wie Ecuador und Südafrika bewogen, eine Arbeitsgruppe beim Menschenrechtsrat vorzuschlagen, die ein rechtlich bindendes Instrument für Unternehmen zur Achtung der Menschenrechte entwickeln sollen. 2014 ist die Arbeitsgruppe eingerichtet worden. Ein Zusammenschluss von mehreren hundert NGOs, die sogenannte Treaty Alliance, unterstützt dieses Vorhaben, während es von den USA und sämtlichen EU-Mitgliedsstaaten boykottiert wird. Auf der am 15. Oktober 2018 einberufenen Konferenz, an der 120 Staaten teilnahmen, um einen Vertragsentwurf der ecuadorianischen Vorsitzenden zu beraten, war die EU nur pro forma anwesend. Sie beteiligte sich nicht an den inhaltlichen Beratungen – auf Druck Deutschlands. Die deutsche Regierung hält freiwillige Selbstverpflichtungen auf der Basis der unverbindlichen Leitprinzipien der UNO für ausreichend und vertritt damit kompromisslos die Interessen der deutschen Großunternehmen. Dabei ist der ursprüngliche Vertragsentwurf in den Monaten zuvor noch verwässert worden. Hatte der Entwurf den Menschenrechtsnormen für Unternehmen noch den Vorrang vor den Handels- und Investitionsabkommen eingeräumt, so war in der Konferenzvorlage davon nichts mehr zu sehen. Sie ermöglicht es den Staaten nun ausdrücklich, die Bestimmungen aus den Handels- und Investitionsabkommen über die Menschenrechtsbestimmungen zu setzen. Wie hartnäckig der Widerstand der Bundesregierung gegen verpflichtende Normen für die großen Unternehmen ist, zeigt nicht nur ihr Boykott der ersten drei Verhandlungsrunden zwischen 2015 und 2017, sondern auch ihr Antrag beim Finanzausschuss der UN-Generalversammlung, alle Finanzmittel für die Konferenz im Oktober 2018 zu streichen, allerdings vergeblich (Zumach, 2018).

10. MENSCHENRECHTE UND WELTWIRTSCHAFTSORDNUNG

Menschenrechte gegen geistige Eigentumsrechte
Erstaunlich ist trotz dieser durchgängigen Niederlagen, mit welcher Zähigkeit und politischen Kreativität immer wieder versucht wird, den Einsatz und die Ziele des Menschenrechtsschutzes über die Unverbindlichkeit bloßer Appellation auf die Ebene vertraglicher Verpflichtung und fester Garantie zu heben. So versucht seit August 2000 etwa die »Sub-Commission on the Promotion and Protection of Human Rights«, die Regierungen mit mehreren Resolutionen sowohl auf den Vorrang der Verpflichtungen aus den Menschenrechten vor der Wirtschaftspolitik hinzuweisen als auch auf »die offensichtlichen Konflikte zwischen dem Regime des geistigen Eigentums im TRIPS-Übereinkommen (Agreement on Trade-Related Aspects of Intellectual Property Rights; Übereinkommen über handelsbezogene Aspekte der Rechte des geistigen Eigentums) einerseits und den internationalen Menschenrechten auf der anderen Seite«. Der vom TRIPS-Übereinkommen vervollständigte Schutz von Urheberrechten, Marken, Herkunftsbezeichnungen, gewerblichen Mustern, Patenten etc. hat erheblichen Einfluss zugunsten der Industrien mit hohem Forschungs- und Investitionsaufkommen, kann aber gleichzeitig katastrophale Auswirkungen auf das Recht auf Nahrung, auf Gesundheit und Selbstbestimmung haben.

Die aufgedeckte Praxis der Firma Monsanto, die Detektive beauftragte, um Farmer ausfindig zu machen und zu verfolgen, die Saatgut ihrer patentierten Sorten speicherten, ist nur vor dem Hintergrund dieses extremen Property-Rights-Konzepts möglich, welches die Existenz und das Überleben zahlloser Farmerfamilien gefährdet. In der Resolution aus dem Jahr 2000 macht die Subkommission ihre Kritik und Vorbehalte gegenüber TRIPS deutlich: Sie erklärt, »dass es offensichtliche Konflikte zwischen den geistigen Eigentumsrechten auf der einen Seite und den internationalen Menschenrechten auf der anderen Seite gibt, da die Durchführung des TRIPS-Übereinkommens die fundamentale Natur und die Unteilbarkeit der Menschenrechte nicht angemessen widerspiegelt, einschließlich des

Rechts eines jeden, die Errungenschaften des wissenschaftlichen Prozesses und ihrer Anwendungen, des Rechts auf Gesundheit, des Rechts auf Nahrung und des Rechts auf Selbstbestimmung.« (Commission, 2000; Scherrer/Greven/Frank, 1998).

Die seit den siebziger Jahren unternommenen Bemühungen, transnationale Konzerne durch sogenannte codes of conduct auf die Einhaltung bestimmter sozialer Rechte zu verpflichten, müssen als gescheitert angesehen werden, nachdem 1991 die Industrieländer eine Einigung im Rahmen der UNO verhinderten. Auch die folgenden Versuche mit freiwilligen Kodizes führten zu keinem akzeptablen Ergebnis.

Die Folgen des Patentschutzes für die Versorgung der HIV-Infizierten – und damit der Konflikt zwischen Eigentumsrechten und sozialen Menschenrechten – sind anlässlich der Auseinandersetzungen der Regierungen von Südafrika und Brasilien mit den internationalen Pharmakonzernen besonders deutlich geworden (Paech, 2003). Die meisten Entwicklungsländer sind nicht in der Lage, eine eigene pharmazeutische Forschung und Industrie aufzubauen. Sie können ihrer aus Art. 12 Sozialpakt folgenden Verpflichtung zur Versorgung der Bevölkerung mit Medikamenten aus nationalen Ressourcen daher nicht nachkommen und sind auf Importe angewiesen. Angesichts der unerschwinglichen Kosten, die der Import von Anti-Aids-Medikamenten der internationalen Pharmakonzerne verursacht, sind einige Länder wie Brasilien, Indien und Südafrika dazu übergegangen, unter Berufung auf die Ausnahmeklausel des Art. 31 TRIPS-Abkommen Gesetze zu erlassen, die die Produktion generischer AIDS/HIV-Medikamente unter Einsatz von Zwangslizenzen im eigenen Lande oder den Import derartiger billiger Substitute aus dem Ausland ermöglichen. Südafrika hatte 1997 ein entsprechendes Gesetz, den Medicines and Related Substances Amendment Act No. 90, verabschiedet. Brasilien hatte mit dem Gesetz Nr. 9279, dem Industrial Property Law vom 14. Mai 1996, den Patentschutz davon abhängig gemacht, dass die Patentinhaber nach einer gewissen Zeit eine Produktion vor Ort aufbauen müssen.

10. MENSCHENRECHTE UND WELTWIRTSCHAFTSORDNUNG

Gegen das südafrikanische Gesetz reichten 39 Pharmakonzerne eine Klage beim High Court in Pretoria ein, die dort am 5. März 2001 verhandelt wurde. Das Verfahren war allerdings nur von kurzer Dauer, da die Konzerne auf Grund einer massiven Kampagne zahlreicher NGOs unter starken öffentlichen Druck gerieten und ihre Klage bereits am 19. April in allen Punkten zurücknahmen. Einige von ihnen boten der südafrikanischen Regierung gleichzeitig stark verbilligte oder sogar kostenlose Medikamente an. Anders verlief der Widerstand gegen das brasilianische Gesetz. Hier ging die US-Regierung auf Druck der Pharmalobby in die Offensive und hatte schon am 20. Mai 2002 die brasilianische Regierung zu Konsultationen im Rahmen der WTO aufgefordert. Die USA rügten die Verpflichtung zum Aufbau lokaler Produktionsstätten als Diskriminierung und Verstoß gegen Art. 27 und 28 TRIPS-Abkommen, in denen die Rechte aus Patenten aufgeführt werden, sowie gegen Art. III GATT 94, in dem die rechtliche Gleichstellung ausländischer mit inländischen Waren geregelt wird. Brasilien war es gelungen, durch die Produktion generischer Substitute eine kostenlose Medikamentenversorgung für HIV-Infizierte aufzubauen und dadurch die Todesrate der AIDS-Kranken um die Hälfte zu verringern. Am 16. Juni 2000 trat die EU wegen eigener wirtschaftlicher Interessen den Konsultationen bei, die am 29. Juni in Genf am Sitz der WTO begannen und im Dezember des gleichen Jahres ergebnislos endeten. Daraufhin beantragten die USA Anfang Januar 2001 beim Dispute Settlement Body der WTO die Einsetzung eines Panels, in dessen Verlauf es dann im Juli 2001 zu einer Einigung zwischen den Parteien kam. Beide Seiten hielten ihre unterschiedlichen Rechtspositionen aufrecht. Die USA jedoch verzichtete auf die Durchführung des Panels, denn auch Brasilien verzichtete auf ein Gegenverfahren gegen das US-Patentgesetz, welches die gleichen lokalen Produktionsverpflichtungen enthält.

Was aussieht wie ein taktisches Zurückweichen und ein Kuhhandel, ist aber wohl doch eher ein Zeichen für eine stärkere Durchsetzungsfähigkeit sozialer Menschenrechte gegenüber den klassischen Freiheits- und Eigentumspostulaten der Wirtschaftspolitik. Dies mag z. Zt. nicht übertragbar sein auf andere Sozialrechte. Wo ein Zustand jedoch derartig katastrophale Ausmaße für Millionen von Menschen angenommen hat, erwachsen Kräfte, die den Vorrang der Menschenrechte vor den Wirtschaftsinteressen durchzusetzen vermögen. So auch schließlich in Doha (Emirat Katar), wo auf der 4. WTO-Ministerkonferenz im November 2001 nach harten Verhandlungen und einer Verlängerung der Konferenz die Handelsminister eine Erklärung zum TRIPS-Abkommen verabschiedeten, die den Streit um die Patente auf Pharmaka beenden sollte. In dieser Erklärung wird allen Regierungen das Recht eingeräumt, notwendige Maßnahmen zum Schutz der Gesundheit der eigenen Bevölkerung zu ergreifen, ohne Sanktionen befürchten zu müssen (Faden, 2002, S. 30). Damit können die Regierungen sich in Zukunft über Patentrechte hinwegsetzen, die den Zugang zu preiswerten Medikamenten verhindern, sei es dass sie Zwangslizenzen für eine einheimische Produktion erteilen oder Parallelimporte tätigen, wenn die transnationalen Pharmakonzerne ihre Preise nicht senken. Was wie eine Selbstverständlichkeit klingt, heißt in Art. 12 Abs. Sozialpakt: »Die von den Vertragsstaaten zu unternehmenden Schritte zur vollen Verwirklichung dieses Rechts umfassen die erforderlichen Maßnahmen (…) c) zur Vorbeugung, Behandlung und Bekämpfung epidemischer, endemischer, Berufs- und sonstiger Krankheiten«.

Menschenrechte gegen Handelsfreiheit und Investitionsrechte
Obwohl die Doha-Erklärung ein eindeutiges Dokument für den Vorrang des Gesundheitsschutzes vor den ökonomischen Interessen darstellt, bleiben viele Fragen noch offen, die für Konflikte in der Zukunft sorgen werden. Insbesondere bleibt strittig, in welcher Weise und mit welchen Mitteln der Vorrang der Menschenrechte in den internationalen und regionalen Abkommen über Handel, Investitionen und Finanzpolitik verankert werden kann und welche Rolle die Menschenrechtsinstrumente und -organisationen der UNO sowohl bei der Absicherung der Rechte in den Abkommen wie bei ihrer faktischen Durchsetzung spielen können. Die intensivsten Bemühun-

gen, diese Fragen zu klären, hat bisher die Sub-Commission on the Promotion and Protection of Human Rights unternommen. Sie beauftragte seit 1998 Joseph Oloka-Onyango und Deepika Udagama mehrfach, die Durchsetzungsmöglichkeiten der ökonomischen, sozialen und kulturellen Rechte angesichts der Gefahren der Globalisierung zu untersuchen und dabei besonders die Rolle und den Einfluss der multilateralen Institutionen zu berücksichtigen, die mit ihren rechtlichen und politischen Instrumenten die Hauptverantwortung für die Globalisierung tragen: der Internationale Währungsfonds IWF, die Weltbank und die Welthandelsorganisation WTO. Bisher liegen drei Studien vor (Oloka-Onyango/Udagama, 1999-2001), die sich vor allem mit dem internationalen Handel, seinen wichtigsten organisatorischen Instrumenten wie WTO und TRIPS, aber auch mit dem seinerzeit gescheiterten Versuch beschäftigen, ein Multilateral Agreement on Investment (MAI) durchzusetzen, und die Möglichkeiten untersuchen, den Vorrang der Menschenrechte in diese Institutionen zu integrieren.

Ihre Ergebnisse sind nicht spektakulär, aber nützlich. Sie lassen zunächst keinen Zweifel an der unmittelbaren Verbindlichkeit der Sozialrechte sowohl für die Staaten als auch für multilaterale Institutionen, was von der WTO bisher bestritten wurde (Oloka-Onyango/Udagama, 2001, Rz. 57). Multilaterale Institutionen wie die WTO sind als Völkerrechtssubjekte genauso an die Prinzipien des Völkerrechts und damit an die Menschenrechte gebunden wie die Staaten selbst. Sodann plädieren die genannten Studien dafür, die alte Trennung zwischen einerseits internationalem Wirtschaftsrecht und andererseits Menschenrechten, die sich auch institutionell in getrennten und zwar unter dem gemeinsamen Dach der UNO operierenden aber kaum miteinander kommunizierenden Organisationen ausdrückt, zu überwinden. R. Howse und M. Mutua gehen sogar soweit, den Vorrang der Menschenrechte vor der Handelsliberalisierung bei richtiger Interpretation der Normenhierarchie im internationalen Handelsrecht selbst anerkannt zu sehen (Howse/Mutua, 2001). Denn es gibt kaum Streit darüber, dass in letzter Instanz Handel, Investitionen und Kapitalverkehr die Wohlfahrt der Menschen fördern soll und daher das internationale Wirtschaftsrecht nicht getrennt von oder gar gegen die Menschenrechte operiert, sondern seinen Ausgangspunkt gerade von diesen aus nehmen muss. Wie es das UN Committee on Economic, Social and Cultural Rights ausdrückt: »Die Liberalisierung des Handels muss als ein Mittel, nicht als Endziel verstanden werden. Das Ziel, dem die Handelsliberalisierung dient, sollte die Vorstellung menschlichen Wohlbefindens sein, dem die internationalen Menschenrechtsinstrumente ihren rechtlichen Ausdruck geben.« (UN-DOC, 1999). Wirtschaftsrecht und Menschenrechte dürfen ebenso wenig als getrennte Rechtssysteme behandelt werden, die miteinander in Konflikt liegen, wie die faktische Trennung von WTO und Bretton-Woods-Institutionen auf der einen Seite und UN-Menschenrechtsorganisationen auf der anderen ihre Unvereinbarkeit signalisieren darf. Allerdings gehen die Initiativen zu einem derartigen integralen Ansatz und gemeinsamer Strategie eindeutig von Vertreterinnen und Vertretern der Menschenrechtsorganisationen aus. So schlug die Unterkommission der Menschenrechtskommission eine Expertenrunde über die Konsequenzen der Liberalisierung vor, zu der auf jeden Fall Vertreter der Bretton-Woods-Institutionen und der OECD eingeladen werden sollen (Weiss, 2002, S. 119).

Die Initiatoren machen sich keine Illusionen über das prinzipielle Übergewicht, welches den Freiheits- und Eigentumsrechten im Handelsrecht, speziell dem Übereinkommen über handelsbezogene Aspekte der Rechte des geistigen Eigentums – TRIPS – und dem Allgemeinen Abkommen über den Handel mit Dienstleistungen GATS (General Agreement on Trade and Services) – eingeräumt wird. Sie versuchen demgegenüber die Bedeutung und Möglichkeiten der Ausnahmebestimmungen herauszustellen und eine stärkere Vertretung der Entwicklungsländer im Streitschlichtungsmechanismus der WTO einzufordern (Oloka-Onyango, S. 17ff). Ihr Vorschlag, in die internationalen Wirtschafts- und Handelsabkommen eine Klausel aufzunehmen, die die multilateralen Institutionen verpflichtet, keine

10. MENSCHENRECHTE UND WELTWIRTSCHAFTSORDNUNG

Maßnahmen zu fordern oder selbst zu unternehmen, die erreichte soziale Fortschritte gefährden oder Rückschritte im Entwicklungsprozess verursachen, könnte ein wirksames Korrektiv gegen die bekannten negativen Auswirkungen der Strukturanpassungsprogramme (SAP) bzw. Erweiterten Strukturanpassungsfazilitäten (ESAF) des IWF (van der Geest/van der Hoeven, 1999) sein. Das könnte zu einer Revision der neoliberalen Strukturanpassungspolitik führen, wie sie immer wieder gefordert worden ist.

Als das »Multilaterale Abkommen für Investitionen« (MAI) im Oktober 1998 am Widerstand Frankreichs scheiterte, war es den meisten klar, dass dies nicht der letzte Versuch gewesen war, private Investitionen weltweit zu fördern und gegen staatliche Regelungen zu schützen. Seit 2013 wird das TTIP (Transatlantic Trade and Investment Partnership) verhandelt, mit dem Investitionen ein noch stärkeres Schutzniveau erhalten sollen, als sie bisher im Rahmen der WTO und anderer Handelsabkommen erhalten haben. Das soll vor allem mit einem Klagerecht privater Unternehmen gegen Staaten erreicht werden, die mit regulierenden Maßnahmen die Investitionstätigkeit der Unternehmen beschränken und insbesondere ihre Gewinnaussichten schmälern (Klimenta/Fisahn, 2014). Der heftige internationale Widerstand gegen TTIP machte sich vor allem an den Plänen fest, diese Klagen nicht vor staatlichen Gerichten, sondern vor internationalen Schiedskommissionen in rechtsstaatlich vollkommen intransparenten Verfahren und ohne Berufungsmöglichkeiten durchzuführen.

Instruktive Beispiele sind die beiden Rechtsstreitigkeiten, die der Energiekonzern Vattenfall gegen die Bundesrepublik Deutschland vor internationalen Schiedsgerichten nach den Regeln des Internationalen Zentrums zur Beilegung von Investitionsstreitigkeiten (ICSID) bei der Weltbank angestrengt hat. Rechtliche Grundlage ist der Europäische Energiecharta-Vertrag von 1994, der 1998 in Kraft trat und solche Schiedsgerichtsverfahren vorsieht. Die erste Klage richtete sich im April 2009 gegen Umweltauflagen für das Kohlekraftwerk Hamburg-Moorburg, die der Konzern als Enteignung ansah und für die er eine Entschädigung von etwa 1,4 Mrd. Euro forderte. Das Verfahren konnte 2011 mit einem Vergleich abgeschlossen werden, in dem zwar keine Schadensersatzzahlungen aber Erleichterungen für Vattenfall bei den Umweltauflagen vereinbart wurden.

Die zweite Klage vor dem ICSID strengte Vattenfall im Mai 2012 gegen die Bundesrepublik wegen der Stilllegung der AKWs Krümmel und Brunsbüttel infolge des Atomausstiegs an. Der Konzern fordert Schadensersatz von mehr als 3,7 Mrd. Euro. Weder das Verfahren noch die Dokumente des Verfahrens sind öffentlich, sodass nicht bekannt ist, auf welche Vorschriften des Energiecharta-Vertrags Vattenfall sich beruft. Es wird jedoch angenommen, dass Vattenfall seine Klage wie schon im Verfahren zum Kohlekraftwerk Moorburg mit dem Fair and Equitable Treatment Standard und der Entschädigungspflicht bei indirekten Enteignungen nach Art. 10 Abs. 1 und Art. 13 des Energiecharta-Vertrags begründet. Das vollkommen intransparente Verfahren, zu dem die Bundesregierung auch jegliche Information verweigert, ist noch nicht abgeschlossen.

Wie gefährlich diese internationalen Schiedsgerichte für die Staaten werden können, die sie selbst durch Investitionsabkommen erst ins Leben gerufen haben, zeigt der langjährige Rechtsstreit zwischen dem Erdölkonzern Chevron und Ecuador. Der Ursprung des Verfahrens liegt Jahrzehnte zurück. Zwischen 1964 und 1990 förderte das US-amerikanische Unternehmen Texaco Erdöl in Ecuador und verseuchte dabei fünf Millionen Kubikmeter Boden. Texaco wird vorgeworfen, mehr als 70 Milliarden Liter giftiger Flüssigkeiten in die Natur geleitet und mehr als 900 Müllhalden mit toxischen Stoffen hinterlassen zu haben. Chevron, welches Texaco im Jahr 2001 übernommen hatte, wurde als Rechtsnachfolger schließlich von Ecuador verklagt. 2011 verurteilte das Oberste Gericht Ecuadors den Konzern zu einer Schadensersatzzahlung von 9,5 Milliarden US-Dollar. Der Konzern lehnte das Urteil und die Zahlung ab. Als er jedoch vor dem Verfassungsgericht einen Antrag auf Schutz vor juristischen Klagen stellte und die Rücknahme des Urteils des Obersten Gerichts forderte, wurde er im Juli 2018 abgewiesen. Das Verfassungsgericht bestätigte das Urteil wegen schwerer Umweltschäden. Damit war die Verurteilung zu Schadensersatz rechtskräftig geworden. Doch parallel zu dem staatlichen Gerichtsverfahren lief eine Klage von Chevron vor dem Internationalen Schiedsgerichtshof in Den Haag, welcher im September 2018 das Urteil des Obersten Gerichts von Ecuador annullierte und die Schadensersatzzahlung von 9,5 Milliarden US-Dollar aufhob. Der ecuadorianischen Regierung wird vorgeworfen, sie habe das bilaterale Investitionsabkommen zwischen Ecuador und den USA verletzt, der US-Konzern habe kein gerechtes Verfahren bekommen. Der Spieß wird nun umgedreht und geprüft, ob Ecuador zu einer Schadensersatzzahlung an Chevron verurteilt wird. Ecuador ist offensichtlich in die eigene Falle getappt, wobei allerdings unklar bleibt, ob die Regierung des Landes gegenüber einem so starken Vertragspartner wie die USA überhaupt eine Chance hatte, diese Falle, sprich Schiedsklausel im Freihandelsabkommen, zu vermeiden. Die Konferenz der Vereinten Nationen für Handel und Entwicklung (UNCTAD) geht von über 3.000 derartiger Abkommen aus, die zumeist Investitionsschutzklagen vor Schiedsgerichten vorsehen. Vollkommen unklar ist darüber hinaus, zu wessen Gunsten die Konkurrenz zwischen nationaler Gerichtsbarkeit und internationaler Schiedsgerichtsbarkeit entschieden wird. Da es bisher keine eindeutige Entscheidung gibt, wird die Frage eher nach dem Gewicht der politischen und ökonomischen Macht als den Regeln des Rechts beantwortet werden.

Die Verhandlungen über das TTIP sind ins Stocken geraten, da US-Präsident Trump ein derartiges Abkommen als ein Desaster für die US-amerikanische Wirtschaft erkannt haben will und ablehnt. Zur gleichen Zeit haben die EU und Kanada ein vergleichbares Handelsabkommen CETA (Comprehensive Economic and Trade Agreement) verhandelt, dem allerdings die gleichen Bedenken entgegenstehen. Es ist am 21. September 2017 vorläufig in Kraft getreten, nachdem alle 28 europäischen Regierungen und eine große Mehrheit der Abgeordneten des Europäischen Parlaments zugestimmt hatten. Ausgespart ist bisher vor allem das hochstrittige Schiedsgerichtsverfahren bei Investitionsstreitigkeiten. Dies wird erst dann Teil des Abkommens, wenn alle Staaten – bisher sind es 9 EU-Staaten – ratifiziert haben. Der nachhaltige Widerstand gegen derartige »Freihandelsabkommen« beruht wesentlich darauf, dass sie zu einem großen Teil der Erweiterung der Freiheiten des Kapitals, vor allem der transnationalen Konzerne, dienen. Das bedeutet die Zurückdrängung der öffentlichen Hand und Beseitigung »unnötiger Regulierungsschranken«, was wiederum den Abbau sozial- und umweltpolitischer sowie ökologischer Maßnahmen und Regeln zur Folge haben wird. Das ist auch der tiefere Grund für die lange Geheimhaltung der Verhandlungen und ihrer Zwischenergebnisse in der Öffentlichkeit. Sie gilt jedoch nicht für die juristischen Vertreter der großen Firmen und ihrer Lobbyisten, die in der Lage sind, jederzeit die Interessen ihrer Auftraggeber in die Verhandlungen einzubringen.

Der juristische Kampf gegen transnationale Konzerne
Geht es bei diesen Handelsabkommen vornehmlich um die Ausdehnung der Rechte und Freiheiten der international operierenden großen Konzerne, so geht es hingegen bei einer sich schon über Jahrzehnte hinziehenden Diskussion um die Frage, mit welchen Mitteln diese Konzerne zur Einhaltung und Garantie der Menschenrechte in ihren weltweiten Geschäftsbeziehungen gezwungen werden können. Die Ausbeutung und die erbärmlichen Bedingungen, unter denen die kolonisierten Völker für ihre Herren arbeiten mussten, haben sich auch nach der Aufhebung der Kolonialherrschaft nicht wesentlich verbessert. Sie sind nur erst in den letzten Jahrzehnten durch spektakuläre Katastrophen und den Widerstand der aufbegehrenden Arbeiterinnen und Arbeiter auch in den Metropolen der alten Kolonialmächte zur Kenntnis genommen worden.

So hat im Jahr 2013 der Einsturz des Fabrikgebäudes Rana Plaza in einem Vorort von Dhaka, der Hauptstadt von Bangladesch, bei dem 1.113 Arbeiterinnen und Arbeiter ums Leben kamen und mehr als 2.000 Menschen schwer verletzt wurden, zumindest in Frankreich eine bemerkenswerte Gesetzgebungsinitiative bewirkt. In dem Gebäude wurde – wie in zahllosen anderen – Kleidung für europäische Textilproduzenten zusammengenäht. Die transnationalen Unternehmen weigerten sich jedoch, eine angemessene Entschädigung an die betroffenen Familien zu zahlen. Sie schoben die Verantwortung auf die Behörden und die fehlenden Vorschriften des Gastlandes. Diese Katastrophe, die sich jederzeit an anderen Orten und bei anderen Branchen wiederholen kann (Kaleck/Saage-Maaß, 2016, S. 99f), zeigte besonders drastisch die Notwendigkeit, verbindliche Gesetze zur Beachtung und zum Schutz der Menschenrechte im Hinblick auf transnationale Unternehmen zu schaffen. Nach langen und kontroversen Verhandlungen verabschiedete die französische Nationalversammlung schließlich am 21. Februar 2017 ein Gesetz, welches große Unternehmen verpflichtet, Maßnahmen zum Schutz ihrer MitarbeiterInnen und der Umwelt zu ergreifen und um Menschenrechts- und Umweltrisiken ihrer Aktivitäten zu identifizieren und ihnen vorzubeugen. Große französische Unternehmen mit mindestens 5.000 MitarbeiterInnen sind verpflichtet, einen »Sorgfaltspflichtenplan« (plan de vigilance) aufzustellen und zu veröffentlichen, in dem sie menschenrechtliche und ökologische Risiken identifizieren und verhindern. Das sind nicht nur Risiken im Unternehmen selbst, sondern auch in Tochterunternehmen und Unternehmen weltweit, mit denen feste Geschäftsbeziehungen bestehen. In Frankreich soll das Gesetz für etwa 150 international operierende Unternehmen gelten, die einen Vorsorgeplan zur Einhaltung ihrer Sorgfaltspflichten erstellen müssen. Das Verfassungsgericht hat das Gesetz einen Monat später bis auf die hohen Sanktionsstrafen bei Verstößen gegen die Sorgfaltspflichten für verfassungsgemäß erklärt.

Das Gesetz ist bisher in der EU ohne Nachahmer geblieben. Die Bundesregierung hat zwar im Dezember 2016 einen »Nationalen Aktionsplan Wirtschaft und Menschenrechte« verabschiedet, dessen Vorgaben für Sorgfaltspflichten allerdings nur freiwillig sind. Sollten die Unternehmen mit über 500 MitarbeiterInnen bis 2020 keine Sorgfaltsverfahren für ihre Geschäftsaktivitäten aufgestellt haben, will die Bundesregierung eine gesetzliche Regelung prüfen – ein erfahrungsgemäß ziemlich wirkungsloses Verfahren ohne konkrete Erwartung. Die Skepsis nährt sich aus der bisher von jeder Bundesregierung gezeigten Abneigung gegen verbindliche Regeln für Wirtschaft und Unternehmen, die nicht so leicht abgebaut werden kann.

Da auch weder die UNO noch die WTO, die OECD oder der Europarat offensichtlich in der Lage sind, verbindliche Normen und wirksame Instrumente zur Durchsetzung der Menschenrechte gegen die transnationalen Konzerne und ihre sie schützenden Regierungen aufzustellen, haben sich die Betroffenen schon seit den 90er Jahren des vorigen Jahrhunderts an die Gerichte mit ihren Beschwerden und Forderungen nach Entschädigung gewandt. Sie können sich dafür allerdings nicht einmal auf die Beschwerdeinstanzen des UN-Menschenrechtssystems oder der ILO stützen. Sie sind ganz auf sich selbst gestellt, ihre Rechte entweder vor den Gerichten in ihren Heimatstaaten oder in den Staaten der Unternehmen einzuklagen. Sie werden dabei zumeist juristisch von zivilgesellschaftlichen Organisationen aus eben den Staaten vertreten, in denen die Unternehmen ihren Hauptsitz haben, gegen die sich die Klagen wenden. So etwa das New Yorker »Center for Constitutional Rights« (CCR), das Washingtoner »Earth Rights International« (ERI) oder das Berliner »European Center for Constitutional and Human Rights« (ECCHR). Es geht in diesen Verfahren, zum Teil in der Tradition der Nürnberger Prozesse, um die strafrechtliche Verantwortung für kriminelle Aktivitäten des Managements, zum Teil um die zivilrechtliche Haftung auf Schadensersatz wegen der Verletzung von Sorgfaltspflichten oder wegen strafbarer Handlungen.

In einem der ersten Fälle verklagten 1996 burmesische Bauern die US-amerikanische Ölfirma Unocal, die zusammen mit der französischen Total S. A. und der burmesischen Myanmar Oil eine Pipeline von den Gasfeldern im Andamanischen Meer bis nach Thailand bauen ließ. Die burmesische Armee »säuberte« das Terrain und tötete, folterte und vertrieb viele Menschen oder zwang sie zur Arbeit an der Pipeline. Unocal und Total wurden Kollaboration mit der Armee und die Finanzierung von Soldaten vorgeworfen, um die Arbeiten ohne Störung voranzutreiben. Die Klage konnte vor ein US-amerikanisches Gericht, den District Court von Los Angeles gebracht werden, weil der Alien Tort Claims Act (ATCA) aus dem Jahr 1789 derartige Schadensersatzklagen ausländischer Bürger ermöglichte, auch wenn das Schadensereignis nicht in den USA erfolgt war. 1997 entschied das Gericht, dass auch private Unternehmen wegen Verstößen gegen das Völkerrecht im Ausland vor US-amerikanischen Gerichten verklagt werden können. Die Parteien beendeten das Verfahren 2005 mit einem Vergleich, in dem Unocal den Opfern eine Entschädigung versprach und die Finanzierung von Bildungs- und Gesundheitsprojekten in der Region zusagte. Wenn es in diesem Prozess auch nicht zu einem Endurteil kam, so öffnete es doch den Weg für zahlreiche weitere Verfahren vor allem wegen Verbrechen der Apartheid und Gesundheits- sowie Umweltschäden in Südafrika, Namibia, Australien und Nigeria (Kaleck/Saage-Maaß, 2016, S. 60ff; Meeran, 2011).

International stärkere Beachtung fand der Prozess, den die Familienangehörigen des nigerianischen Schriftstellers Ken Saro-Wiwa und von acht weiteren Aktivisten der Ogoni gegen den Ölmulti Royal Dutch Shell 1996 vor einem New Yorker Gericht anstrengten. Sie warfen dem Unternehmen Beihilfe zu Folter und Ermordung der Opfer durch nigerianische Sicherheitskräfte vor. Eine nigerianische Tochterfirma von Shell hatte zwischen 1992 und 1995 nigerianische Soldaten transportiert, auf dem Firmengelände untergebracht und versorgt, von wo sie gegen die protestierenden Ogoni eingesetzt wurden. Nach über 10 Jahren Verhandlungsdauer verglichen sich die Parteien 2009 auch in diesem Prozess und Shell zahlte den Hinterbliebenen 15,5 Mio. US-Dollar, allerdings ausdrücklich ohne Schuldeingeständnis. Zwar macht auch dieses Verfahren das gewachsene Bewusstsein für die Verantwortung der transnationalen Konzerne deutlich, die sie für ihre Filialen weltweit und deren Beteiligung an Menschenrechtsverletzungen haben. Doch wurde in einem weiteren Verfahren der Weg zum Gericht wieder erschwert. Denn mehrere Hinterbliebene hatten gegen das Unternehmen und seine Repräsentanten eigene Klagen angestrengt. Esther Kiobel war eine der Klägerinnen. Ihr Ehemann, Dr. Barinem Kiobel, der gemeinsam mit Ken Saro-Wiwa friedlich gegen die Ölverschmutzung durch Shell protestiert hatte, war 1995 exekutiert worden. Auf dem Weg der Klage durch die Instanzen bis zum US Supreme Court entschied dieser 2013, dass sich der Anspruch auf Entschädigung nicht auf den Alien Tort Claims Act stützen könne, da der Bezug zum Territorium der USA nicht eng genug sei. Es genüge nicht, dass der Konzern seinen Sitz in den USA habe, wenn ein Tochterunternehmen im Ausland Menschenrechtsverbrechen begehe, das US-amerikanische Territorium müsse durch die Forderung stärker betroffen sein (Supreme Court, 2013; Grear/Weston, 2015; Saage-Maaß/Beinlich, 2015).

Damit ist die Anwendung des ATCA nicht vollkommen blockiert, aber mit der aggressiv konservativen Wende der Handels- und Außenpolitik der Trump-Administration und der reaktionären Neubesetzung des US Supreme Court mit dem Richter Bart Brett Kavanaugh werden Menschenrechtsklagen gegen transnationale Konzerne in den USA immer geringere Erfolgsaussichten haben. Vor allem sollte nicht übersehen werden, dass die Klagen in den USA die rechtlichen Möglichkeiten aufgezeigt haben, auch in anderen Ländern gerichtlich gegen die Unternehmen und ihre weltweiten Filialen wegen Verletzung der Menschenrechte vorzugehen. So hat es etliche Straf- und Zivilverfahren in den Niederlanden, Großbritannien, der Schweiz und auch Deutschland gegeben – mit allerdings oft enttäuschenden Ergebnissen für die Opfer (Kaleck/Saage-Maaß, 2016, S. 65ff). Die Schwierigkeiten dieser Verfahren liegen nicht nur in der Beweiserhebung in fremdem, oft fernem Terrain, für die weder Staatsanwaltschaften noch Gerichte entsprechend ausgestattet sind. Es liegt auch an der rechtlichen Dogmatik des Unternehmensrechts, welches in Deutschland z. B. keine strafrechtliche Verantwortlichkeit von Unternehmen und auch keine Haftung der Muttergesellschaft für das Tochterunternehmen im Ausland kennt. Zudem gibt es keinen direkten Zugriff auf das Völkerrecht und die Menschenrechtspakte im Individualverfahren, mögen sie auch zwischen den Staaten zwingendes Recht schaffen. So stellte die Staatsanwaltschaft Tübingen im Jahr 2015 die strafrechtlichen Ermittlungen gegen einen Tübinger Manager des Holzunternehmens Danzer ein, weil ihr die Ermittlungen im Kongo zu schwierig und der Tatverdacht zu schwach seien. Den Vorwürfen gegen den deutschen Manager lag ein ähnlicher Fall zugrunde wie der der burmesischen Opfer gegen Unocal. Bewohnerinnen und Bewohner des Dorfes Bongulu in der Demokratischen Republik Kongo lagen im Streit mit einem Tochterunternehmen von Danzer. Dieses wandte sich an die Sicherheitskräfte des Kongo, die das Dorf überfielen, Frauen vergewaltigten, verprügelten und inhaftierten. Das Unternehmen vor Ort hatte nicht nur seine Fahrzeuge dem Kommando zur Verfügung gestellt, sondern die Soldaten und Polizisten nach dem Überfall auch noch bezahlt. Die Staatsanwaltschaft konnte offensichtlich nicht die tatsächliche Verbindung zwischen dem Management der europäischen Muttergesellschaft und ihrer kongolesischen Tochterfirma erkennen, um die Verantwortung für das Handeln der letzteren vor Ort zu sehen. Alle vorgelegten Beweismittel verwarf sie – der Tatort zu fremdartig und die eigenen Ermittlungen zu umständlich, die Opfer zu fern, der Beschuldigte zu nah. Die Opfer von Bongulu gingen leer aus, während in der Republik Kongo noch ein Strafverfahren gegen die Täter unter Aufsicht der UNO anhängig ist.

Im November 2012, ein halbes Jahr vor dem Brand in Rana Plaza, brannten zwei Textilfabriken in Pakistan und Bangladesch nieder. Über 350 Menschen kamen ums Leben. In der Textilfabrik Ali Enterprises in Karachi, die für den deutschen Textildiscounter KiK Billigtextilien herstellt, starben 260 Menschen in den Flammen und 32 wurden schwer verletzt. Generell werden die Verträge mit Zulieferbetrieben so ausgestaltet, dass alle wirtschaftlichen Risiken und arbeitsrechtlichen Pflichten beim Zulieferer bleiben, um eine Verantwortung für Schäden und Unfälle vor Ort vom Auftragsunternehmen fernzuhalten und eine Klagemöglichkeit gegen das Auftragsunternehmen in Europa oder den USA für die Geschädigten auszuschließen. Da die Opfer und ihre Angehörigen jedoch keine Entschädigung von Ali Enterprises bekamen, erhoben vier der Betroffenen im Frühjahr 2015 dennoch Klage auf je 30.000 Euro Schmerzensgeld gegen die KiK Textilien und Non-Food GmbH vor dem Landgericht in Dortmund. Sie werden vertreten durch das European Center for Constitutional and Human Rights in Berlin (Kaleck/Saage-Maaß, 2016, S. 99f). Da der Brand sich in Pakistan ereignete, können sie ihre Klage auf pakistanisches Recht stützen und rügen vor allem die Vernachlässigung des Brandschutzes durch Ali Enterprises und die Verletzung der Sorgfaltspflicht von KiK bei der Überwachung ihres Zulieferers. Die Aufträge von KiK machten 75 % der Produktion in Karachi aus, Mitarbeiter von KiK besuchten die Fabrik und ließen sie durch Audits überprüfen. Es bestanden über Jahre also derart enge Beziehungen zwischen beiden Firmen, dass daraus durchaus für das deutsche Unternehmen eine menschenrechtliche Pflicht für die Sicherheit der Arbeiterinnen und Arbeiter entstanden ist. Im August 2016 richtete KiK nach Vermittlung durch die Internationale Arbeitsorganisation (ILO), von Gewerkschaften und Bundesregierung für Opfer und Hinterbliebene einen Fonds von 5,15 Mio. US-Dollar ein. Im gleichen Monat erklärte sich das Gericht für zuständig und gewährte Prozesskostenhilfe.

Im Januar 2019 wies das Gericht die Klage der vier Betroffenen wegen Verjährung ab. Den Klägern und ihren Unterstützern wie medico international ging es nicht nur um das Schmerzensgeld in Höhe von je 30.000 Euro. Sie wollten eine grundsätzliche Klärung über den Umfang der Verantwortung der Unternehmen in den Industrieländern für die Arbeitsbedingungen ihrer Produzenten und Zulieferer in den Billiglohnländern. Mit der Abweisung aus formalen Gründen wurde über diese Fragen überhaupt nicht verhandelt. Es bedarf also weiterer Verfahren, um die Bedeutung der Menschenrechte in den Arbeitsbeziehungen transnationaler Firmen zu klären und zu festigen. Eine gesetzliche Regelung würde Rechtssicherheit bringen und zweifellos eine Verbesserung der Arbeitsbedingungen nach sich ziehen. Doch gibt es derzeit keine Anzeichen dafür, dass sich die Politik in dieser Frage gegen das Kapital, welches ja nicht

10. MENSCHENRECHTE UND WELTWIRTSCHAFTSORDNUNG

durch KiK, sondern die mächtigen transnationalen Konzerne mit ihren zahllosen Zulieferern repräsentiert wird, durchsetzen kann oder überhaupt will. Mag es schließlich nur selten gelingen, systematische Menschenrechtsverletzungen, die mit politischen Mitteln nicht verhindert werden können, durch gerichtliche Verfahren zu sanktionieren, so wird mit diesem juristischen Hebel doch ein Weg eröffnet, auf dem die Praktiken in die Öffentlichkeit getragen und als Verbrechen skandalisiert werden können. Im Kampf um die Durchsetzung und Verwirklichung universeller Menschenrechte hat auch der juristische Einsatz seine soziale Bedeutung.

Der juristische Kampf geht inzwischen über die Einklagung der zivilrechtlichen Verantwortung der Konzerne für ihre ausländischen Zulieferer und Kontraktfirmen hinaus. Es gibt erste Versuche, Konzerne und ihre führenden Manager jetzt auch strafrechtlich zur Verantwortung zu ziehen. Im November 2016 haben ehemalige syrische Arbeitnehmer eines Tochterunternehmens des französisch-schweizerischen Zementherstellers LafargeHolcim, Lafarge Cement Syria (LCS), Strafanzeige gegen Manager des Mutterkonzerns wegen Beihilfe zur Finanzierung einer terroristischen Organisation und Verbrechen gegen die Menschlichkeit bei der französischen Justiz eingereicht. Sie werden dabei unterstützt von der französischen Organisation Sherpa und dem Berliner ECCHR. Im Dezember 2017 erhob daraufhin die Justiz Anklage gegen sechs ehemalige Manager der Firma. Es geht um Geschäftsbeziehungen der Zementfabrik in Jalabiya, im Norden Syriens zwischen den jetzt unter kurdisch-US-amerikanischem Kommando stehenden Städten Raqqa und Manbidsch gelegen, mit dem IS. Die Fabrik soll von diesem Rohstoffe wie Öl und Puzzolanerde, die für die Zementherstellung wichtig sind, gekauft und ihm Gebühren für Passagierscheine gezahlt haben. Mehrere ArbeiterInnen wurden in den Jahren 2012 bis 2014 vom IS, der in dieser Region sein Kalifat aufbaute, verschleppt. Das Unternehmen nötigte die Belegschaft dennoch, weiter in dem Zementwerk zu arbeiten. In der Strafanzeige wird dies als Beihilfe zu Kriegsverbrechen und Verbrechen gegen die Menschlichkeit gewertet. Im Juni

2018 wurde das Verfahren gegen den Mutterkonzern insgesamt als »juristische Person« erweitert. Das Verfahren ist das erste seiner Art und noch nicht abgeschlossen (Saage-Maaß/Tixeire, 2019, S. 70-75). All diese Beispiele zeigen zum einen, dass die »Freiwilligkeit« ein zu schwaches politisches Instrument ist, um die Menschenrechte im weltweiten Aktionsradius der transnationalen Konzerne durchzusetzen (Klimke/Escobar/Tietje, 2016; Krajewski/Bozorgzad/Heß, 2016; Krajewski, 2012, S. 75). Unverbindliche Internationale Leitsätze und -prinzipien, staatliche Governance-Konzepte oder eigene Selbstverpflichtung der Konzerne sind prinzipiell zu schwach, um auf dem Markt der wilden internationalen Konkurrenz den Menschenrechten einen Platz vor den Rendite- und Wachstumsstrategien der Konzerne einzuräumen. Zudem belegen auch die empirischen Daten nur mangelhaften Erfolg bei der Durchsetzung der Rechte für die Arbeiterinnen und Arbeiter, sei es bei der Verbesserung der Arbeitsbedingungen und der Sicherung des Arbeitsplatzes oder bei der Entschädigung bei Unfall und Katastrophen. Zum anderen erweisen sich die allgemeinen Normen und Prinzipien der Menschenrechtskodifikationen zunehmend als wirksame Hebel, um die Menschenrechte juristisch mit Hilfe von Gerichten einzuklagen (Kaleck/Saage-Maaß, 2016, S 84f). Die bisher nur vereinzelten Erfolge vor Gerichten zeigen dennoch, dass die internationalen Normen Durchsetzungskraft nicht nur gegenüber Staaten, sondern auch gegenüber Unternehmen, sogenannten juristischen Personen, im freien Markt entfalten können. Doch fehlt gerade für die Klagemöglichkeiten ein Justizsystem, welches die notwendige Rechtssicherheit z. B. über die Sorgfaltspflichten von Unternehmen, den Gerichtsort, den Rechtsweg, die Klagebefugnis etc. gewährleistet. Das Verfahren vor dem Landgericht Dortmund gegen KiK hat immerhin die Forderungen nach einem nationalen Gesetz für Unternehmensverantwortung bestärkt. Doch das betrifft nur einen Teilaspekt und vermag nicht das Fehlen eines umfassenden Justizsystems zu kompensieren, welches die Einklagung von generellen Menschenrechtsverletzungen durch transnationale Konzerne ermöglicht. Manche fordern die Einrichtung eines

10. MENSCHENRECHTE UND WELTWIRTSCHAFTSORDNUNG

Weltgerichtshofes für Menschenrechte, andere die Erweiterung des Statuts des Internationalen Strafgerichtshofs in Den Haag, um die Unternehmen wegen Verletzung von Völkerrecht (Menschenrechten) anklagen zu können. Obwohl der Menschenrechtsschutz in den weltweiten Aktivitäten transnationaler Unternehmen noch vollkommen unzureichend ist, haben die zahlreichen Gerichtsverfahren den Druck auf die Staaten erhöht, mit ihrer Gesetzgebung neues Recht zur Durchsetzung dieser Menschenrechte zu schaffen.

Literatur und Quellen

Addameer: Prisoners' Support and Human Rights Association, ›Political Detention‹, www.addameer.org/detention/background.html.
Albright, Madeleine, 1998: The Testing of American Foreign Policy, Foreign Affairs, Nov./Dec.
Alfredsson, Gundmundur, 2011: Indigenous Peoples, Treaties with, in: Max Planck Encyclopedia of Public International Law (MPEPIL).
Arendt, Hannah, 1986: Elemente und Ursprünge totalitärer Herrschaft, München, Zürich.
Aristoteles, 1995: Politik, Hamburg.
B'Tselem, 2013: Statistics on Administrative Detention, v. 20. März, www.btselem.org/english/Administrative_Detention/Statistics.asp.
Bartholomew, Amy, 1990: Should a Marxist believe in rights?, in: The Social Register 1, S. 245-264.
Bebel, August, 1922: Die Frau und der Sozialismus, Stuttgart.
Becker, Peter, 2019: Vorschlag und Begründung für ein völkerrechtliches Abkommen zur Drohnenkriegführung, in: Paech, Norman / Nowrot, Karsten, Krieg und Frieden im Völkerrecht, Köln, S. 86-109.
Bedjaoui, Mohammed, 1987: Menschenrechte und Dritte Welt, in: Dialektik Bd. 3, S. 123ff.
Bello, Walden, 2006: Humanitäre Interventionen – Die Entwicklung einer gefährlichen Doktrin, in: Znet Deutschland v. 14. Januar, www.zmag.de.
Bergbohm, Karl, 1892: Jurisprudenz und Rechtsphilosophie, Leipzig.
Bericht der Gemeinsamen Verfassungskommission des Deutschen Bundestages, v. 5. November 1993, BT-Drs. 12/6000.
Council of Europe, 1986: Exchange of views on poverty in Europe, 30. September – 1. Oktober. Zusammenfassung des Sonderberichterstatters G. Sarpellon, EVP (86) 5, para 35, eigene Übersetzung.
Blanke, Hermann-Josef, 1998: Menschenrechte als völkerrechtliche Interventionstitel, in: Archiv des Völkerrechts, Bd. 36.
Bloch, Ernst, 1961: Naturrecht und menschliche Würde, Frankfurt/M.
Bluntschli, J.C., 1881: Das moderne Völkerrecht der civilisirten Staaten als Rechtsbuch dargestellt, Nördlingen.
Boyd, Christopher M.J., 2009: Can a Marxist believe in Human Rights?, in: Critique, Vol. 37, 4. November, S. 579-599.
Brull, Michael, 2016: Life, Apartheid and Palestine: Michael Brull meets John Dugard, South Africa's ›Father of Human Rights‹, v. 23. November.

Brzezinski, Zbigniew, 1977: Das Wiedererwachen des amerikanischen Idealismus, in: Frankfurter Allgemeine Zeitung, 11. November, S. 10.

Brzezinski, Zbigniew, 1999: Die einzige Weltmacht, Frankfurt/M.

Bundesregierung, 2006: Antwort auf eine Kleine Anfrage der Fraktion BÜNDNIS90/DIE GRÜNEN v. 13. November, Deutscher Bundestag, Drucksache 16/3422.

Bundeszentrale für politische Bildung (Hg.), 2004, Menschenrechte. Dokumente und Deklarationen, Bonn.

Carstens, Margret, 2000: Indigene Land- und Selbstbestimmungsrechte in Australien und Kanada unter besonderer Berücksichtigung des internationalen Rechts, Egelsbach u. a.

Commission on Human Rights, 2000-2002, Sub-Commission on the Promotion and Protection of Human Rights, Resolution The Realization of Economic, Social and Cultural Rights v. 17. August 2000, E/CN.4/Sub.2/Res. 2000/7, v. 15. August 2001, E/CN.4/Sub.2/Res. 2001/4 und v. 14. August 2002, E/CN.4/Sub.2/Res. 2002/11.

Condorcet, Marie-Jean-Antoine, 1976: Entwurf einer historischen Darstellung der Fortschritte des menschlichen Geistes, 1794, Frankfurt/M.

Darusman, Marzuki, 2018, in: ZEIT Online v. 15. Oktober.

Debiel, Tobias, 2004: Souveränität verpflichtet: Spielregeln für den neuen Interventionismus, in: IPG 3, S. 61ff.

Deiseroth, Dieter, 1999: »Humanitäre Intervention« und Völkerrecht, in: Neue Juristische Wochenschrift, Heft 42, S. 3084ff.

Dinker Bowen, Catherine, 1973: John Adams and the American Revolution, New York.

Doehring, Karl, 1991: Das Selbstbestimmungsrecht der Völker, in: Bruno Simma (Hg.), Die Charta der Vereinten Nationen, München, S. 15ff.

Donnelly, Jack, 1985: In Search of the Unicorn. The Jurisprudence and Politics of the Right to Development, in: California International Western Law Journal 15, S. 473-509.

Dugard, John, 2007: Report of the Special Rapporteur on the situation of the human rights in the Palestinian territories occupied since 1967, v. 29. Januar, UN DOC A/HRC/4/17.

Dugard, John, 2013: International Law, and the Occupied Palestinian Territory, in: European Journal of International Law, Vol. 24, Issue 3, v. 1. August, S. 867-913.

Eide, Asbjörn, 1989: Report on the Right of Food, UN Doc E/C.12/1989/SR.20, S. 35ff.

Engel, Jürgen, 1971, 1985: Von der spätmittelalterlichen res publica christiana zum Mächte-Europa der Neuzeit, in: Theodor Schieder, Handbuch der europäischen Geschichte, Bd. 3, Die Entstehung des neuzeitlichen Europas, Stuttgart.

Engels, Friedrich, 1972: Einleitung zur englischen Ausgabe der »Entwicklung des Sozialismus«, (1892) in: MEW 22, S. 291-311.

Engels, Friedrich, 1972: Louis Blancs Rede auf dem Bankett zu Dijon (1847) in: MEW 4, S. 426-428.

Engels, Friedrich, 1973: Anti-Dühring – Herrn Eugen Dührings Umwälzung der Wissenschaft, in: MEW 20, 4ff.

Engels, Friedrich / Kautsky, Karl, 1972: Juristensozialismus, in: MEW 21, Berlin, S. 491ff.

Ermacora, Felix, 1988: Der Minderheitenschutz im Rahmen der Vereinten Nationen, Wien.

Escobar, Arturo, 1992: Imagining a Post-Development Era? Critical Thought, Development and Social Movements, Social Text 31/32, Third World and Post-Colonial Issues, Duke University Press, S. 20-56.

Euchner, Walter, 1967: Einleitung zu: John Locke. Zwei Abhandlungen über die Regierung, Frankfurt/M., S. 1ff.

European Treaties, 2015: Bearing on the History of the United States and its Dependencies to 1648, Washington 1917, S. 17, Übersetzung: Peter Leuprecht, Vernunft, Gerechtigkeit, Würde, Klagenfurt u. a., S. 96.

Faden, Manfred, 2002: Bedeutung und Rolle der Menschenrechte im Rahmen der Welthandelsrechte (WTO). Sozialökonomische Studientexte der HWP, Hamburg.

Falk, Richard, 2014: Report of the Special Rapporteur on the situation of human rights in the Palestinian territories occupied since 1967, Human Rights Council, 13. Januar, UN DOC A/HRC/25/67, S. 20.

Falk, Richard / Tilley, Virginia, 2017: Israeli Practices towards the Palestinian People and the Question of Apartheid, Abdruck des Executive Summary in: Groth, Annette / Paech, Norman / Falk, Richard: Palästina – Vertreibung, Krieg und Besatzung, Köln, S. 271ff.

Fichte, Johann Gottlieb, 1971: Werke, Bd. 6, Berlin.

Fisahn, Andreas, 2011: Marxismus und Menschenrechte, in: Argumente 4/2011, S. 22f.

Fisch, Jörg, 2010: Das Selbstbestimmungsrecht der Völker. Die Domestizierung einer Illusion, München.

Fremuth, Michael Lysander, 2015: Menschenrechte, Berlin.

Geest, Willem van der / Hoeven, Rolph van der (Hg.), 1999: Adjustment Employment & Missing Institutions in Africa. The Experience in Eastern & Southern Africa, Geneva, Oxford.

Giersch, Otto, 2011: Saint-Domingue und die französische Revolution: das Ende der weißen Herrschaft in einer karibischen Plantagenwirtschaft, Köln u. a.

Goldstone, Richard, 2009: Report of the UN Fact Finding Mission on the Gaza Conflict, UN DOC.A/HRC/12/48, v. 15. September

Grear, Anna / Weston, Burns H., 2015: The Betrayal of Human Rights and the Urgency of Universal Corporate Accountability: Reflections on a Post-Kiobel Lawscape, in: Human Rights Law Review, S. 21-44.

Grotius, Hugo, 1919: Von der Freiheit des Meeres (1609), Leipzig, zit. nach: Klenner, Hermann: Marxismus und Menschenrechte, 1982, S. 50.

Grotius, Hugo, 1959: De iure belli ac pacis (1625), deutsche Übersetzung von Walter Schätzel, Tübingen.

Gründer, Horst, 1992: Conquista und Mission, in: Aus Politik und Zeitgeschichte. Beilage zur Wochenzeitung Das Parlament, B 37/92, 4. September, Bonn.
Habermas, Jürgen, 1999: Bestialität und Humanität, in: DIE ZEIT, Nr. 18, Hamburg.
Haller, Gret, 2012: Menschenrechte ohne Demokratie?, Berlin.
Handke, Martin / Wagner, Jürgen, 2010: IGH-Gutachten zum Kosovo, in: IMI-Ausdruck, 24, 4
Hayek, Friedrich August von, 1981: Ungleichheit ist nötig, in: Wirtschaftswoche 11/06 v. 6. März
Hegel, G. W. F., 1848: Philosophie der Geschichte, Werke, Bd. 9, Berlin.
Heintze, Hans-Joachim, 1994: Selbstbestimmungsrecht und Minderheitenrechte im Völkerrecht, Baden-Baden.
Herder, J. G., 1952: Ideen zur Philosophie der Geschichte der Menschheit, Berlin.
Herzinger, Richard, 1999: »Unheilsamer Wahnsinn/Hockt über grimmigen Waffen«. Vom Versagen des Westens zum Krieg der Werte, in: Schmid, Thomas (Hg.): Krieg im Kosovo, Reinbek
Higgins, Rosalyn, 1994, Problems and Process. International Law and How We Use it, Oxford, S. 100ff.
Hinz, Manfred, 1990: ILO-Konvention 107: Legal and anthropological remarks, in: Law and Anthropology, Bd. 5, S. 201-220.
Hobbes, Thomas, 1996: Leviathan (1651), Hamburg.
Holtzendorff, Franz von (Hg.), 1885-1889: Handbuch des Völkerrechts, Berlin, Hamburg.
Howse, Robert / Mutua, Makau, 2001: Protecting Human Rights in a Global Economy. Challenges for the World Trade Organization, in: Human Rights in Development Yearbook 1999/2000: The Millenium Edition, S. 51-82.
Human Rights Watch, World Report, 2013, www.hrw.org/sites/default/files/wr2013_web.pdf.
Huntington, Samuel, 1996: Der Kampf der Kulturen, München, Wien.
ICISS, 2001: The responsibility to protect, Ottawa, Dezember.
ILC, International Law Commission, Yearbook 1966 II, 247 und 1980 II, 32.
Höppner, Joachim / Seidel-Höppner, Waltraut (Hg.), 1975: Von Babeuf bis Blanqui, Texte, Bd. 1 u. 2, Leipzig.
James, C. L. R., 1984: Schwarze Jakobiner, Toussaint L'Ouverture und die Unabhängigkeitsrevolution in Haiti, Berlin.
Jöst, Lena / Strutynski, Peter, 2009: Humanitär intervenieren – aber nur mit humanitären Mitteln, in: Ruf, Werner / Jöst, Lena / Strutynski, Peter / Zollet, Nadine: Militärinterventionen: verheerend und völkerrechtswidrig, Berlin, S. 9ff.
Kaleck, Wolfgang / Saage-Maaß, Miriam, 2016: Unternehmen vor Gericht. Globale Kämpfe für Menschenrechte, Berlin.
Kant, Immanuel, 1964a: AA XXIII, S. 175. Notizen zum ewigen Frieden.
Kant, Immanuel, 1964b: Werke, hg. von W. Weischedel, Bd. VI, Darmstadt.
Kant, Immanuel, 1977: Die Metaphysik der Sitten, Frankfurt/M.
Kingsbury, Benedict, 2011: Indigenous Peoples, in: MPEPIL.

Kissinger, Henry A., 1994: Die Vernunft der Nationen. Über das Wesen der Außenpolitik, Berlin.
Kissinger, Henry, 2014: Weltordnung, München.
Klenner, Hermann (Hg.), 1994: Rechtsphilosophie bei Rotteck/Welcker. Texte aus dem Staats-Lexikon 1834-1847, Freiburg, Berlin.
Klenner, Hermann (Hg.), 1996: Mary Wollstonecraft, Verteidigung der Menschenrechte, Freiburg, Berlin.
Klenner, Hermann, 1982: Marxismus und Menschenrecht, Berlin.
Klimenta, Harald / Fisahn, Andreas u. a., 2014: Die Freihandelsfalle, Hamburg.
Klimke, Romy / Escobar, Lina Lorenzoni / Tietje, Christian, 2016: Fünf Jahre UN-Leitprinzipien für Wirtschaft und Menschenrechte, in: Vereinte Nationen, Heft 6, S. 243-247.
Kornblum, John, 2011: Gespräch mit Michael Ziegler: »Am Anfang mussten die Waffen sprechen«, www.dradio.de, v. 26. März.
Krajewski, Markus, 2012: Die Menschenrechtsbindung transnationaler Unternehmen, in: MenschenRechtsMagazin, Heft 1, S. 66-80.
Krajewski, Markus, 2019: Konkretisierungen des Menschenrechts auf Frieden durch extraterritoriale Staatenpflichten, in: Paech, Norman / Nowrot, Karsten (Hg.): Krieg und Frieden im Völkerrecht, Köln, S. 11-29.
Krajewski, Markus / Bozorgzad, Marzieh / Heß, Ronja, 2016: Menschenrechtliche Pflichten von multinationalen Unternehmen in den OECD-Leitsätzen: Taking Human Rights more seriously?, in: ZAÖRV, Heft 76, S. 309-440.
Krennerich, Michael, 2007: Soziale Recht sind Freiheitsrechte!, in: Deutsches Institut für Menschenrechte (Hg.): Jahrbuch Menschenrechte, S. 57ff.
Krennerich, Michael, 2013: Soziale Menschenrechte – zwischen Recht und Politik, Schwalbach/Ts.
Krennerich, Michael, 2017: Der UN-Sozialpakt und sein Zusatzprotokoll, in: vorgänge 219, Heft 3, Oktober, S. 13-21.
Kunze, Michael, 1990: Der Freiheit eine Gasse, Traum und Leben eines deutschen Revolutionärs, München.
Kutscha, Martin, 2017: Warum soziale Grundrechte?, in: vorgänge 219, Heft 3, Oktober, S. 5-11.
Lacroix, Justine, 2011: Should a Marxist believe in human rights, in: Grosseries, Axel / Vanderborght, Philippe (Hg.): Arguing about justice, Louvain-la-Nueve, S. 261-267.
Las Casas, Fray Bartolomé de, 1995: Brevissima relación de la destrucción de las Indias, deutsche Übersetzung in: Delgado (Hg.), Werkauswahl, Bd. 2, Paderborn.
Lenin, Wladimir I., 1960: Die sozialistische Revolution und das Selbstbestimmungsrecht der Nationen, LW (=Lenin Werke) 22, S. 144ff.
Lenin, Wladimir I., 1961: Deklaration der Rechte des werktätigen und ausgebeuteten Volkes, LW 26, Berlin, S. 422-426.
Lenin, Wladimir I., 1972: Staat und Revolution, LW 25, Berlin, S. 393ff.
Leuprecht, Peter, 2013: L'Islam – ennemi des droits de l'homme?, in: Revue Jinan des droits de l'homme, No. 4-5.

Leuprecht, Peter, 2015: Vernunft, Gerechtigkeit, Würde, Klagenfurt u. a.

Levy, Gideon, 2018: Limburg Principles on the Implementation of the International Covenant on Economic, Social and Cultural Rights, 1987: Human Rights Quarterly, 9, S. 121ff.

Lintl, Peter, 2018: Israel kodifiziert den jüdischen Charakter des Staates, v. 10. Juli, www.swp-berlin.org und www.handelsblatt.com.

Locke, John, 1954: Essays on the Law of Nature (1664), Oxford.

Lukes, Steven M., 1935: Marxism and Morality, Oxford.

Lukes, Steven M., 1982: Can a Marxist believe in Human Rights?, in: Praxis International, 1, 4, S. 334-346.

M'baye, Kéba, 1972: Le droit au développement comme un droit de l'homme, in: Revue des droits l'homme, 5, S. 505-534.

Maas, Heiko, 2018: Interview, DIE ZEIT 40/2018, v. 24. September

Maastricht Guidelines on Violations of Economic, Social and Cultural Rights, 1999, Maastricht, 22.-26. Januar.

Majie, Zhu, 2002: Deng Xiaoping's Human Rights Theorie, in: Cultural Impact on International Relations, hg. v. Yu Xintian, Chinese philosophical Studies, Council for Research in Values and Philosophy, Washington, D.C.

Mandelbaum, Michael, 1999: A Perfect Failure, in: Foreign Affairs, Sept.-Okt., S. 6.

Martens, Georg Friedrich von, 1788: Précis du Droit des Gens moderne de l'Europe fondé sur les Traités et l'Usage, Göttingen.

Marx, Karl, 1972: Das Kapital, Bd. I (1890), MEW 23 [und MEGA II/5].

Marx, Karl, 1973: Die Bourgeoisie und die Konterrevolution, in: MEW 6, S. 102ff.

Marx, Karl, 1976: Zur Judenfrage, in: MEW 1, Berlin, S. 369.

Marx, Karl / Engels, Friedrich, 1976: Die heilige Familie, in: MEW 2, Berlin, S. 119ff.

Maus, Ingeborg, 1998: Das Prinzip der Nichtintervention in der Friedensphilosophie Kants oder: Staatssouveränität als Volkssouveränität, in: H. Brunkhorst (Hg.): Einmischung erwünscht? Menschenrechte und bewaffnete Intervention, Frankfurt/M., S. 88-116.

Mayer, Theodor, 2017: Das Luftschloss der Politik, in: Frankfurter Allgemeine Sonntagszeitung v. 1. Oktober

Mbeki, Tabo. 2011: Die Kolonialisten kehren zurück, in: DIE ZEIT v. 9. Juni.

Meeran, Richard 2011: Tort Litigation against Multinational Corporations for Violation of Human Rights: An Overview of the Position Outside the United States, in: City of Honkong Law Review, Vol. 3:1, S. 1-41.

Menger, Anton, 1886: Das Recht auf den vollen Arbeitsertrag, Stuttgart.

Menzel, Jörg / Pierlings, Tobias / Hoffmann, Jeannine (Hg.), 2005: Völkerrechtsprechung. Ausgewählte Entscheidungen zum Völkerrecht in Retrospektive, Tübingen.

Merkel, Reinhard (Hg.), 2000: Der Kosovokrieg und das Völkerrecht. Frankfurt/M.

Merkel, Reinhard. 2011: Der libysche Aufstand gegen Gaddafi ist illegitim, in: Frankfurter Allgemeine Zeitung v. 22. März, S. 31.

Mishra, Pankaj, 2015: Aus den Ruinen des Empires, Frankfurt/M.
Mohr, Manfred, 1996: Die Vereinten Nationen und der Minderheitenschutz. Bestandsaufnahme, in: Mohr, Manfred (Hg.): Friedenssichernde Aspekte des Minderheitenschutzes in der Ära des Völkerbundes und der Vereinten Nationen in Europa, Berlin u. a.
Mohr, Manfred, 1997: Abgrenzung von Selbstbestimmungsrecht und Minderheitenschutz, in: Heintze, Hans-Joachim (Hg.): Selbstbestimmungsrecht der Völker – Herausforderung der Staatenwelt, Bonn.
Mollnau, Karl A., 1974: Vom Aberglauben der juristischen Weltanschauung, Berlin.
NATO, 1999: Neues Strategisches Konzept, Nr. 20.
Oloka-Onyango, Joseph / Udagama, Deepika, 2001: Economic, Social and Cultural Rights: Globalization and its impact on the full enjoyment of human rights, 2. August, ECOSOC E/CN.4/Sub.2/2001/10.
Opitz, Peter J., 2002: Menschenrechte und Internationaler Menschenrechtsschutz im 20. Jahrhundert, 2002, Dokumente, München, S. 293ff.
Opitz, Peter J., 2010: Human Rights, Universal Declaration of, in: Volger, Helmut (Hg.): A Concise Encyclopedia of United Nations, Leiden u. a., S. 284ff.
Paech, Norman, 1989: Die Französische Revolution und die Entwicklung des Völkerrechts, in: Herzig, A. / Stephan, I. / Winter, Hans G. (Hg.):»Sie und nicht Wir«, Hamburg, S. 763ff.
Paech, Norman, 1998: Menschenrechte und Völkerrecht. Chancen für ein Primat des Rechts in der internationalen Politik, in: UTOPIE kreativ, Heft 91/92, S. 126ff.
Paech, Norman, 1998: Valladolid – der Aufbruch der Vernunft oder homo homini homo est, in: Haney, G / Maihofer, W. / Sprenger, G. (Hg.): Recht und Ideologie in historischer Perspektive, Freiburg u. a., S. 97-123.
Paech, Norman, 1999:»Humanitäre Intervention« und Völkerrecht, in: Albrecht, Ulrich / Schäfer, Paul (Hg.): Der Kosovo-Krieg, Köln.
Paech, Norman, 2003: Die sozialen, ökonomischen und kulturellen Menschenrechte im Rechtssystem der internationalen Wirtschafts- und Handelsordnung, hg. v. der Friedrich-Ebert-Stiftung, Bonn.
Paech, Norman, 2011: Responsibility to protect – ein neues Konzept für neue Kriege?, in: Crome, Erhard (Hg.): Die UNO und das Völkerrecht in den internationalen Beziehungen, Rosa Luxemburg Papers, Oktober, Berlin, S. 41-46.
Paech, Norman, 2016: Recht auf Frieden, in: Ossietzky 23, S. 823f.
Paech, Norman / Stuby, Gerhard, 1999: Recht oder Gewalt?, in: Cremer, Ulrich / Lutz, Dieter S. u. a.: Der NATO-Krieg, Supplement der Zeitschrift Sozialismus, Heft 5, Hamburg, S. 36ff.
Paech, Norman / Stuby, Gerhard, 2013: Machtpolitik und Völkerrecht in den internationalen Beziehungen, Hamburg.
Paech, Norman, 1998: Minderheitenpolitik und Völkerrecht, in: Aus Politik und Zeitgeschichte. Beilage zur Wochenzeitung Das Parlament B 46-47 v. 6. November, S. 26.

Partsch, Karl Jürgen, 1991: Selbstbestimmung, in: Wolfrum, Rüdiger (Hg.), Handbuch der Vereinten Nationen, München, S. 745ff.

Paschukanis, Eugen, 1991: Allgemeine Rechtslehre und Marxismus (1923), hg. v. Hermann Klenner und Leonid Mammut, Freiburg, Berlin.

Patten, Christopher, 2000: Europa muss seine Konflikte selbst lösen, in: DIE ZEIT, Nr. 5, Hamburg.

Pendleton, Michael D., 1999: A New Human Right: The Right to Globalization, in: Fordham International Law Journal, Vol. 22, No. 4, S. 2052ff.

Petersmann, Ernst-Ulrich, 2001: Time for Integrating Human Rights into the Law of Worldwide Organizations – Lessons from European Integration Law for Global Integration Law, Jean Monnet Working Paper 07/01, New York University School of Law, New York.

Pilger, John, 2011: David Camerons Begabung – Krieg und Rassismus für die anderen und uns, www.antikrieg.com, v. 9. April.

Pillay, Navi, 2011: UN human rights chief alarmed by military takeover of hospitals in Bahrain. Geneva, www.ohchr.org, v. 17. März.

Pommerance, Michla, 1982: Self-Determination in Law and Practice: The New Doctrine in the United Nations, The Hague, Boston, London.

Radbruch, Gustav, 1973: Rechtsphilosophie, 8. Aufl., hg. v. Erik Wolf und Hans-Peter Schneider, Stuttgart.

Ramonet, Ignacio, 2002: Kriege des 21. Jahrhunderts. Die Welt vor neuen Bedrohungen, Zürich.

Report of the Special Representative of the Secretary-General on the issue of human rights and transnational corporations and other business enterprises, UN DOC.A/HRC/8/5 v. 7. April 2008.

Rigaux, François, 1987: Menschenrechte und das Recht der Völker, in: Demokratie und Recht, 1, S. 52ff.

Robespierre, Maximilien, 1889: Discours prononcé dans la séance de la Convention du 8 thermidor an II, in: Ecrits, Paris.

Rodinson, Maxime, 1971: Islam und Kapitalismus, Frankfurt/M.

Roetz, Heiner, 2006: Konfuzius, München.

Rousseau, Jean-Jacques, 1977: Vom Gesellschaftsvertrag oder Grundsätze des Staatsrechts (1762), Leipzig.

Russell Tribunal on Palestine, 2011: Findings of the South African Session, November.

Saage-Maaß, Miriam / Beinlich, Leander, 2015: Das Ende der Menschenrechtsklagen nach dem Alien Tort Statute?, in: Kritische Justiz, 48. Jg., Heft 2, S. 146-158.

Saage-Maaß, Miriam / Tixeire, Claire, 2019: Kriegsökonomien und die Verwicklung transnationaler Unternehmen in Völkerstraftaten – Der Fall Lafarge/Syrien, in: Kritische Justiz, 52. Jg., Heft 2, S. 70-75.

Sachs, Jeffrey, 1996: Globalization and Employment, International Institute for Labour Studies, März, Genf.

Said, Edward D., 2017: Orientalismus (1978), Frankfurt/M.

Sandkühler, Hans Jörg, 2013: Recht und Staat nach menschlichem Maß, Weilerswist.

Sarkozy, Nicolas / Cameron, David / Obama, Barack, 2011, www.whitehouse.gov v. 14. April.
Scherrer, Christoph / Greven, Thomas / Frank, Volker, 1998: Sozialklauseln. Arbeiterrechte im Welthandel, Münster.
Schröder, Hannelore, 2000: Olympe de Gouges, www.fembio.org.
Sengenberger, Werner, 2002: Globalization and Social Progress: The Role and Impact of International Labour Standards, unveröffentlichtes Manuskript, Genf.
Senger, Harro von, 1999, Versuch einer Darstellung der offiziellen Position der VR China zur Menschenrechtsfrage, in: Schubert, Gunter: Menschenrechte in Ostasien. Zum Streit um die Universalität einer Idee II, Tübingen, S. 123ff.
Senghaas, Dieter, 1999: Recht auf Nothilfe. Wenn die Intervention nicht nur erlaubt, sondern regelrecht geboten ist, in: Frankfurter Allgemeine Zeitung, Nr. 158 v. 12. Juli, S. 12.
Struve, Gustav, 1994: Menschenrechte, in: Klenner, Hermann (Hg.), Rechtsphilosophie bei Rotteck/Welcker, S. 205f.
Stuby, Gerhard, 1989: Der Universalitätsanspruch der Menschenrechtserklärung von 1789 und seine Bedeutung für heute, in: Herzig, A. / Stephan, I. / Winter, Hans G. (Hg.): »Sie und nicht Wir«, Hamburg.
Supreme Court Decision 2013, 133 S Ct 1659, v. 17. April.
The Public Committee Against Torture in Israel vs. The Government of Israel 1999, H. C. 5100/94,53(4)PD81.
Thompson, Edward Palmer, 1975: Whigs and Hunters: The Origin of Black Act, London.
Thürer, Daniel, 1984: Das Selbstbestimmungsrecht der Völker – ein Überblick, in: Archiv für Völkerrecht (AVR), S. 113ff.
Tibi, Bassam, 1994: Im Schatten Allahs. Der Islam und die Menschenrecht, München, Zürich.
Tilley, Virginia (Hg.), 2012: Beyond Occupation: Apartheid, Colonialism and International Lawin the Occupied territories, New York, S. 107-221.
Umozurike, U. O., 1979: International Law and Colonialism in Africa, Enugu/Nigeria.
UN Committee Against Torture, 2009: Concluding Observations of the Committee against Torture: Israel, UNDOC.CAT/C/ISR/CO/4, 14. Mai.
UN Doc. E/C.12/1999/9-26 November 1999.
UN ECOSOC, 2001: E/C 12/1/Add. 68 v. 31, eigene Übersetzung.
UN ECOSOC, 2018: E/C.12/DEU/CO/6 v. 12. Oktober.
United States v. The Libellants and Claimants of the Schooner Amistad, her Tackle, Apparel and Furniture, together with the Cargo, and the Africans mentioned in the Several Libels and Claims, 40 U.S. Reports 518 v. 9.3.1841.
Vask, Karel, 1979: Pour les droits de l'homme de la troisième génération: des droits de solidarité. Leçon inaugurale, dixième session d'enseignement, Strasbourg, 2-27 juillet, S. 17ff.
Vitoria, Francisco de, 1952: Relectiones. De Indis recenter inventis et de iure belli hispanorum in barbaros, 1539, deutsche Übersetzung von Walter Schätzel, Tübingen.

Vitoria, Francisco de, 1997: Vorlesungen II, Völkerrecht, Politik, Kirche, Stuttgart.

Weber, Max, 1989: Die Wirtschaftsethik der Weltregionen. Konfuzianismus und Taoismus, Schriften 1915-1920, Tübingen.

Weiss, Norman, 2002: Menschenrechtsthema GATS, in: Vereinte Nationen 3, S. 118f.

Welsh, Jennifer M., 2002: From Right to Responsibility: Humanitarian Intervention and International Society, in: Global Governance, Vol. 8, No. 4, S. 503ff.

Wesel, Uwe, 2010: Geschichte des Rechts in Europa, München.

Wohlrapp, Harald, 2000: Krieg für Menschenrechte?, in: Deutsche Zeitschrift für Philosophie, Heft 1, Berlin, S. 107ff.

Wolf, Eric R., 1986: Die Völker ohne Geschichte. Europa und die andere Welt seit 1400. Frankfurt, New York.

Žižek, Slavoj, 2005: Against Human Rights, in: New Left Review 34, www.newleftreview.org

Zumach, Andreas, 2018: Deutschland torpediert verbindliche Menschenrechtsnormen, www.infosperber.ch/Artikel/Wirtschaft/UNO-Abkommen-fur-globale-Konzernverantwortung, v. 15. Oktober.

Norman Paech /
Karsten Nowrot (Hg.)

KRIEG UND FRIEDEN IM VÖLKERRECHT

Paperback | 181 Seiten
ISBN 978-3-89438-691-7
€ 18,00 [D]

Die Hoffnung, die sich mit dem Verschwinden des Ost-West-Konflikts für eine zukünftige friedlichere Welt verband, hat sich in keiner Weise erfüllt. Im Gegenteil, die Zahl der Kriege ist gestiegen. Die NATO-Staaten selbst haben Kriege begonnen und Staaten zerstört, die seitdem einen ständigen Herd immer neuer militärischer Konflikte und internationalen Terrors bilden. Der Zustand, in dem die Menschen versuchen, ihre Ruinen aufzuräumen und eine gesellschaftliche Ordnung wiederherzustellen – ob in Afghanistan, Irak, Libyen, Syrien, aber auch in zahlreichen afrikanischen Ländern –, kann nicht als Frieden bezeichnet werden. Es ist ein Zustand latent fortdauernden Krieges. Das Völkerrecht vermag offensichtlich seiner friedensstiftenden Rolle nicht mehr gerecht zu werden. Die Beiträge dieses Buches analysieren die Rolle des Völkerrechts in den internationalen Beziehungen und zeigen die Möglichkeiten auf, seinen ursprünglichen Auftrag der Friedenssicherung doch wieder zu erfüllen.

PapyRossa Verlag
Luxemburger Str. 202, 50937 Köln, Tel. (0221) 44 85 45, Fax 44 43 05
mail@papyrossa.de – www.papyrossa.de

VERLAGSANZEIGE

Annette Groth /
Norman Paech /
Richard Falk (Hg.)

PALÄSTINA – VERTREIBUNG, KRIEG UND BESATZUNG

Wie der Konflikt die
Demokratie untergräbt

Paperback | 284 Seiten
ISBN 978-3-89438-654-2
€ 16,90 [D]

Seit Israel die palästinensischen Gebiete und Ost-Jerusalem besetzt hält, werden Palästinenser/innen aus ihren Heimatorten vertrieben, ihrer Rechte und ihres Besitzes beraubt. In diesem Buch werden der Siedlungsbau, die Situation von Kindern in israelischen Gefängnissen, die massive Einschränkung der Bewegungsfreiheit durch Checkpoints und Mauer, die Lage in Gaza, die Rolle der UNO und der Abbau demokratischer Rechte in Israel und Palästina erörtert. Um die öffentliche Debatte der israelischen Menschen- und Völkerrechtsverstöße zu verhindern, werden in Europa mit haltlosen Antisemitismusvorwürfen Kampagnen gegen Veranstaltungen, Publikationen und Personen geführt. Insofern geht es auch um Meinungsfreiheit und Demokratie bei uns selbst. Die Autorinnen und Autoren aus Israel, Palästina, den USA und Deutschland zeigen die Legitimität des zivilen Widerstands gegen die Verletzung von Völkerrecht und Menschenrechten auf. Sie wollen zu einer Versachlichung der emotional aufgeladenen Debatte beitragen.

PapyRossa Verlag
Luxemburger Str. 202, 50937 Köln, Tel. (02 21) 44 85 45, Fax 44 43 05
mail@papyrossa.de – www.papyrossa.de

VERLAGSANZEIGE

Hermann Klenner

RECHT, RECHTSSTAAT UND GERECHTIGKEIT

Eine Einführung

Paperback, 142 Seiten
ISBN 978-3-89438-603-3
€ 12,90 [D]

Was ist Recht, was Unrecht? Was ist Gerechtigkeit? Was ein Rechtsstaat, was ein Unrechtsstaat? Solche Fragen diskutiert Hermann Klenner auf breiter empirischer Grundlage von sumerischen und babylonischen Rechtssammlungen bis hin zu kodifiziertem nationalem und internationalem Recht der Gegenwart. Des Weiteren verfolgt er Themen wie: Das Wechselverhältnis von ökonomischer, politischer und ideologischer Macht; das Recht als Mittel und Maß von und für Herrschaft; das Verhältnis von inner- und zwischenstaatlichem Recht; Ursachen und Folgen von Rechtsverletzungen; Menschen- und Bürgerrechte; Legalität und Legitimität; Reformen, Revolutionen und das Recht. Der Text operiert mit vielen Beispielen, damit er nicht nur für Juristen, sondern auch für alle diejenigen interessant und verständlich ist, die ohne spezielle Rechtskenntnisse sich über die Bedeutung des Rechts für die gesellschaftlichen Realitäten in Vergangenheit und Gegenwart informieren wollen.

PapyRossa Verlag

Luxemburger Str. 202, 50937 Köln, Tel. (02 21) 44 85 45, Fax 44 43 05
mail@papyrossa.de – www.papyrossa.de